왜 손석희인가

왜
손석희인가

배국남 지음

우리 시대 저널리스트를 위하여

중앙books

왜 손석희인가

한반도 분단 극복을 위한 감동의 거보巨步다. 문재인 대통령과 김정은 북한 국무위원장이 2018년 4월 27일 판문점 도보다리를 나란히 걸었다. 세계 평화를 위한 세기의 악수握手다. 김정은 북한 국무위원장과 도널드 트럼프Donald Trump 미국 대통령이 2018년 6월 12일 싱가포르 카펠라 호텔에서 손을 맞잡았다. 남북언론 교류를 위한 꿈의 행보行步다. 권석천 보도국장 등 JTBC 관계자 일행이 2018년 7월 9일부터 12일까지 북한을 방문해 평양지국 개설을 논의했다. 여기 감동과 세기의 현장을 지키고 '통일된 나라의 평양지국장'을 포부로 품었던 한 언론인이 있다. JTBC 대표이사이자 〈뉴스룸〉 앵커인 손석희다. 바람과 상상, 꿈속에서만 존재했던 역사적 모습이 현실이 되는 데 중요한 역할을 한 인물이다.

2016년 10월 24일 오후 8시, 수많은 국민이 숨을 죽이고 JTBC 〈뉴스룸〉의 손석희 앵커에게 시선을 집중했다. 개헌 카드를 전격 제시한 박근혜 대통령의 국회 시정연설이 방송 화면과 신문 지면, 인터넷 뉴스 사이트를 요란하게 장식하고 있었다. '최순실 태블릿 PC'에 관한 손석희의 멘트가 차분하게 흘러나왔다. 무소불위 권력의 장막으로 철저하게 은폐했던 박근혜 대통령 국정농단의 검은 실체가 마침내 드러났다. 역사의 거대한 물줄기가 바뀌는 순간이었다.

동지여!
쪽빛 바다를
가슴에 품은 동지여

…

그대
지금
비록
퀴퀴한 구치소
한구석에서
시린 구매밥 씹어 삼키며
울분과 싸우더라도

동지여!

들판이 거칠면 거칠수록

작은 들꽃이 더 아름답듯

우리는 이 가을에

모두 하나가 될 것입니다

촛불혁명의 기폭제가 된 최순실 태블릿 PC를 보도한 손석희는 이행자 시인의 시 〈쪽빛 바다를 가슴에 품은 동지여〉를 소환한다. 1992년 MBC의 공정방송을 요구하다 파업을 주동한 혐의로 구속된 손석희와 노조원을 보며 쓴 시다. 1992년 10월 수의 차림의 손석희는 MBC 노조원과 TV 화면 너머 시청자를 방송 민주화를 향한 열망으로 하나 되게 만들었다.

그로부터 24년이 흐른 2016년 10월 〈뉴스룸〉 앵커석에 앉은 손석희는 국민을 서울 광화문광장의 촛불로 하나 되게 했다. 박근혜 대통령은 파면됐고, 더불어민주당 문재인 후보가 19대 대통령에 당선됐다. 그리고 남북정상회담과 북미정상회담이 현실이 됐다.

영향력·신뢰도 1위 언론인이다. 일반 대중뿐만 아니라 언론학자를 비롯한 전문가, 유명인마저 좋아하는 방송 스타다. 쏟아지는 화려한 찬사와 헌사, 그리고 수많은 상賞의 찬란한 광휘조차 손석희라는 존재를 오롯이 드러내지 못한다. JTBC가 최순실 태블릿 PC를 입수하는 데 결정적 도움을 준 빌딩 관리인 노광일 씨는 말했다.

"손석희를 믿는다"라고. 촛불 광장에 모여든 사람들도 입을 모았다. "손석희를 신뢰한다"라고. "믿는다"라는 수많은 사람의 정언定言만이 손석희의 본질을 어느 정도 드러내준다.

손석희는 1984년 MBC 아나운서로 방송계에 첫발을 디딘 이후 30여 년 동안 권력에 아부하고 자본에 굴종하는 '언롱인言弄人'을 단호히 거부했다. 정파와 진영 논리에 매몰되지 않고 건강한 시민사회의 편에 선 언론, 힘없고 약한 사람들을 두려워하고 권력가와 자본가가 무서워하는 '언론인言論人'을 지향하며 한길을 걸어왔다. 그 길에 정권의 겁박이 있었고 자본의 압박이 있었다. 하지만 굴하지 않았다. 그래서 TV 안팎에서 많은 사람이 "손석희니까 믿는다"라는 말을 거침없이 한다. 그를 현실에선 좀처럼 만나기 힘든 '교과서에 나오는 저널리즘'을 실천하는 언론인으로 인식한다.

"언론도 국정농단의 주범이다!" 격동의 역사를 도도하게 이끌었던 2016년 10월 29일부터 2017년 4월 29일까지 촛불 광장에서 터져 나온 시민의 외침이다. 국민을 고통 속으로 몰아넣은 부정한 권력을 감시하기는커녕 정권의 나팔수로 전락해 진실에 눈감고 혹세무민한 언론인으로 인해 "이게 나라냐"라는 탄식과 절망이 흘러나왔다. 시민과 국민의 편이 아닌 정권의 편에 선 언론 때문에 권력은 부패했고 역사는 퇴행했으며 민주주의는 퇴보했다. 언론과 언론인에 대한 불신으로 분노가 들끓던 촛불 광장에서조차 사람들은 "손석희"를 연호했다.

정론 저널리즘과 함께 어젠다 키핑(Agenda Keeping, 의제 유지), '한 걸음 더 들어가는 뉴스'로 대변되는 '손석희 저널리즘'은 한국 뉴스와 언론의 새로운 패러다임을 썼다. '팩트체크', '앵커브리핑' 등 혁신적 뉴스 포맷의 도입으로 방송 뉴스 프로그램의 질적 진화를 이끌었다. 손석희로 인해 방송계 지형이 긍정적으로 변화했고 언론계 판도가 발전적으로 변모했다.

뉴스 프로그램 앵커와 시사토론 프로그램 MC로서 내용과 상황을 장악하는 능수능란한 진행 능력, 시청자와 국민이 알고 싶어 하는 핵심을 끌어내는 인터뷰 실력, 돌발 위기 상황에도 유연하게 대처하는 빼어난 순발력으로 한국 저널리스트의 질적 수준을 끌어올렸다.

2000년 10월 23일부터 2013년 5월 10일까지 13년 동안 2시간짜리 생방송 라디오 프로그램 MBC 〈시선집중〉을 진행하면서 폭설로 세 번 지각한 것이 방송 사고의 전부일 정도로 초인적인 성실함을 보였다. "인간관계가 쌓이기 시작하면 굴레가 된다. 제대로 된 인터뷰를 하지 못한다"라며 프로그램의 공정성을 위해 인간관계마저 희생했다. "골프를 못 배워서 사람 사귀는 게 불가능한 사회라면 이미 썩은 사회이므로 혼자 지내는 쪽을 택하겠다"라며 골프채를 잡지 않았을 정도로 철저하게 자기 관리를 했다. 오늘의 손석희를 만든 원동력이다. 누구나 손석희가 되고 싶지만 아무나 손석희가 될 수 없는 이유다. 그리고 2019년 1월 24일 한 프리랜서 기자의 손석희 고소 사건 보도 직후 극우 단체와 안티 세력이 사생활 관련 악의적 루머와 가짜뉴스를 대량 유통하고, 일부 언론이 근거 없는 의혹 제기와 흠집 내기 추측성 보도를 쏟아내는 상황에서도 수많은 사람이 공정 언론의 최전선이자 마지막 보루라며 언론인 손석희에게 굳은 신뢰와 인간 손석희에게 변함없는 지지를 보낸 원인이기도 하다.

20여 년 넘게 같은 길을 걷는 언론인으로서 내 기사의 취재원으로, 또 그가 진행하는 방송의 시청자와 청취자로 손석희를 만났다. 그를 취재하고 그의 프로그램을 분석했다. 손석희라는 텍스트를 연구했다. 이 책은 손석희를 만나고 취재하고 분석한 결과물이다.

손석희는 세상 사람들이 쏟아내는 화려한 수사와 미디어의 현란한 헌사를 결코 원하지 않는다. 심지어 부담스러워하고 싫어한다. 그것을 누구보다 잘 알기에 두렵다. 그럼에도 이 책을 세상에 내놓는 이유는 손석희라는 존재가 우리에게, 또 한국 사회에 매우 소중하기 때문이다. 인간 손석희는 사람들에게 삶의 진정한 의미를 일깨우며 인생행로의 가치 있는 방향을 현시顯示한다. 언론인 손석희는 국민의 불신으로 바닥에 추락한 언론과 언론인에게 신뢰 회복의 길을 제시提示한다. 그리고 후배 언론인과 언론계 지망생에게 정론의 저널리스트 전형을 정시呈示한다.

"고교생이 된 아이가 '어머니, 제가 어떤 인물이 되면 좋겠습니까?' 하고 자주 묻곤 하는데 저는 주저 없이 '손석희 씨 같은 인물이 되었으면 좋겠다'라고 대답할 만큼 손석희 씨를 좋아합니다"라는 한 어머니의 애정과 진심이 헛되지 않다는 것을 보여주고 싶다. 언론인은 '기레기'라고 비난받고 언론사는 권력과 자본의 시녀라고 힐난받는 상황에서 그 어느 때보다 정론 저널리즘의 회복이 간절하다. 그래서 한 걸음 더 들어가 손석희를 보고자 했다. 그리고 부끄럽지만, 이 책을 냈다.

차례

1부　촛불혁명과 언론 변혁의 도화선

2부　스타 아나운서와 수의

3부　〈시선집중〉·〈100분 토론〉 신화와 40대 국장

1부
촛불혁명과 언론 변혁의 도화선

JTBC 사장 취임과 이후의 행보: 2013년~

독보적 언론인,
손석희 흔들기와 향후 JTBC의 전망

2018년 6월 12일 싱가포르. 미국 ABC의 스타 조지 스테파노풀러스George Stephanopoulos, NBC의 간판 레스터 홀트Lester Holt, CNN의 얼굴 앤더슨 쿠퍼Anderson Cooper 등 유명 앵커와 세계 각국의 기자가 도널드 트럼프 미국 대통령과 김정은 북한 국무위원장의 세기의 만남을 취재하려고 치열한 전쟁을 펼쳤다. 이 중 단연 눈길을 끄는 사람이 있었다. 싱가포르 머라이언 파크 인근 JTBC 특설 스튜디오의 손석희 앵커다. 손석희는 북미정상회담이 열린 카펠라 호텔 등 현장에 파견된 기자들에게 리포팅을 지시하고, 로이터와 CNN을 비롯한 외국 매체에서 시시각각 들어오는 뉴스와 영상, 사진을 신속하게 정리해 전달하고, 전문가와의 대담을 통해 회담을 전망하고 분석하며 능수능란하게 특집 뉴스를 이끌어 가장 많은 시청자의 선택을 받았다.

2016년 9월 12일 〈뉴스룸〉을 진행하던 손석희 앵커는 정규 뉴스를 갑자기 중단하고 지진특보로 전환했다. 경북 경주에 지진이 발생한 것이다. 다른 방송사는 안일하게 한 줄 자막으로 속보를 처리했지만 손석희는 달랐다. 기자들도 제대로 현장 취재를 못 한 상황에서 손석희는 경주 시민의 목격담과 전화 인터뷰, 제보 화면만으로 1시간 특보를 이끌며 피해 상황을 신속하게 전달하고 수많은 사람이 피해에 대비할 수 있게 했다.

2018년 1월 26일 서지현 창원지검 통영지청 검사가 검찰 내부 통신망 이프로스e-pros에 성추행 피해를 폭로하는 글 '나는 소망합니다'를 올리자 신문과 방송은 폭로 내용을 옮겨 적는 데 급급했다. 하지만 손석희는 2018년 1월 29일 〈뉴스룸〉 스튜디오에서 서지현 검사의 생생한 목소리로 충격적인 검찰 내 성폭력 문제와 검찰 개혁에 대한 바람 등을 전했다. 서지현 검사의 JTBC 인터뷰는 한국 사회를 강타한 미투Me Too 운동의 기폭제가 됐다.

"저희는 특정인이나 특정 집단을 위해 존재하지 않습니다. 시대가 바뀌어도 모두가 동의하는 교과서 그대로의 저널리즘은 옳은 것이며, 그런 저널리즘은 특정인이나 특정 집단을 위해 존재하거나 복무하지 않습니다." 2017년 3월 18일 홍석현 중앙그룹 회장이 사임한 뒤 대권 도전설이 나돌며 JTBC의 박근혜 국정농단 보도에 각종 음모론이 제기됐다. JTBC 뉴스에 각종 의혹과 비난이 쏟아지는 가운데 2017년 3월 20일 손석희는 '앵커브리핑'을 통해 결연하게 각오를 밝혔다.

　시청자와 시민, 전문가에게 우리 시대 최고의 방송인이자 독보적 언론인으로 평가받는 손석희의 일면을 엿볼 수 있는 몇 개의 장면이다.

　1883년 10월 1일 창간해 근대 언론 역사의 서막을 연 《한성순보》의 김인식, 고영철, 여구형, 장박, 오용묵, 김기준 등이 언론인[1] 역할을 수행했다. 이후 《독립신문》의 서재필, 《대한매일신보》의 신채호를 비롯해 박은식, 양기택, 남궁억, 최은희, 이관구, 안재홍, 최석채, 천관우, 조용수, 송건호, 리영희, 김중배, 김대중 등 수많은 언론인이 다양한 문양으로 한국 언론사를 수놓았다. 지난 30여 년간 공정방송과 정론의 상징이 된 손석희도 한국 언론사에 당당히 이름을 올릴 수 있는 언론인이다.

　국민에게 높은 신뢰와 절대적 지지를 받는 독보적 언론인, 손석희 앞에 새로운 과제와 험로險路가 놓였다. 이 과제를 어떻게 수행하느냐에 따라 손석희와 JTBC의 미래, 더 나아가 한국 언론의 판도가 달라질 수 있다. 미디어는 뉴스와 정보, 의견 등을 제공하고 이슈를 공론화하면서 여론을 형성하는 공적 기능을 한다. 특정 개인이나 집단의 이익이 아닌 사회 전체의 보편적 이익, 즉 공익을 최고의 가치로 여겨야 한다. 동시에 미디어는 뉴스와 콘텐츠를 생산하고 판매해 수익을 내야 생존할 수 있는 기업이기도 하다.[2]

　손석희는 언론인으로서 미디어의 공공성을 배가시키고, 언론사

수장으로서 이윤을 더 많이 창출해야 하는 책무가 있다. 2013년 5월 13일 보도부문 사장으로 취임한 이후 JTBC를 영향력, 신뢰도, 공정성, 유용성 면에서 1위에 오른 매체로 만들었다. 편파적이고 선정적이라는 종편의 부정적 이미지에서 헤어나오지 못하던 JTBC를 시청자의 지지를 받는 매체로 환골탈태시켰다. 또한 2011년 12월 1일 첫 방송을 시작한 이후 적자를 면치 못하던 JTBC가 2017년 처음으로 흑자를 기록하는 데 결정적 역할을 했다. 그 누구도 예상치 못한 놀라운 성과다.

하지만 미디어의 구성원, 사주, 정권, 광고주, 수용자, 경쟁 매체, 남북한 상황 등 미디어를 둘러싼 내외적 환경이 급변하고 있다. 미디어 조직에 막대한 영향을 미치고 뉴스 콘텐츠 성격까지 좌우하는 요소들이다. 먼저, 외부 상황이 요동치고 있다. 언론 매체 간 경쟁이 이전과는 차원이 다르게 치열해졌고, 경영 문제도 낙관할 수 없는 상황이다. 내부 문제도 만만치 않다. JTBC를 포함한 중앙그룹 내부에서 손석희 흔들기를 시도하기도 하고, 오너 리스크도 엄존한다.

정권의 호위무사라고 비판받던 공영방송 MBC, KBS가 2017년 5월 10일 문재인 정권이 들어서고 파업을 거치면서 경영진을 교체했다. 그리고 공익성과 공정성, 신뢰도 제고를 위해 인적 쇄신과 뉴스 시스템 혁신을 단행했다. 박근혜 정권 때와는 전혀 다른 새로운 방송 환경이 조성됐다.

2017년 12월 8일 최승호 사장 체제로 들어선 이후 MBC는 〈뉴스데스크〉를 통해 "MBC 뉴스가 지난 5년 동안 저지른 잘못을 고백하고 반성한다. 앞으로 공영방송다운 뉴스가 무엇인가를 늘 고민하면서 여러분께 찾아가겠다. 권력이 아닌 시민의 편에 서는 뉴스가 되도록 MBC 기자들 모두 여러분께 다짐한다"라고 반성하며 신뢰 회복에 나섰다. KBS는 2018년 4월 9일 양승동 사장이 취임하면서 권력과 자본으로부터의 독립을 선언하며 취재 및 제작의 자율성을 보장하는 시스템 구축에 나섰고, 앵커가 뉴스 제작 전반에 참여하는 앵커 중심의 뉴스 전달 포맷으로 전환했다. SBS는 참신한 뉴스 포맷 도입과 조직 개편 등을 단행하며 질적 도약을 꾀했다. "맥락을 잘 짚어 실체적 진실을 보여주는 YTN 기자와 사회와 시대의 흐름을 판단하는 준거가 되는 YTN 보도"를 강조하며 2018년 9월 27일 들어선 정찬형 대표 체제의 YTN 역시 공정성과 속보성, 유용성을 강화한 뉴스로 승부수를 던졌다. 여기에 탐사 보도를 통한 연이은 특종으로 언론계 안팎에서 주목받고 있는 인터넷 매체《뉴스타파》의 선전도 돋보인다. 뉴스 보도를 둘러싼 매체들의 질적 경쟁이 본격화했다.

JTBC는 세월호 참사 당시 언론의 왜곡 기사, 오보, 선정적인 뉴스, 가짜뉴스가 넘쳐나는 가운데 재난 보도 원칙에 충실한 뉴스, 팩트에 기반한 기사, 200일이 넘는 장기 보도로 시청자의 선택을 받았다. MBC, KBS 등 많은 언론 매체가 정권의 시녀로 전락해 침묵과 왜곡으로 일관할 때 JTBC는 최순실의 태블릿 PC 특종 보도 등을 통해 국정농단의 실체를 드러내 박근혜 정권을 퇴진시키는 결정적 역할을 하며 신뢰도, 영향력, 시청률이라는 세 마리 토끼를 잡았다. 이처럼 세월호 참사와 박근혜 정권의 국정농단 사건을 거치며 독주 체제를 구축한 손석희의 JTBC는 MBC, KBS, SBS, YTN 등이 차별화한 뉴스와 전달 방식, 특종 보도를 내세우며 시청자 잡기 경쟁에 가세하면서 새로운 국면에 접어들었다. 또한 많은 방송사가 메인 앵커를 교체하고, 손석희 사장 체제 이후 JTBC 〈뉴스 9〉(2011년 12월 1일~2014년 9월 19일 방영)과 〈뉴스룸〉이 도입해 시청자에게 좋은 평가를 받은 현장 기자 생방송 리포팅 시스템 및 '팩트체크', '앵커브리핑' 같은 여러 뉴스 포맷을 응용하거나 변용하면서 매체 간 경쟁은 더 치열해졌다.

인터넷과 디지털 기술의 발전, 웹과 스마트폰 중심의 뉴스 콘텐츠 소비, 소셜미디어와 OTT 서비스(Over-The-Top, 인터넷을 통해 미디어 콘텐츠를 제공하는 서비스로 넷플릭스가 대표적 사례) 이용 증가로 인해 신문, 지상파와 케이블TV 등 기존의 레거시 미디어는 새로운 도전에 직면했다. 또한 기자를 비롯한 저널리스트는 어떤 일이 벌어지고 있는지 보도하는 일뿐만 아니라 현재 진행되는 사안에 관해 현명한 인식과 해석을 제공해주는 역할을 강요받는 등[3] 언론인의 역할도 변화하고 있다.

남북정상회담과 북미정상회담 개최, 남북한 예술 및 스포츠 교류 등 문재인 정권 이후 역동적으로 전개되고 있는 남북 관계의 새로운 변화에도 적극 대응해야 한다. 급변하는 남북 상황에 어떻게 대처하느냐에 따라 향후 언론사의 위상뿐만 아니라 남북한 언론계 판도가 달라질 수 있기 때문이다.

이렇게 상황이 급변하고 있기에 "긍정의 미래, JTBC 뉴스에는 희망의 앞날만 남은 것일까? 과연 손석희 사장은 MBC와 KBS 공영방송이 탐사 저널리즘으로 재무장하고, 공정성 측면에서는 결코 만만찮은 YTN까지 가세할 게 틀림없는 위기 국면을 어떻게 돌파해 지금의 위상, 현재의 영예를 지켜낼 건가? 세월호라는 극적인 사건, 촛불이라는 변혁의 정세가 더 이상 아니다. (…) 민주주의 공론 심화의 힘을 계속해 발휘해낼 수 있을까? 새로운 변화에 조응하는 변화의 새로움을 내놓지 못하면, 지금의 주도 양상은 언제든지 현상 유지를 넘어 빠르게 도태 상태로 귀결될 수 있다"[4]라는 주장도 제기된다.

새로운 정치경제적 상황의 도래, 변모한 MBC, KBS, SBS, YTN 등과의 경쟁 가열, 수용자 인식과 미디어 환경의 변화 속에서 손석희가 어떤 행보를 보이느냐에 따라 JTBC의 재도약과 추락이 결정되는 상황이다.

정권에 조종되어 권력의 나팔수로 전락했던 언론 매체들과의 경쟁 상황에선 저널리즘의 본질을 지키며 정론을 향해 분투하고 공정성을 유지하려는 노력만으로도 국민의 신뢰를 얻을 수 있다. 하지만 편파성을 극복해 저널리즘의 본질에 충실해진 언론 매체와의 경쟁에서 수용자의 선택을 받기 위해서는 더욱 다양한 노력과 실천이

요구된다.

먼저 수준 높은 저널리즘 경쟁에서 살아남기 위해서는 무엇보다 감시와 비판, 정보 제공, 여론 형성이라는 언론의 가장 기본적인 역할을 잘 수행해야 한다. 미디어가 제공하는 뉴스나 정보는 정확해야 하고 전문성과 객관성을 담보해야 하며 다양한 집단의 가치와 견해를 반영해야 한다. 대립하는 의견을 균형 있게 보도해야 하고 특정 이슈나 이해 당사자에게 편향된 보도 행태를 지양해야 하며 의미와 흥미가 있는 뉴스와 정보를 신속하게 다뤄야 한다.

또한 기자를 비롯한 언론인은 감시자, 해설자, 정보 제공자로서의 역할까지 수행해야 한다. 이러한 역할을 잘 실행하려면 언론인이 전문 지식을 갖추어야 하고 이를 표현할 수 있는 숙련된 기법을 습득해야 한다. 전문인으로서 사회적 책임을 다하기 위해 윤리적 소양도 반드시 쌓아야 한다.

방송을 비롯한 미디어가 디지털과 모바일 환경에 적응하지 못하면 살아남기 어렵다는 위기의식이 고조되고 뉴스 생태계가 구조적으로 변화하고 있다. 뉴스 또는 뉴스 미디어에 대한 전통적 인식이 급변하는 상황이다.[5] JTBC는 이런 상황에 적극적으로 대처하며 저널리즘 혁신을 지속해야 하는 과제도 안고 있다.

손석희 역시 급변한 미디어 환경과 본격화한 경쟁 상황에서 선제 대응을 하고 새로운 도약을 준비해야 한다고 강조한다. "우리도 전문가를 키워내야 한다. 이것은 우리가 늘 주창하듯이 '한 걸음 더 들어가기' 위해 필수적인 조건이다. 그렇게 해서 JTBC만의 퀄리티 뉴스가 만들어진다. 리포트를 기술적으로 잘 만드는 것이 아니라 깊이 있는 리포트를 만들어내야만 살아남을 수 있을 것이다. 원하든 원하지 않든 앞으로의 2년 내지 3년은 회사 안팎에서 많은 변화의 요구들이 있을 것이고, 각자의 방향을 정하면서 동시에 경쟁력을 갖추는 것은 개인과 조직 모두에게 매우 중요한 문제가 될 것이다. 경쟁사들은 이미 전열을 정비했거나, 새로운 출발을 앞두고 있다."[6]

경영 문제도 2018년 11월 20일 보도부문 사장에서 대표이사로 승진한 JTBC 수장 손석희 앞에 놓인 해결해야 할 난제 중 하나다. JTBC는 2017년 매출 3,000억 원과 당기 순이익 20~30억 원을 기록해 2011년 출범 이후 처음으로 흑자를 기록했다. 업계에서는 〈뉴스룸〉의 신뢰도와 영향력 상승이 전반적인 시청률 증가와 브랜드 개선에 영향을 미치며 광고 수익으로 연결됐다고 분석했다. 하지만 삼성의 광고 중단 등으로 인한 경영상의 어려움도 크다. 2016년까지 누적 적자가 5,000억 원이 넘어 향후 경영 문제를 쉽게 예단할 수 없다. 더욱이 2017년 JTBC 흑자가 MBC와 KBS의 파업에 따른 반사효과라는 측면도 적지 않아 두 방송사가 정상화한 이후 JTBC 경영을 낙관할 수만은 없는 상황이다. 일부에선 신문과 방송 등 여러 매체가 보수 시장을 놓고 싸울 때 JTBC가 선택한 진보상업주의가 어느 정도 성공을 거뒀고 진보 색채의 뉴스가 이윤 창출에 적지 않은 역할을 해 JTBC 뉴스가 유지됐는데, 적자가 발생하고 경영 상황

이 악화할 경우 현재의 JTBC 뉴스와 손석희 체제는 지속되지 못할 것이라는 전망도 나오고 있다.[7]

문재인 정권 이후 남북 관계가 갈등과 대립 국면에서 평화와 대화 국면으로 급속하게 전환되면서 언론사들은 향후 언론사의 위상과 언론계의 판도 변화에 결정적 변수가 될 북한 뉴스 시장을 선점하기 위해 평양지국 개설 등을 경쟁적으로 추진하고 있다. 남한 언론사의 평양지국 개설은 단순히 지국 하나의 확장이 아니다. 남한의 언론 지형뿐만 아니라 남북한 언론계 판도, 나아가 남북 관계까지 바꿔놓을 중대 사건이다. 언론계에 발을 디뎠을 때 '통일된 나라 최초의 평양지국장'을 꿈꿨다[8]는 손석희는 남북 관계의 상황 변화에 적극 대응하고 있다. JTBC는 공영방송 KBS, MBC는 물론 국가기간 뉴스통신사인 연합뉴스를 제치고 북한 민족화해협의회로부터 제일 먼저 방북 초청장을 받았다. 2018년 6월 1일 열린 남북고위급회담에 북한 대표로 참석한 리선권 조국평화통일위원회 위원장이 "JTBC의 손석희 선생은 잘하는 것 같다"라며 이례적으로 찬사를 하는 등 북한 측의 우호적 분위기 속에서 권석천 보도국장 등 JTBC 관계자 8명은 2018년 7월 9~12일 평양을 방문해 북한 측 인사와 JTBC 평양지국 개설 및 남북한 언론 교류를 협의했다.

세월호 참사와 박근혜 국정농단 사건 보도 과정에서 JTBC와 손석희는 보수 정권과 극우 세력의 집중 공격을 받았다. 국민의 지지로 정권 탄압과 극우 단체의 외압을 어렵지 않게 무력화했지만 날로 거세지는 일부 보수 단체의 이념 공세와 안티 세력의 무차별 의혹 제기는 손석희에게 적지 않은 부담을 주고 있다. 또한 JTBC의 삼성 보도에 문제가 많고 홍석현 중앙그룹 전 회장을 비롯해 오너와 관련한 손석희의 역할에 한계가 있다는 일부 진보 진영의 냉소적 시각 역시 부정적 영향을 미친다. 2019년 1월 24일 한 프리랜서 기자의 손석희 폭행 주장이 언론에 보도된 직후 극우 세력과 일부 매체가 근거 없는 추측성 보도와 악성 루머, 가짜뉴스를 쏟아내며 무차별적으로 공격한 것은 점차 거세지는 수구 세력의 공격을 단적으로 보여준다.

외부의 문제만이 아니다. 손석희는 JTBC를 둘러싼 내부 공격과 갈등, 언론사 존립을 좌우하는 오너 리스크에도 대처해야 한다. 공정성과 신뢰도 높은 뉴스로 시청자의 사랑을 받으며 탄탄대로를 걷던 손석희와 JTBC는 내부 공격에 직면했다. "홍석현 중앙그룹 전 회장이 손석희는 진영 논리에 빠져 있고 JTBC 기자들은 팩트를 기반으로 취재하고 보도하는 게 아니라 편향에 젖어 있다고 질타했다"라는 내용의 지라시가 나도는가 하면 보수 시각을 견지한 《중앙일보》 간부진은 공공연하게 비난과 폄하를 표현한다. 《중앙일보》의 한 기자는 "예전부터 손석희 사장을 두고 '언론인이 아니라 아나운서다', '저널리즘을 모른다'라는 식으로 깎아내리는 《중앙일보》 간부들이 있었는데 신문의 어려운 경영 상황이 반영되며 안 좋은 편집국 분위기가 지라시 등으로 나온 것 같다"라고 전했다.[9]

홍석현 전 중앙그룹 회장 역시 "두 언론사(JTBC와 《중앙일보》) 간에 일부 갈등 요소가 생겨난 것도 사실이죠"라며 JTBC와 《중앙일보》 간의 갈등을 인정했다.

JTBC의 삼성 보도가 《중앙일보》의 삼성 광고 수주에 악영향을 끼치면서 불만과 비난이 본격적으로 터져 나오고 있다. 《중앙일보》는 삼성 이재용 부회장 구속 이후 삼성 광고가 줄면서 2017년 200~300억 원 규모의 적자를 기록했다.[10] 이처럼 상황이 악화하자 JTBC와 손석희에 대한 비난이 적지 않게 흘러나오고 있다.

점차 노골화되는 내부의 폄하와 견제, 갈등 등 손석희 흔들기에도 대응해야 한다. 손석희는 어느 조직에나 불협화음은 있고 갈등이 해소될 수 있는 수준이냐 아니냐가 중요하다고 보지만 JTBC를 둘러싼 중앙그룹 내부의 문제는 그리 간단하지 않다. 손석희와 JTBC에 대한 시선부터 기자들의 취재 방향과 취재 능력에 대한 평가에 이르기까지 다양한 지점에 걸쳐 다른 입장을 가진 사람들이 존재하고, 이것이 조직 갈등과 경쟁력 약화의 원인으로 작용할 수 있기 때문이다.

"조직 간 불협화음은 어디에나 있는 것이다. 그게 해소될 수 있는 수준의 것이냐, 아니냐가 중요하다. 무엇보다도 나는 그런 일에는 좀 무감한 편이다. 그런 데에 신경 쓰다 보면 내 일을 못 하지 않나. 그건 《중앙일보》 쪽도 마찬가지일 것이다. 거기도 모두 일하느라 바쁜데 내 얘기를 하고 있다고 생각하지 않는다."[11] 손석희 입장이다.

무엇보다 손석희 신변과 JTBC에 지대한 영향을 줄 수 있는 가장 큰 변수는 홍석현 중앙그룹 전 회장, 홍정도 JTBC 사장을 비롯한 오너 리스크다. 한국 언론업계는 유독 사주의 힘이 제작 현장을 압도하는 봉건적 잔재가 남아 있다. 언론사 오너는 간부 임명 권한과 출입처 배정을 비롯한 인사권 등을 이용해 편집권을 통제하는 것은 물론이고 저널리즘의 자율성과 전문성을 위협한다. 이 때문에 언론인들이 오너나 경영자가 원하는 바를 기준으로 자기 검열을 하는 경우가 적지 않다.[12] JTBC는 홍석현 전 회장 일가가 대주주로 있는 민간 방송사다.

홍석현 전 회장은 상업적 판단이든 정치적 판단이든 손석희 JTBC 사장 체제 유지를 바라고 있다. 하지만 언제든 손석희를 버릴 수도 있다. 물론 손석희 역시 홍 전 회장과 타협할 이유가 없다.[13] 홍 전 회장의 향후 행보와 이에 대한 손석희의 대응은 한국 언론계 판도를 뒤흔들 수 있는 뇌관이다.

이 밖에 김장겸 사장 해임 직후 나돌았던 'MBC 사장 영입설'과 KBS 파업 도중 떠돌던 'KBS 사장설'에서 드러나듯 높은 대중 인지도와 영향력, 빼어난 실력을 지닌 손석희를 데려오고 싶어 하는 언론사도 여전히 많아 JTBC에 적지 않은 영향을 초래할 수 있다.

손석희 없는 JTBC는 상상할 수 없다. 하지만 미디어 환경은 급변하고 있다. 손석희 이후의 JTBC를 생각하지 않을 수 없다. 손석

희가 경쟁력 있는 매체로 부상시킨 JTBC는 아직 손석희를 넘어서
지 못하고 있다. JTBC의 위상과 정체성에서 손석희가 차지하는 비
중은 절대적이다.

"손석희의 원맨쇼"라는 말이 나올 정도로 손석희가 진행하는
평일 〈뉴스룸〉과 다른 앵커가 방송하는 주말 〈뉴스룸〉은 극명하게
다르다. 앵커의 뉴스 진행 실력에서부터 프로그램 완성도, 시청률에
이르기까지 다양한 부분에서 큰 차이가 나타난다. 손석희는 기자의
취재와 보도 방향을 진두지휘하며 뉴스의 질과 시청자 반응을 좌우
하고, 더 나아가 JTBC 브랜드 가치와 신뢰도에까지 막대한 영향을
미치고 있다.

이 때문에 "JTBC 기자들에게 미안하지만, 사람들은 JTBC가
진보적이어서 뉴스를 시청하는 게 아니다. 손석희의 눈으로 뉴스를
보기 위해 JTBC를 시청하는 것이다. 이 때문에 손석희가 떠날 경우 〈뉴
스룸〉 시청률은 최소 반 토막 이상 떨어질 거라고 생각한다. 무엇보
다 손석희가 떠나면 보수 성향 간부들이 〈뉴스룸〉의 전면에 등장할
수 있다. 그래서 JTBC 보도 논조의 지속성 여부를 쉽게 단언하기
어렵다"[14]라는 지적도 나온다. 전문가와 시청자 상당수가 이 지적에
동의한다.

오너가 조직원 구성부터 콘텐츠 성격까지 좌우하는 한국 언론
사의 특성과 대체 불가한 손석희의 역량으로 인해 손석희가 부재할
경우 JTBC의 손석희식 뉴스가 더 이상 존립할 수 없을 거라고 보는

사람이 적지 않다. JTBC 뉴스의 선전은 손석희가 강력하게 버팀목 역할을 하며 편집권 독립을 지켜낸 결과물이라고 해도 과언이 아니다. 경영진이 스타 방송인 손석희를 영입할 때 인사부터 편집 방향까지 보도부문 전권을 주었기 때문에 가능했다. 시스템으로 자리 잡지 못하고 경영진의 결단으로 조성된 편집권 독립은 상황이 변하고 경영진의 입장이 바뀌면 언제든 무너질 수 있다. 그러므로 손석희 이후에는 현재의 JTBC 저널리즘이 지속되기 힘들 것으로 보인다.

YTN 노종면 기자는 "JTBC 뉴스(〈뉴스 9〉과 〈뉴스룸〉)는 손석희 뉴스지만, JTBC는 홍석현 방송입니다. 거기 같이 일하는 사람을 무시하는 것이 아니라 손 앵커 아니었다면 못 만드는 뉴스라는 거죠. 그렇기 때문에 손 앵커가 빠지면 유지되기 힘들다고 봐요. 좋은 방향으로 발전할지 아니면 후퇴할지는 모르겠지만 지금 뉴스가 유지되는 건 불가능하다고 봐요"라고 진단한다.[15]

손석희를 대체하거나 능가할 사람이 JTBC에 등장할 가능성에 대해서도 대부분 회의적이다. 대체 불가 손석희의 부재는 JTBC의 보도 방향부터 브랜드 가치, 더 나아가 종편 전반에 대한 인식에도 악영향을 끼칠 것이 불 보듯 뻔하다.

물론 이견도 존재한다. MBC 박성제 기자는 "JTBC 경우는 플라톤의 철인정치를 연상하게 합니다. 아주 뛰어난 리더가 오면 조직이 확 살아나는 거죠. 거기서 기자들이 계속 훈련을 받고 경험을 쌓고 아주 강한 조직이 되는 거죠. 만약 이 상태로 몇 년 더 가면 아주

강한 조직이 되는 거죠. 이 상태로 몇 년 지속되면 손석희라는 사람이 떠나도 어느 정도 경쟁력이 유지될 수 있다고 봅니다"[16]라며 손석희 이후의 JTBC를 비교적 낙관적으로 보았다.

손석희 역시 손석희 없는 JTBC가 지금과 같은 성적표를 받을 수 있으리라고 판단한다. "나는 방향을 제시했고 후배들은 거기에 동의해서 뛰었다. 방향이 옳다고 믿는 한 그 방향으로 갈 테니 그건 내가 있고 없고와 무관하다."[17] 손석희가 떠나면 JTBC 뉴스가 다시 이전으로 돌아갈 것이라는 견해에 대해서는 "훗날 내가 JTBC를 떠난다고 해서 뉴스가 급격하게 변화하지는 않을 것이다. 많은 구성원이 품위를 비롯한 우리 뉴스의 가치를 공유하고 있기 때문이다"[18]라고 반박하며 JTBC의 향후 방향은 시청자와 보도국 구성원이 결정할 문제라고 강조한다. 또한 JTBC에 자신을 대체할 인물이 적지 않다고 주장한다.

경쟁 매체의 선전, 디지털 미디어 이용 증가, 남북 상황의 변화, 안티 세력의 증가 등 급변하는 외부 환경과 중앙그룹 내의 손석희 흔들기, 오너 리스크 등 내부 문제에 대한 손석희의 대응에 많은 언론사와 언론인, 시민의 눈길이 쏠려 있다. 그에 따라 JTBC와 한국 언론계 판도가 변할 수 있기 때문이다.

촛불혁명의 진원,
손석희에 대한 시선

"고심 끝에 이제 대한민국의 지속 가능한 발전을 위해서 우리가 처한 한계를 어떻게든 큰 틀에서 풀어야 하고, 저의 공약사항이기도 한 개헌 논의를 더 이상 미룰 수 없다는 결론에 도달했습니다." 박근혜 대통령이 2016년 10월 24일 국회 시정연설에서 꺼내 든 개헌 카드다. "박근혜는 퇴진하라!" "이게 나라냐!" 2016년 10월 29일 서울 광화문광장에서 열린 촛불집회에 참석한 5만여 시민의 외침이다. "투표 결과를 말씀드리겠습니다. 총 투표수 299표 중 가 234표, 부 56표, 기권 2표, 무효 7표로 박근혜 대통령 탄핵소추안이 가결되었음을 선포합니다." 막강한 권력을 행사하던 박근혜 대통령 직무 정지를 알리는 2016년 12월 9일 정세균 국회의장 발표다. "피청구인 대통령 박근혜를 파면한다." 헌정사상 처음으로 탄핵을 통해 현직 대통령을 퇴진시킨 이정미 헌법재판소장 권한대행의 2017년 3월 10일 주문主文이다. "역사와 국민 앞에 두렵지만 겸허한 마음으로 대한민국 19대 대통령으로서의 책임과 소명을 다할 것임을 천명합니다." 19대 대선에서 당선된 문재인 더불어민주당 후보가 2017년 5월 10일 국회에서 행한 대통령 취임 연설이다.

드라마보다 더 극적인 이 격동의 역사에 반드시 이름을 올려야 할 사건의 주역이 있다. 2016년 10월 24일 최순실 태블릿 PC 보도를 이끈 JTBC 〈뉴스룸〉의 손석희다. 그는 살아 있는 권력의 정점, 박근혜 대통령 국정농단의 스모킹건, 최순실 태블릿 PC를 보도해 대한민국 역사의 물줄기를 바꿔놓았다. 손석희는 권력을 사유화해 민주주의를 위기로 몰아넣은 박근혜 대통령을 물리적 충돌과 유혈 사태 없이 오롯이 국민의 힘으로 끌어내린 촛불혁명의 진원震源이었다.

촛불혁명의 주역, 손석희 대한 시선과 평가는 어떨까. 그는 국민과 전문가, 언론인, 진보와 보수에게 다양한 의미로 해석되고 평가된다.

"손석희를 믿는다." 최순실의 회사 '더블루K'의 사무실 문과 책상 서랍을 열어줘 태블릿 PC 발견에 결정적 역할을 한 건물 관리인 노광일 씨가 한 말이다. 여기에는 부정한 정권에 굴종하는 언론사들이 횡행하는 가운데 손석희는 어떠한 외압에도 굴하지 않고 태블릿 PC를 제대로 보도할 것이라는 견고한 믿음이 담겨 있다.

"손석희! 손석희!" 2017년 5월 9일, 〈뉴스룸〉이 서울 광화문 열린스튜디오에서 대통령 선거 특집 개표방송을 진행하자 사람들이 모여들어 연호했다. 시민의 환호에는 박근혜, 최순실 국정농단 사건을 집요하게 보도해 저널리즘의 진정한 의미를 되살린 언론인에 대한 감사와 경의가 배어 있다. 일반 국민은 JTBC 보도국을 이끌며 박근혜 대통령의 권력 사유화와 국정농단을 추적해 보도한 손석희가 한국 언론에서 실종된 저널리즘 가치를 회복하고 정론을 펼쳤다고 평가한다.

손석희에 대한 전문가와 언론인의 인식도 일반 국민의 시선과 크게 다르지 않다. 강준만 전북대 교수는 "저널리즘 학자가 강단에서 저널리즘의 바람직한 방향과 내용에 대해 말하기는 쉽다. 그 누구도 실천을 요구하지 않는 학자로서 특권을 누릴 수 있기 때문이다. 반면 실천은 전혀 다른 세계다. 그런데 손석희는 그 두 세계를 연결하는 데 적잖은 성공을 거두었다. 손석희 저널리즘의 의미는 이론과 실천 사이에 존재하는 엄청난 괴리를 돌파해냈다는 점에 있다"[19]라고 찬사를 보낸다. "손석희 앵커를 굉장히 존경한다. 한국 방송 저널리즘의 거대한 전환을 이뤄내고 실제 규범이나 이상으로 생각했던 가치들을 실천으로 보여준 분이다."[20] MBC 〈뉴스데스크〉 전 앵커 박성호의 진언이다.

강준만 교수나 박성호 기자뿐만 아니다. 많은 언론학 교수와 언론인, 행정 관료, 법조인, 정치인, 기업가 등 여러 전문가 집단 역시 촛불혁명을 이끈 언론인 손석희의 저널리즘에 대한 신념과 철학, 자질과 실력을 높게 평가한다.

하지만 어버이연합, 엄마부대 등 극우 단체와 조원진 대한애국당 의원, 변희재 《미디어워치》 고문을 비롯한 보수 인사에게 손석희는 태블릿 PC를 조작해 불법으로 박근혜 대통령을 몰아낸 내란 선동의 종북 좌파 언론인, 반정부 불온분자 이상도 이하도 아니다.

진보 진영은 손석희의 JTBC행에 대해 배신과 변절을 언급하며 강력하게 비판한 바 있다. "호랑이를 잡으러 호랑이 굴로 들어간다는 거였는데, 결국 잡아먹힐 게 불 보듯 뻔하다. 실망스럽다"라는 단국대 커뮤니케이션학과 김평호 교수를 비롯해 진보 진영 언론학자와 언론인, 시민은 오랜 시간 정론의 길을 걸어온 손석희의 JTBC 선택에 실망과 우려, 비난과 비판, 냉소와 분노를 쏟아냈다. 이러한 반응을 보인 진보 진영 인사들은 국정농단을 지속해서 보도해 박근혜 대통령의 탄핵을 이끌어낸 손석희를 두 가지 시선으로 바라본다. 손석희가 JTBC행을 결정하며 공표했던 "정론의 저널리즘을 실천하겠다"라는 약속을 지키고 조중동 종편 프레임을 무너뜨리며 언론계에 의미 있는 지각변동을 일으켰다는 긍정적 평가와 함께 손석희가 박근혜 탄핵의 일등공신이 된 건 자본의 탁월한 포섭 메커니즘이 드러난 것에 불과하다는 부정적 인식이 공존한다.

손석희의 JTBC행을 강력하게 비판했던 박구용 전남대 교수는 "2013년 5월의 일입니다. (손석희)님께서 JTBC로 떠났을 때입니다.

처음엔 배신감과 모욕감이 일었습니다. 하지만 며칠 안 지나 어긋난 감정이라고 여겼습니다. (⋯) 세월호 사건과 국정농단 사태를 관통하면서 JTBC는 더 이상 이 사회의 종양이 아니라 거꾸로 사회의 종양을 치료하는 약이 되었습니다"[21]라며 긍정적으로 평가했다.

반면 칼럼니스트 김규항은 "기존 언론에서 볼 수 없었던 손석희 뉴스의 중도 우파적 양식과 매력이 보다 급진적 관점의 존재 의미를 잊게 함으로써, 좀 더 많은 사람들이 지배계급의 눈으로 세상을 보는 것을 세련되고 교양 있는 것으로 여기게 했다. (⋯) 손석희 뉴스는 오늘 자본의 권능이 어느 정도까지 왔는가를 가감 없이 보여준다. (⋯) 지배계급은 이제 맞춤식으로, 한편으로 극우적 선동으로 한편으로 정의와 공정성으로 대중을 장악하고 지도하며 다음 세상을 구현해나가고 있다"[22]라며 비판적 시선을 견지했다.

그렇다면 삼고초려로 손석희를 JTBC 사장으로 영입했다는 홍석현 중앙그룹 전 회장의 평가는 어떨까. "예상대로 그(손석희)는 잘 해주고 있습니다. 아니, 예상을 훌쩍 뛰어넘어서 젊은 청년들에게 종편에 대하여 안 좋았던 인상까지 바꾸어놓고 있습니다. 가장 큰 권력과 맞설 때도 흔들림이 없습니다. 그 힘이 무엇일까요? 바로 어느 쪽에도 치우치지 않는 진실 보도 그 자체의 힘이 아닐까요?"[23]라며 극찬을 아끼지 않았다.

국민부터 전문가까지 손석희에게 열광하고 찬사를 보내는 현상의 이면에는 권력을 감시하며 불의를 폭로하고 비판하는 저널리즘의 의무를 외면한 채 권력과 자본에 굴종한 우리 언론의 일그러진 모습과 이를 향한 질타와 분노가 자리한다. 촛불집회에서 쏟아진 "언론도 박근혜 최순실의 국정농단 공범이다", "박근혜 방송 MBC는 물러나라", "보도 제대로 못 한 KBS는 각성하라"라는 국민의 준엄한 꾸짖음이 단적인 증거다.

저널리즘의 가장 중요한 임무는 진실을 밝히고 공공의 비판과 타협을 위해 포럼을 제공하는 것이며, 이때 최우선 충성 대상은 시민이다. 기자를 비롯한 저널리스트는 취재 대상으로부터 독립을 유지해야 하고 권력의 감시자로 봉사해야 하며 개인적인 양심을 실천해야 하는 의무가 있음[24]에도 KBS, MBC 등 수많은 언론사와 언론인은 저널리즘의 의무와 역할을 외면했다. 더 나아가 권력과 유착돼 권력의 부패를 외면하고 정권의 일방적인 논리와 주장만을 확대 재생산했다.

대한민국을 강타한 손석희 신드롬은 정권의 나팔수로 전락한 언론에 대한 국민의 강력한 질책과 경고의 또 다른 얼굴이다. 많은 시청자와 시민은 KBS, MBC 등 다른 언론사가 제대로 수행하지 못한 언론의 역할을 손석희 덕분에 JTBC가 잘 이행할 수 있었다고 생각한다. 손석희는 권력의 무자비한 겁박과 자본의 무차별적 공격 앞에서도 언론의 역할을 제대로 수행했고 "진실 보도를 위해 치열하게 노력하겠다. 마지막 1초라도 시청자를 위해 쓰겠다"라는 시청자와의 약속을 방송 현장에서 묵묵히 실천했다.

박정희 정권은 1972년 독재 정권을 질타하고 언론 자유를 외친 《동아일보》 기자 113명과 《조선일보》 기자 32명을 구속하거나 신문사에서 쫓아냈다. 비판적 언론인 939명을 강제 해직하고 언론을 통폐합하면서 권좌에 오른 전두환 정권과 그 뒤를 이은 노태우 정권도 공정 보도를 하며 정론을 펼치는 언론인을 해직 및 구속하는 등 무자비한 탄압으로 일관했다.[25]

　　이명박 정권도 청와대, 국정원을 비롯한 국가기관과 방송사 경영진을 동원해 정부의 부정부패를 질타하는 MBC PD 및 기자 6명과 YTN 기자 6명을 해고했다. 또한 정권을 비판하는 수많은 연예인, 전문가, 평론가 등을 방송 현장에서 퇴출시킨 것은 물론 인터넷을 통한 부정적 여론 조작까지 서슴지 않았다.

　　박근혜 대통령 역시 보수 관변단체를 동원해 여론을 조작하고 기업 광고를 통해 압박을 가하는 등 정권에 비판적인 기사를 보도한 언론사를 물리적으로 탄압했다. 그뿐만 아니라 언론인과 문화예술인을 방송 현장에서 퇴출시킨 것도 모자라 무차별적인 겁박과 위협을 가했다. "(박근혜의 청와대로부터) 내 교체 압박이 나왔다는 얘기는 박근혜–이재용 독대 직후에 홍석현 전 회장을 통해서 다 들었다. 회사가 영 곤란해지면 내가 떠나겠다고 했다. 그런 일이 처음은 아니었지만, 당시는 내가 느끼기에도 상황이 심각한 것 같았다"[26]라고 말한 손석희는 권력의 정점을 비판하면 퇴출, 해직, 구속 등 참담하고 두려운 상황에 직면할 수 있음을 누구보다 잘 알았지만, 살아 있는 무소불위 정권을 향해 감시와 비판의 시선을 거두지 않았다.

『보도 뉴스의 마술사, 앵커맨』의 저자 로버트 골드버그Robert Goldberg는 "미국 국민은 저널리즘의 가치를 방송 현장에서 잘 구현한 미국 CBS 앵커 월터 크롱카이트Walter Cronkite를 한밤중에 진실을 알리기 위해 올림포스 신전에서 땅에 내려온 신화 속 인물로 생각하고 절대적으로 신뢰하고 사랑했다"[27]라고 했다.

한국 시청자 역시 손석희에 열띤 지지를 보낸다. 그리고 〈뉴스룸〉을 통해 진실에 접근하고 팩트를 전달하며 저널리즘의 본질에 충실하려는 '손석희 타임'에 눈과 귀를 기울인다. 또한 말한다. "믿을 수 있는 언론인 손석희가 있어 자랑스럽다"라고.

역사를 바꾼
2016년 10월 24일

"앞서 전해드린 것처럼 지금부터는 이른바 청와대 비선 실세로 지목된 최순실 씨 관련 소식을 집중 보도하겠습니다. 지난주 JTBC 는 최순실 씨의 최측근이라고 하는 고영태 씨를 취재한 내용을 단독으로 보도해드렸습니다. (…) JTBC 취재팀은 최순실 씨의 컴퓨터 파일을 입수해서 분석했습니다. 최 씨가 대통령 연설문을 받아봤다는 사실을 확인할 수 있었습니다." 아무도 몰랐다. 이 뉴스가 몰고 올 역사적 파문과 국민의 호응을. 상상도 못 했다. 2016년 10월 24일 JTBC〈뉴스룸〉손석희 앵커의 멘트로 시작된 최순실 태블릿 PC 보도가 정국을 강타하고 최고 권력자, 박근혜 대통령의 종말을 고하는 서막이 될 줄을.

JTBC 보도로 최순실이 대통령 연설문·공식 발언 파일 44개를 받아 보고 국무회의 자료와 비서진 교체 내용을 사전 인지했으며 청와대 핵심 문건을 수정한 정황이 드러나자 국민은 경악했고 정치권은 혼란의 소용돌이에 빠졌다. 청와대는 한 치 앞을 내다볼 수 없는 백척간두의 국면에 접어들었다.

대통령의 국정농단 보도에 먼저 불을 댕긴 것은 TV조선이었다. TV조선은 2016년 7월 6일 '최순실 측근인 김종 문체부 2차관, 박태환 올림픽 출전 포기 종용' 뉴스를 보도하고 7월 26일 '미르재단 500억 원 모금' 뉴스를 내보냈다. 하지만 TV조선은 이미 2014년 말에 최순실이 박근혜 대통령 의상을 챙기는 CCTV 영상을 입수했는데도 9월 이후 국정농단 사건 보도를 계속 이어가지 못했다. 국정농단 사건 보도 시점을 둘러싸고 기자와 상층부 사이에 갈등이 벌어졌고, 청와대에서도 압력을 가했기 때문이었다.[28] TV조선이 주춤한 사이 《한겨레》는 2016년 9월 20일 〈대기업 돈 288억 걷은 K스포츠재단 이사장은 최순실 단골 마사지 센터장〉 1면 보도를 시작으로 박근혜 대통령 국정농단 및 최순실과 관련해 본격적으로 취재와 보도에 나섰다.

JTBC도 2016년 10월 들어 최순실 사건을 보도하기 시작했다. JTBC는 2016년 10월 17일 '미르재단 운영은 차은택, 그 뒤엔 회장님 최순실'을 시작으로 10월 18일 '최순실, K스포츠 설립 전 회사 창설… 개인 돈벌이 정황', 10월 19일 '최측근 고영태 증언, 최순실 대통령 연설문 고쳐' 등 최순실의 국정농단 관련 보도를 이어갔다.

그리고 10월 24일 최순실 태블릿 PC를 입수해 국정농단 실체가 담긴 충격적 내용을 집중적으로 보도했다. JTBC의 최순실 태블릿 PC 보도는 지금까지 대한민국 언론사에는 없었던 '수소폭탄급' 특종이었다.[29]

JTBC가 〈뉴스룸〉을 통해 세상에 드러낸 최순실 태블릿 PC는 박근혜 대통령의 국정농단과 비선 실세 최순실의 실체를 온 국민에게 적나라하게 알리는 스모킹건 역할을 했다. JTBC의 최순실 태블릿 PC 보도는 모든 것을 빨아들이는 블랙홀이 될 것처럼 보였던 박근혜의 개헌 카드를 일시에 무력화하며 시민들을 촛불 광장으로 모았다. 또한 국회의 박근혜 대통령 탄핵소추안 통과, 헌법재판소의 박근혜 대통령 파면 그리고 19대 대선 실시와 더불어민주당 문재인 후보 대통령 당선이라는, 정국 판도를 완전히 뒤흔든 격동의 역사적 사건을 촉발하는 기폭제가 됐다.

태블릿 PC를 보도한 JTBC 취재진과 손석희는 워터게이트 사건을 끈질기게 추적해 미국 37대 대통령 리처드 닉슨Richard Nixon을 권좌에서 물러나게 한 《워싱턴포스트》의 밥 우드워드Bob Woodward와 칼 번스틴Carl Bernstein 기자를 연상시킨다.

1972년 닉슨 대통령 측근이 닉슨의 재선을 위해 워싱턴의 워터게이트 빌딩에 있는 민주당 전국위원회 본부에 침입해 도청 장치를 설치하려다 체포된 사건은 처음에는 주목받지 못했다. 그러나 《워싱턴포스트》의 밥 우드워드와 칼 번스틴 기자는 사건을 집요하게 추적했고, 닉슨 대통령이 도청을 지시했으며 사건을 은폐·조작하고 수사를 방해했다는 사실을 보도해 국민적 공분을 일으켰다. 또한 미하원 사법위원회의 대통령 탄핵결의 가결에도 결정적 역할을 했다. 결국 닉슨은 "이제는 국가를 통치하는 데 필요한 정치적 기반을 상실했다"라며 1974년 8월 8일 사임 성명을 발표하고 대통령직에서 물러났다. 미국 대통령 최초의 임기 중 사임이었다.

밥 우드워드와 칼 번스틴은 권력 비리에 다가가면서 "그 망할 애송이 녀석들 조심하라고 해"라는 닉슨 대통령의 위협적 경고와 백악관의 구체적 보복 움직임을 온몸으로 체감했다. 닉슨은 기자들의 개인 전화를 도청하고 세무조사를 하면서 적대감을 드러내는 한편 《워싱턴포스트》 소유의 TV 방송사를 문 닫게 하겠다고 겁박했다.[30] 밥 우드워드와 칼 번스틴이 "우리는 틀림없이 감옥에 갈 것으로 생각했어요"라고 말했을 정도로 워터게이트 사건 취재와 보도는 거대한 권력과의 싸움이었다.[31]

"아무 생각 없었다. 단지 준비한 것을 보도해야 한다는 마음밖에 없었다." 2016년 10월 24일 오후 7시 59분에 무슨 생각을 했느냐는 질문[32]에 대한 손석희 대답이다. 이 간명한 대답에는 많은 함의가 있다. 손석희라는 존재가 없었다면 국정농단 세력을 단죄하고 민주주의 회복의 역사를 쓰게 한 JTBC의 최순실 태블릿 PC 보도는 불가능했을 것이다.

왜냐고? 우선 손석희가 없었다면 JTBC의 최순실 태블릿 PC

취득 자체가 힘들었을 것이기 때문이다. 최순실이 운영한 더블루K 사무실이 있는 서울 강남구 청담동 빌딩 관리인 노광일 씨는 2016년 10월 18일 JTBC 김필준 기자에게 사무실 문을 열어줘 태블릿 PC를 찾는 데 결정적 도움을 줬다. 《경향신문》과 《한겨레》 등 다른 언론사 기자들도 이날 사무실을 찾았지만, JTBC 기자에게만 사무실 문과 최순실이 두고 간 책상 서랍을 열어줬다. 노광일 씨는 JTBC에게만 도움을 준 이유에 대해 "두 가지 이유다. 하나는 손석희 사장을 믿은 거다. 두 번째는 신문보다 방송의 파급효과가 더 크다고 생각했다"[33]라고 말했다. 그는 2017년 4월 10일 최순실 공판 증인으로 출석해서도 "JTBC는 손석희 사장이 있어 진실에 입각해 보도할 것으로 판단해 협조했다"라고 증언했다.

30여 년 동안 아나운서와 기자로서, 뉴스 프로그램의 앵커와 시사토론 프로그램 진행자로서, 또 대학교수로서 손석희가 지녀온 공정 보도를 향한 일관된 태도가 태블릿 PC를 확보할 수 있었던 가장 큰 원동력이었다.

최순실 태블릿 PC를 확보했다고 곧바로 보도할 수 있는 건 아니다. JTBC 보도 책임을 맡은 손석희가 있었기에 최순실 태블릿 PC는 〈뉴스룸〉을 통해 국민과 만날 수 있었다. KBS, MBC 등 많은 언론사가 박근혜의 막강한 권력을 의식해 최순실 실체나 국정농단 사건에 침묵으로 일관했다. 심지어 여론을 호도하고 왜곡 보도까지 일삼았다. 박근혜, 최순실 국정농단 사건을 처음 보도한 TV조선마

저 내외부 압력 등으로 보도를 이어가지 못했다. 이런 상황에서 파괴력이 큰 최순실 태블릿 PC를 확보했다고 바로 보도할 수 있는 언론은 많지 않다. 기자, 보도 책임자, 경영진, 언론사의 운명이 달려 있기 때문에 더 그렇다. 언론사들은 《세계일보》가 2014년 11월 최순실 전남편 정윤회가 비선 실세라는 보고서, 일명 '정윤회 문건'을 보도한 뒤 세무조사, 검찰 수사, 사장 교체, 기자 사찰 등[34] 박근혜의 청와대에게 얼마나 무자비하게 탄압받았는지 잘 알았다.

더욱이 손석희는 박근혜 정권에게 계속 전방위적 퇴진 압력을 받고 있는 상황이었다. 홍석현 전 중앙그룹 회장은 2017년 4월 16일 유튜브에 공개한 영상을 통해 "구체적으로 받은 외압이 다섯 번에서 여섯 번 된다. 이 중 (박근혜) 대통령의 압력도 두 차례나 있었다. 언론을 경영하는 입장에서, 또 개인적으로 정치적 사건에 연루돼 고초를 치르면서 위협을 느낀 것은 사실이지만, 외압을 받아 (손석희) 앵커를 교체한다는 것은 내 자존심이 용납하지 않았고 21세기에 있을 수 없는 일이라고 믿었다"라고 박근혜 대통령의 충격적인 외압 내용을 폭로했다. 또한 중앙그룹 고위 관계자는 "2016년 2월경 박근혜 대통령과 이재용 삼성전자 부회장이 독대했고 대화의 절반은 손석희를 갈아치우라는 압력이었다. 이재용 부회장이 홍석현 회장에게 통하지 않을 얘기라고 난색을 표하자 박근혜 대통령이 이재용 부회장에게 (삼성) 광고를 하지 말라고 했다"[35]라고 전했다. 하지만 손석희는 박근혜 정권의 겁박 속에서도 정치적 고려와 경영 문제는 배제한 채 오롯이 철저한 취재와 검증을 통해 최순실 태블릿 PC에 대한 특종 보도를 밀어붙였다.

JTBC와 함께 박근혜, 최순실 국정농단 보도를 이끌었던 또 다른 주역, 김의겸 《한겨레》 선임기자와 이진동 TV조선 사회 에디터 역시 최순실 태블릿 PC 보도에 있어 손석희의 역할을 높게 평가했다. 김의겸은 "태블릿 PC를 코앞에까지 갔다가 놓쳤기 때문에 많이 아쉽다. 결과적으로 《한겨레》가 태블릿 PC를 입수해 보도하는 것보다는 JTBC라는 많은 시청자가 보는 매체, 영향력 있는 매체가 보도하는 게 나았을 거라 본다. '손석희'라는 언론인이 갖는 국민적 신뢰도가 바탕이 돼서 더 폭발력이 있었고 촛불을 빠르게 확산시키는 데 영향을 미쳤다고 생각한다"라고 말했고, 이진동은 "여건의 문제를 떠나서 만약에 태블릿 PC가 저에게 왔다면 손 사장이 했던 것처럼 잘할 수 있었을까 여러 번 물어봤다. 아마 힘들었을 거다. 소위 말하는 여건의 문제가 아니라 저의 역량 문제를 얘기하는 거다"라고 인정했다.[36]

JTBC의 최순실 태블릿 PC 보도 이후 박근혜 대통령은 2016년 10월 25일 국정농단 본질을 흐리며 혹세무민하는 대국민 사과로 대응했다. 그리고 2016년 10월 27일 새누리당 김진태 의원은 최순실 태블릿 PC가 다른 사람 것이라는 의혹을 제기했다. 급기야 어버이연합, 엄마부대 등 극우 단체가 2016년 10월 31일부터 11월 9일까지 JTBC 사옥 앞에서 시위를 벌이며 손석희와 JTBC가 태블릿 PC

를 조작했다고 주장했다. 여기에 MBC가 JTBC의 태블릿 PC 입수 경위를 문제 삼는 보도를 하는 등 일부 언론사도 JTBC의 태블릿 PC 보도에 대한 흠집 내기에 나섰다.

이런 긴박한 상황 속에서도 JTBC는 〈뉴스룸〉을 통해 태블릿 PC 조작 의혹에 대한 상세한 반박 보도와 함께 '박근혜 대통령 차움 시설 무상 이용… 가명은 길라임'(2016년 11월 16일), '정호성 휴대전화에 미공개 핵심 증거 20건'(2016년 11월 20일), '대통령 비선 의혹 진원지 파악해 응징 지시'(2016년 12월 1일) 등 특종 보도를 이어나갔다.

그리고 손석희는 태블릿 PC 특종 보도 다음 날인 2016년 10월 25일 JTBC 직원에게 이메일을 통해 "어제 이후 JTBC는 또다시 가장 주목받는 방송사가 돼 있습니다. 채널에 대한 관심은 곧바로 구성원에 대한 관심으로 이어집니다. 겸손하고 자중하고 또 겸손하고 자중합시다. 만나는 모든 이들에게 그렇게 해야 합니다. 취재 현장은 물론이고 길 가다 스쳐 지나가는 사람들에게까지도"라고 당부했다.

손석희와 JTBC 보도국 기자들의 노력으로 2016년 10월 24일 역사적인 태블릿 PC 특종 보도가 가능했다. 그리고 태블릿 PC 보도로 촉발된 촛불혁명이 박근혜 대통령을 권좌에서 끌어내렸다.

손석희는 말했다. "(박근혜 최순실 국정농단 사건 관련) 팩트가 나오면 확인하고 또 확인한 다음 그대로 전부 보도했다. 매 순간 전력투구하듯이 그렇게 했고, 그러는 사이에 촛불은 켜졌고 박근혜 전 대통령 측이 택했던 전술은 전부 무너졌다"[37]라고.

　JTBC의 최순실 태블릿 PC 보도는 권력을 사유화하고 국정농단을 일삼은 권력의 정점, 박근혜 대통령을 물러나게 했다. 후퇴한 민주주의를 회복시키고 시민에게 새로운 시대정신을 일깨워준, 한국 현대사를 뒤흔든 의미 있는 사건 그 자체다. 또한 일제강점기부터 박근혜 정부에 이르기까지 권력과 자본에 굴종하고 감시와 비판의 기능을 상실했다고 질타받아온 언론계에 정론 저널리즘을 실천하는 언론인과 언론사의 역할이 얼마나 중요한지를 일깨웠다. 국민에게는 언론이 바로 서야 나라도 바로 선다는 인식을 심어줬다.

　손석희가 이끈 JTBC의 최순실 태블릿 PC 보도는 한국 언론계의 지형과 판도를 흔들었다. KBS, MBC, SBS 지상파 위주의 방송계 판도를 근본적으로 무너뜨리고 '조중동 종편' 프레임을 완전히 와해시켰다. 태블릿 PC 보도를 계기로 JTBC는 지상파 뉴스 시청률을 압도하며 영향력과 신뢰도 1위 매체로 급부상했다.

　최순실 태블릿 PC를 보도한 2016년 10월 24일 JTBC 〈뉴스룸〉 시청률은 4.2퍼센트(유료방송가구기준, 닐슨코리아 자료)로 전날 대비 1.6퍼센트 상승했고, 2016년 10월 25일에는 JTBC 창사 이래 최고 시청률인 8.085퍼센트를 기록했다. 같은 시간대 방송된 MBC 〈뉴스데스크〉(4.8퍼센트), SBS 〈8 뉴스〉(4.2퍼센트)를 눌렀다. 처음으로 종편 메인 뉴스가 지상파 메인 뉴스를 압도하면서 방송 뉴스의 판도를 바꾼 것이다. 2016년 12월 6일 JTBC 〈뉴스룸〉은 시청률 10.04퍼센트를 기록해 종편 메인 뉴스 사상 처음으로 10퍼센트대를 돌파했다. 한국갤럽이 2016년 12월 13일부터 15일까지 전국 성인 1,004명을 대상으로 '어느 방송사 뉴스를 즐겨 보느냐'라고 물은 결과, 응답자의 45퍼센트가 JTBC를 선호한다고 밝혀 JTBC가 1위를 차지했다. 다음은 KBS(18퍼센트), YTN(10퍼센트), MBC(5퍼센트), SBS, TV조선, MBN(이상 3퍼센트), 채널A, 연합뉴스(이상 2.5퍼센트) 순이었다.

JTBC는 시청률과 선호도뿐만 아니라 신뢰도와 영향력도 치솟았다. 《시사저널》이 2017년 8월 7일부터 29일까지 행정 관료, 교수, 법조인, 정치인, 기업인 등 10개 분야 전문가 1,000명을 대상으로 실시한 조사에서 JTBC가 영향력(57.7퍼센트), 신뢰도(55.8퍼센트), 열독율(37.3퍼센트) 부문 모두 1위에 올랐다. 2018년 조사에서는 JTBC가 영향력(50.4퍼센트), 신뢰도(43.9퍼센트) 부문에서 1위를 차지했고 열독률(25.6퍼센트)은 네이버에 이어 2위를 기록했다.

《시사IN》이 2017년 9월 21~23일 19세 이상 남녀 1,000명을 대상으로 실시한 언론사 신뢰도 조사에선 JTBC가 신뢰하는 언론 매체(30.8퍼센트), 신뢰하는 방송 매체(43.4퍼센트) 부문에서 압도적 1위를 차지했고, JTBC 〈뉴스룸〉은 신뢰하는 방송 프로그램 부문 1위를 기록했다. 2018년 조사에서도 JTBC는 신뢰하는 언론 매체(23.5퍼센트), 신뢰하는 방송 매체(37.4퍼센트) 부문에서 1위를 기록했고 JTBC 〈뉴스룸〉은 신뢰하는 방송 프로그램(16.8퍼센트) 부문 1위를 차지했다.

한국기자협회가 2017년 8월 1~4일 전국 기자 300명을 대상으로 실시한 조사에서도 JTBC는 영향력과 신뢰도 1위를 차지했다. 영향력 조사에선 기자의 27.4퍼센트가, 신뢰도 부문에선 30.3퍼센트가 JTBC를 꼽았다.

또한 한국언론학회가 2017년 10월 언론학 교수 등 회원 486명을 대상으로 벌인 신뢰도, 공정성, 유용성 조사에서도 JTBC는 '가장 신뢰받는 미디어', '가장 공정한 미디어', '가장 유용한 미디어' 부문에서 모두 1위를 차지했다. 2016년에 이어 2년 연속 전 분야 석권이다.

이 밖에 손석희와 JTBC는 송건호 언론상, 민주시민언론상 본상, 한국방송비평상, 미디어어워드 대상, 국제엠네스티 언론상, 심산상, 한국가톨릭매스컴 대상 등 언론 관련 상을 모조리 휩쓸었다.

JTBC의 화려한 선전과 도약은 최순실 태블릿 PC 등 박근혜, 최순실 국정농단 사건을 끈질기게 보도한 손석희가 있었기에 가능했다. 수많은 시청자의 눈에 손석희는 미국 워터게이트 사건을 다룬 영화 〈더 포스트〉의 대사, "언론은 통치자가 아닌 국민을 섬겨야 한다", "권력과 언론은 친구가 될 수 없다", "숨겨도 될 진실은 없다"를 방송 현장에서 실천한 언론인이다.

세월호 참사와
'손석희 저널리즘' 발화

2014년 4월 16일. 도저히 믿기지 않는 대참사가 일어났다. 결코 일어나서는 안 될 비극의 인재人災였다. 무책임과 무능으로 점철된 청와대와 정부, 권력에 눈먼 정치권, 사람보다 돈을 우선시한 기업 때문에 발생한 세월호 참사의 비극은 단원고 학생 포함 304명(사망자 299명, 시신 미수습자 5명)의 무고한 목숨을 앗아갔다.

세월호 대참사 앞에 펼쳐진 무수한 오보, 유가족의 슬픔마저 상품화한 선정적인 뉴스, 사실과 진실을 외면한 청와대만을 위한 왜곡 기사, 재난과 참사 보도에서 반드시 지켜야 할 최소한의 기본 원칙마저 무시한 취재와 보도 행태로 국민의 비판과 질타를 받으며 언론도 침몰했다.

2014년 4월 15일 인천 연안여객터미널을 출발해 제주로 향하던 청해진해운 소속 여객선 세월호가 4월 16일 오전 8시 50분경 전남 진도군 조도면 병풍도 부근 해상에서 전복됐다. 세월호에는 제주도로 수학여행을 가던 안산 단원고 2학년 학생 324명을 비롯한 승객 476명이 타고 있었다.

YTN이 2014년 4월 16일 오전 9시 18분 "471명이 타고 있는 여객선 세월호가 침수 중"이라는 내용으로 1보를 내보낸 직후 언론사들은 일제히 세월호 특보 체제에 돌입했다. KBS를 비롯한 지상파 TV, 케이블TV 뉴스 채널, 종편, 신문, 인터넷 매체 등 수많은 언론 매체가 일제히 세월호 뉴스 보도에 나섰다. 2014년 4월 16일 오전 11시, 목포 MBC 기자들이 첫 번째로 진도 팽목항에 도착한 이후 통신사와 신문사, 지상파 방송사, 케이블 방송사, 인터넷 매체의 취재진이 세월호 참사 현장으로 달려왔다. 방송과 인터넷 매체가 사건 현장을 생중계로 보도하는 등 언론사들은 세월호 참사 관련 기사를 실시간으로 쏟아냈다.

재난 보도는 특정 시점에 발생하여 특정 지역에 인적·물적·정신적 피해를 초래하는 자연재해 또는 인위적 재해에 관련된 정보를 제공하는 언론 활동이다. 언론은 갑자기 닥친 재난 상황에서 사람들이 정보를 얻는 유일한 통로이므로 그에 따른 영향력이 지대하다는 점에서 매우 중요한 역할을 한다. 따라서 재난 보도는 단순히 재난 상황 자체만 알려서는 안 된다. 피해 증가를 막기 위해 통제기구의 지시에 따라 구조와 대피 방법 등을 알려야 하고 유사 피해를 대

비하고 예방하는 역할도 해야 한다.[38]

하지만 언론은 세월호 참사에서 그런 역할을 전혀 하지 못했다. 전 국민이 가슴 졸이며 세월호 침몰 사고를 지켜보던 2014년 4월 16일 오전 11시 3분 58초 YTN에선 "방금 들어온 소식인데요. 학생들은 전원이 구조가 됐다는 소식이 들어왔습니다. 학생이 324명이었고요, 선생님들이 14명이었습니다. 정말 다행인 것 같습니다"라며 '학생 전원 구조' 뉴스를 보도했다. 이에 앞서 MBN과 MBC는 각각 4월 16일 오전 11시 1분 7초와 오전 11시 1분 26초에 '학생 모두 구조', '안산 단원고 학생 338명 전원 구조'라는 자막을 내보냈다.[39] 대다수 언론사가 사실 확인 없이 '학생 전원 구조'라는 대형 오보를 계속 보도했다. 이 치명적인 오보는 304명의 희생자 가운데 몇 명이라도 더 살릴 수 있었을 급박한 순간에 적극적인 구조 작업을 방해한 언론 대참사였다.

이처럼 언론사 간 속보 경쟁이 벌어지면서 사망자와 구조자 수 등 재난 보도에서 가장 중요한 사항에서조차 오보가 잇따랐고 구조 작업에 관해서도 '선체 산소 공급', '잠수부 선내 진입' 등 허위 보도와 왜곡 뉴스가 쏟아졌다.

세월호 침몰처럼 대량 인명 피해가 발생한 사고의 경우 언론의 오보는 치명적이다. 실낱같은 구조 가능성에도 기대를 걸 수밖에 없는 사고 피해자 가족에게 확인되지 않은 정보를 전달함으로써 불필요한 의혹과 불신을 일으킬 수 있고, 구조 활동 지연과 구조 현장의

혼란을 야기할 수 있기 때문이다.[40]

KBS의 '선내 엉켜 있는 시신 다수 확인', MBC의 '사망자 추후 보상 계획: 가입한 보험금 액수는?'처럼 자극적이고 선정적인 보도가 난무했고 사실과 의견을 분리하지 않고 감정에 매몰된 주관적 기사와 사실 확인 없는 추측 뉴스도 횡행했다. 이뿐만 아니다. 세월호 참사에 대한 상당수 언론 보도는 정부 보도자료를 사실 확인 없이 받아쓰거나 구조 당국의 기자회견 내용에만 의존하는 발표 저널리즘 병폐의 극단을 보여줬다. 사건 원인이나 구조 대책 같은 근본적인 문제보다 피해 현장을 겉핥기식으로 스케치 보도하는 기사도 넘쳐났다.

또한 피해자와 그 가족을 최우선으로 보호해야 한다는 재난 보도의 가장 기본적인 원칙[41]마저 완전히 무시한 채 친구의 가족이라고 속여 생존 학생에게 접근해 어떻게 된 거냐고 질문한 뒤 몰래 녹음한 내용을 방송한 기자도 있었다. 이 밖에도 물에 빠진 휴대전화를 고쳐주겠다며 가져가 그 안에 있는 동영상을 허가 없이 내보낸 기자부터 참사 현장에서 웃음 지은 기자까지, 유가족과 실종자 가족을 배려하지 않고 무례하고 후안무치한 태도를 보이거나 취재 윤리를 심대하게 위반한 언론인이 적지 않았다.

심지어 세월호 참사에 가장 책임이 큰 박근혜 대통령에 대한 비판 보도는 거의 없고, KBS를 비롯한 많은 언론사가 "박근혜 대통령은 곳곳에서 쇄도하는 질문에 일일이 답을 해줬고 세월호 가족은 박수로 호응했다"라는 식의 '박비어천가' 보도로 일관했다. 이정현 청와대 홍보수석이 세월호 사고 직후인 2014년 4월 21일과 30일 두 차례 김시곤 KBS 보도국장에게 전화를 걸어 "해경 비판을 자제해달라"라며 보도 압박을 가하는 등 청와대와 정부의 전방위적 언론 통제도 이어졌다.

세월호 참사의 진실을 외면하고 왜곡과 아첨 보도로 일관한 언론을 향해 자식을 잃어 새까맣게 타들어가는 유족의 가슴을 다시 한 번 도려내는 짓이라는 비판이 쏟아졌고, 기자의 존재 의미와 역할을 부정하고 조롱하는 기레기('기자'와 '쓰레기'의 합성어)라는 신조어가 등장해 본격적으로 사용됐다. 한국 언론사의 최대 오욕이었다.

하지만 손석희가 이끄는 JTBC 뉴스는 달랐다. 1987년 KAL기 폭파 사건, 1994년 성수대교 붕괴, 1995년 삼풍백화점 붕괴, 1999년 씨랜드 청소년수련원 화재와 같은 대형 사건 사고, 1987년 태풍 셀마를 비롯해 수많은 자연 재해를 보도했던 손석희는 다른 언론 매체와는 다른 취재 및 보도 태도와 뉴스 내용으로 시청자뿐만 아니라 세월호 사망자·실종자 가족의 신뢰까지 얻었다.

보도부문 책임자로서, 또 앵커로서 손석희는 세월호 참사 보도에서 취재팀을 이끄는 지도력, 사건을 파고드는 추진력, 위기나 돌발 사태에 대처하는 능력, 진실과 사실에 입각한 뉴스를 전달하는 자세를 보여주며 오보와 선정적 보도로 점철된 여타 언론사들과는 확연히 다른 모습을 드러냈다.

2014년 4월 16일 JTBC 〈뉴스 9〉의 세월호 보도는 손석희의 사과로 시작했다. "저는 지난 30년 동안 갖가지 재난 보도를 진행해온 바 있습니다. 제가 배웠던 것은 재난 보도는 사실에 기반해서 신중해야 한다는 것과 무엇보다 희생자와 피해자의 입장에서 사안을 바라봐야 한다는 것이었습니다. 오늘 낮에 여객선 침몰 사고 속보를 전해드리는 과정에서 저희 앵커가 구조된 여학생에게 건넨 질문 때문에 많은 분들이 노여워하셨습니다. 어떤 변명이나 해명도 필요치 않다고 생각합니다. (…) 깊이 사과드립니다. (…) 오늘 일을 거울삼아서 저희 JTBC 구성원들 모두가 더욱 신중하고 겸손하게 정진하도록 노력하겠습니다." 참사 당일 JTBC 박진규 기자가 세월호에서 막 구조된 여학생과의 인터뷰 도중 "친구가 사망했다"라는 소식을 알려 비판이 쏟아진 것에 대한 사과였다.

손석희는 앵커로서 세월호 관련 뉴스를 전달하며 멘트 하나부터 표정, 인터뷰 태도까지 신중을 기했다. 재난 보도 원칙을 준수했고, 최선을 다해 유가족과 실종자 가족을 배려했다. 또한 보도부문 책임자로서 세월호 취재 및 보도 방향과 취재 아이템, 기자의 자세를 섬세하게 신경 쓰며 사실과 진실에 기반한 뉴스 보도를 위해 노력했다.

손석희가 세월호 관련 뉴스를 보도하면서 가장 중요하게 지시하고 당부한 것은 두 가지였다. "센세이셔널리즘은 안 된다. 피해자 입장에서 한 번 더 생각하고 방송한다. 세월호 보도에서 우리가 반드시 지켜야 할 두 가지 원칙이었다."[42]

　JTBC 〈뉴스 9〉은 세월호 실종자 가족에게 받은 영상을 보도할 때도 동영상을 그대로 내보내지 않고 정지 화면을 사용해 절제 있게 보도하는 등 자극적이고 선정적인 뉴스를 피했다. 참사의 원인을 파고들고 탑승자 구조에 집중했으며, 정부와 공공기관에서 제공한 보도자료는 검증하고 사실을 확인했다. 또한 가치 있는 정보가 없는 단순 스트레이트 뉴스와 눈에 보이는 것을 입맛대로 골라서 보도하는 쓰레기통 저널리즘을 지양하고 시청자가 진정으로 알고 싶어 하고 궁금해하는 내용을 집중적으로 내보냈다. 감정에 매몰되어 추측 보도를 하는 대신 철저히 팩트체크를 했고 방관자나 구경꾼이 아닌 피해자 입장에서 접근하는 재난 보도 원칙을 지켰다.

　무엇보다 청와대와 정부의 외압 및 통제에 영향받지 않는 사실 보도를 위해 노력했다. JTBC는 2014년 4월 17일 세월호 참사 현장을 방문한 박근혜 대통령에 대해 찬사로 일관한 수많은 언론사와 달리 실종자 가족의 항의와 분노를 보도했고, 해경 등 정부의 재난 대응 실패와 선박 안전을 관리하는 부처의 문제점을 집중적으로 파헤쳤다. 더 나아가 선박 소유주의 선박 관리와 경영 문제, 해경과 민간 잠수부 간의 갈등 등을 전방위로 보도했다. 실종자 가족이 가장 알고 싶어 하는 구조 상황을 정부 부처의 보도자료에 의존하지 않고 현장 확인과 사실 확인을 통해 시시각각 보도했으며 인터뷰 등을 통해 실종자 가족의 입장을 계속 내보냈다.

손석희는 2014년 4월 25일부터 29일까지 진도 팽목항에 직접 내려가 〈뉴스 9〉을 진행해 현장감을 높였을 뿐만 아니라 사망자·실종자 가족의 목소리에 귀 기울이며 이들의 입장을 최대한 뉴스에 반영했다. 이뿐만 아니다. 손석희는 "오늘 가족 중 한 분을 연결해 이야기를 들으려고 했습니다. (…) 연결하려던 분은 며칠 전에 처음으로 연결했던 김중열 씨입니다. 며칠 만에 다시 연결해 이야기를 들으려고 하는데 뉴스 시작하면서 저한테 들려온 소식은 김중열 씨 따님의 시신이 발견돼서 (…) 연결을 못 하게 됐습니다"라고 앵커 멘트를 하면서 한동안 말을 잇지 못하고 가슴 아파하는 진정성을 보였다.

세월호 참사와 관련해 수많은 언론사가 숱한 오보와 병폐로 비판받은 것과 달리 JTBC 뉴스는 시청자뿐만 아니라 사망자·실종자 가족의 신뢰를 얻었다. 손석희가 처음부터 기자와 함께 구체적인 쟁점을 짚어가며 아이템의 핵심을 일일이 체크했기 때문이다. 섭외와 인터뷰 질문 작성을 MBC 라디오 〈시선집중〉 출신 작가들에게 맡겼고, 앵커가 기자에게 반론을 제기하거나 추가 질문을 하는 방식을 시도했다. 이러한 시스템을 통해 기자들이 사안에 대해 좀 더 꼼꼼히 취재하게끔 했고, 대답을 못 하면 그날 뉴스 말미, 혹은 다음 날에라도 취재해 보도할 수 있도록 한 것이 큰 힘을 발휘했다.[43]

손석희가 진두지휘한 JTBC 뉴스가 무엇보다 큰 차별점을 보이며 한국 언론의 취재 및 보도 관행에 일대 각성의 계기를 제공한 지점이 또 있다. 200일 넘게 메인 뉴스에서 세월호를 다루고 2017년 3월 31일 목포신항에 세월호가 도착한 후에도 현지에 취재기자를 7개월 넘게 상주시켜 수색 작업을 보도한 것이다. JTBC는 진도 팽목항 현지 진행 마지막 날인 2014년 4월 29일 〈뉴스 9〉의 클로징 멘트를 통해 "저희는 팽목항을 향한 시선을 멈추거나 돌리지 않을 것입니다"라고 약속했고, 이 약속을 끝까지 지켰다.

JTBC의 지속적인 세월호 보도는 참사 원인, 구조 과정에서의 문제, 정부의 무능, 기업 비리 등 세월호 문제를 총체적이고 다각적으로 인식하게 했다. 또한 관–업계 간 유착 관계, 재난대책기구의 무능 등 안전 시스템에 관해 본질적 문제를 제기함으로써 대책 수립을 위한 여론 형성에도 지대한 영향을 미쳤다.

손석희는 "보통은 하나의 이슈가 있으면 짧게는 2~3일, 길게는 한 달이 지나면 소멸된다. JTBC는 200일 동안 세월호 참사를 메인 뉴스에서 다뤘다. 의제를 설정agenda setting하는 것 못지않게 지키는agenda keeping 게 중요하다고 판단했기 때문이다"[44]라고 역설했다.

세월호 참사 관련 보도를 통해 JTBC의 보도 방향이 어느 정도 정립됐을 뿐만 아니라 JTBC 채널의 신뢰도와 인지도, 이미지가 크게 개선됐다. JTBC는 세월호 참사 보도 이후 '편파적이고 자극적인 저급한 종편'이라는 부정적 이미지에서 벗어나 TV조선, 채널A, MBN 등 다른 종편과의 차별화에 성공했다. 공정성과 신뢰도 높은 언론이라는 긍정적 이미지도 구축했다. 2014년 《시사저널》이 '누가 한국을 움직이는가'라는 주제로 실시한 전문가 조사에서 JTBC는 영향력 6위, 신뢰도 3위, 열독률 8위를 기록하며 모든 지표에서 10위권 안에 진입했다. 특히 신뢰도에서 주요 신문·방송사를 한꺼번에 제치고 20.5퍼센트를 기록하며 27.5퍼센트의 《한겨레》, 25.8퍼센트의 KBS에 이어 3위를 차지했다. 지표마다 1퍼센트 내외를 넘지 못하던 2013년에 비하면 불과 1년 사이에 그야말로 괄목할 만한 성장을 이룬 것이었다. 또한 세월호 참사를 집중적으로 보도한 JTBC 〈뉴스 9〉은 시청률 4~5퍼센트를 기록하며 다른 종편 뉴스 프로그램을 압도했고 같은 시간대에 방송하는 SBS 〈8 뉴스〉, MBC 〈뉴스데스크〉 등 지상파 메인 뉴스와 어깨를 나란히 했다.

전문가와 시청자뿐만 아니라 사망자·실종자 가족도 JTBC의 세월호 참사 보도를 높게 평가했다. "다소 막연하고 추상적이었던 언론인 손석희의 브랜드 파워가 세월호 참사를 거치며 구체적으로 검증됐다." 김춘식 한국외대 미디어커뮤니케이션학부 교수의 분석이다.[45]

물론 세월호 뉴스를 계기로 도약한 JTBC와 손석희를 바라보는 다른 시선도 엄존한다. 《미디어스》 김민하 기자는 세월호 보도를 통해 JTBC가 저널리즘 권위라는 측면에서 KBS를 비롯한 지상파 방송보다 나은 존재로 거듭났다고 지적하면서도, "JTBC의 성장은 오히려 JTBC의 주요한 경영 전략이 관철된 것이라는 점에서 일종의 아이러니로 볼 수 있다. '손석희'의 영입과 그에 대한 뉴스 부문의 전권 부여는 JTBC 경영진이 TV조선, 채널A 등 다른 종합편성채널과의 차별화 전략을 관철하려 한 결과다. 언론 본연의 기능 회복 등에 충실하려 했다기보다는 시장 논리를 기반으로 이런 전략을 밀어붙였고 결국 그게 효과를 보게 됐다"[46]라고 주장했다.

다양한 평가와 시선이 존재하지만, 세월호 참사 보도를 계기로 '손석희 저널리즘'이 본격 발화한 것은 분명한 사실이다. 선택과 집중을 통한 '한 걸음 더 들어간 뉴스'와 '어젠다 키핑'으로 구축된 손석희 저널리즘으로 한국 언론이 한 단계 진화하고 도약한 것도 부인할 수 없는 팩트다.

〈뉴스룸〉,
뉴스 시스템 변혁의 발원지

"시청자 여러분 반갑습니다. 손석희입니다. 오늘부터 매일 밤 여러분께 다시 뉴스를 전해드리게 됐습니다. 저나 저희 구성원들의 어깨가 무겁고 부담도 큽니다만 모두가 한마음으로 오늘을 준비해 왔습니다. 약 70년 전 《르몽드》의 창간자인 뵈브 메리Beuve-Méry는 '모든 진실을, 오직 진실을' 다루겠다고 말한 바 있습니다. 그럴 수만 있다면 저희들의 몸과 마음도 그만큼 가벼워지리라고 믿습니다. 그렇게 노력하겠습니다."

기대와 우려가 교차하는 가운데 손석희가 2013년 9월 16일 JTBC 〈뉴스 9〉의 앵커로 시청자와 만난 순간이다. 2000년까지 약 1년 동안 MBC 〈아침뉴스 2000〉을 진행한 이후 14년 만에 다시 앵커석에 앉았다. 손석희는 JTBC 뉴스를 가장 효과적으로 변화시키고 시청자에게 뉴스가 어떻게 바뀌었는가를 알리며 보도국 기자들과 공감대를 형성하고 뉴스에 책임을 지겠다는 생각으로 앵커로 나섰다고 했다.

〈뉴스 9〉은 단순히 스타 방송인 손석희가 앵커로 복귀한 뉴스 프로그램이 아니었다. 앵커의 역할부터 뉴스의 방향과 구성, 전달 포맷까지 이전의 뉴스 프로그램이나 다른 방송사의 뉴스 시스템에서 전혀 볼 수 없었던 새로운 실험과 도전 그 자체였다.

한국 방송 저널리즘은 1927년 JODK라는 호출부호를 사용한 라디오 방송국인 경성방송국 출범에서 시작됐고 1961년 KBS 개국으로 TV 저널리즘 시대가 열렸다. TV 방송 초창기에는 라디오 방송처럼 진행자가 뉴스를 읽어서 전달하는 평면적인 뉴스 전달 포맷만이 존재했다. 이러한 TV 뉴스 시스템에 큰 변화가 생긴 것은 MBC 〈뉴스데스크〉가 1970년 10월 5일 국내 방송사상 최초로 앵커 시스템을 도입하면서부터다. 〈뉴스데스크〉는 진행자가 원고를 읽으며 뉴스를 전달하는 단순한 형식을 과감히 탈피했다. 앵커가 짧게 뉴스를 소개한 뒤 취재기자가 보도하는 뉴스 전달 시스템을 구축해 현장감을 살린 것이다.[47] KBS와 TBC가 잇따라 앵커 시스템을 도입하면서 TV 뉴스는 신문 및 라디오 뉴스와 차별화하며 시청자의 눈길을 끌었다.

MBC가 미국 앵커 시스템을 차용하긴 했지만, 둘 사이에는 많은 차이가 있었다. 미국의 앵커 시스템은 1952년 미국 시카고에서 열린 민주당 전당대회 중계 보도 과정에서 등장했다. 미국의 TV 뉴스 앵커는 뉴스의 핵심 내용을 소개하는 것은 물론 중요도에 따라 자기의 생각을 덧붙이거나 해석을 하고 현장 기자에게 취재를 지시하는 야전사령관 역할을 한다.[48]

MBC 〈뉴스데스크〉가 앵커 시스템을 도입한 이후 KBS가 남자 기자와 여자 아나운서가 공동으로 메인 뉴스를 진행하는 공동 앵커제를 실시하는 등 한국 방송사들은 40여 년 동안 한국형 앵커 시스템을 도입하고 뉴스 전달 방식을 바꿔가며 뉴스 프로그램을 조금씩 발전시켜왔다. 하지만 2013년 9월 16일 모습을 드러낸 JTBC 〈뉴스 9〉은 한국 뉴스 프로그램의 포맷과 전혀 다른 혁신적인 뉴스 시스템을 선보였다. 이 새로운 포맷과 〈뉴스 9〉의 보도 방향에는 지난 30년 동안 방송 뉴스를 전달하고 연구하면서 절감한 한국 TV 뉴스의 병폐를 개선하겠다는 손석희의 의지가 담겼다. 또한 정론 저널리즘을 추구하고 디지털 시대의 새로운 미디어 환경에 적극 대응하려는 노력도 함께 투영됐다.

손석희는 JTBC 보도부문 사장에 취임하면서 천명한 팩트, 균형, 공정, 품위라는 4대 가치를 뉴스 변화 방향의 준거로 삼았다. 또한 시청자가 인터넷 등에서 이미 낮에 본 내용을 화면과 기자의 목소리로 재생산하는 뉴스, 스토리story는 있는데 히스토리history가 없고 텍스트text는 있는데 콘텍스트context가 없어 시청자가 깊게 알기 어려운 뉴스, 출입처에만 의존한 백화점 나열식 뉴스는 지양하고, 텍스트와 콘텍스트, 스토리와 히스토리가 담긴 뉴스, 선택과 집중을 통해 진실에 더 다가가는 '한 걸음 더 들어간' 뉴스를 지향했다. 이는 토막 난 텍스트가 서로 유기적으로 연결된 콘텍스트가 되고 스토리와 히스토리가 함께 전달되면 진실에 한층 더 가까워질 수 있다는 손석희의 신념[49]과 깊은 관련이 있다.

여기에 뉴스의 생명력이 점차 짧아지는 미디어 환경 변화에 주도적으로 대처하기 위해 문제가 해결될 때까지 의제를 계속 유지하는 어젠다 키핑 기능을 대폭 강화했다. 손석희는 "과거 미디어의 영향력이 막강했을 때는 어젠다 세팅 한두 번으로도 사회 변화가 일어났다. 요즘엔 뉴스 생명력이 점점 짧아지고 있다. 문제가 해결될 때까지 JTBC가 미디어로서 지속적으로 문제를 제기하는 게 사회에 기여하는 방식이다"[50]라며 뉴스의 어젠다 키핑 기능을 강조했다.

〈뉴스 9〉이 보여준 가장 큰 변화는 무엇보다 앵커의 역할과 기능이 크게 확대된 것이다. 한국 방송사는 편집권과 조직 관장 권한은 보도국장이 갖고 앵커는 뉴스 진행만 책임을 지는 지극히 기능적인 앵커 시스템을 운영해왔다. 앵커는 편집회의에 참여해 뉴스 흐름을 파악하거나 의견을 개진할 수 있지만, 뉴스의 생산과 편집에 직접 관여하지 못하는 경우가 대부분이다. 보통 뉴스를 전달하고 진행하는 것만이 앵커의 역할이다.[51]

JTBC 〈뉴스 9〉의 앵커로 나선 손석희는 뉴스 전달에 국한된 기존의 앵커 역할에서 완전히 탈피했다. 손석희 앵커의 역할은 다른 방송 앵커와 비교가 안 될 정도로 커졌다. 미국 방송 앵커처럼 기자들에게 취재를 지시하는 등 뉴스 제작부터 편집, 진행에 직접 참여하고 기자들의 인사권까지 행사했다.

〈뉴스 9〉의 시스템 변화는 앵커 시스템을 도입한 〈뉴스데스크〉 이후 40여 년간 큰 변화가 없었던 한국 TV 뉴스의 구성 포맷과 기자 리포트 방식을 창조적으로 파괴하는 데서 시작됐다. 뉴스 양식을 결정하는 세 가지 핵심 요소는 뉴스 프로그램과 뉴스 기사의 시간, 앵커와 기자의 뉴스 전달 방식 그리고 고정 코너, 자막, 효과 음악을 을 비롯한 편집이다.[52] JTBC는 뉴스 프로그램과 뉴스 기사의 시간부터 전달 방식, 편집까지 대대적으로 혁신했다.

한국 TV 방송 뉴스는 대부분 앵커가 뉴스 소개 멘트를 하고 기자들이 녹화해둔 1분 30초짜리 리포트가 이어지는 방식으로 20~30개 안팎의 뉴스 리포트를 전달하는 백화점 나열식 구성 방식을 유지하고 있었다. 또한 기자 리포트는 두세 문장으로 이루어진 도입과 전개 부분, 짧은 인터뷰 그리고 정리하는 마무리 멘트라는 획일적 구성이 주조를 이루었다.

"모든 뉴스를 알 수는 없다. 그러나 중요한 뉴스는 더 알아야 할 필요가 있다"라는 기치를 내건 JTBC 〈뉴스 9〉은 하나의 주요 이슈와 주제를 다양한 내용과 방식으로 전달하는 묶음식 기획뉴스를 전면에 배치했다. 하나의 이슈를 기자 리포트, 현장 중계차 연결, 전문가 대담, 관계자 인터뷰 등 다양한 방식으로 전달해 시청자에게 뉴스의 배경과 맥락을 알게 했다.

90초짜리 개별 리포트를 데스크가 판단한 중요도에 따라 단순 나열하는 방식이 아니라 이슈에 따라 묶어서 일종의 뉴스 덩어리, 블록을 만들어 제공했고 각 뉴스 블록에 개별 코너의 해설까지 더해 어렵고 복잡한 사안도 시청자가 이해하기 쉽게 만들었다.[53]

방송 뉴스의 심층성은 사건의 원인, 과정, 결과, 반응 그리고 대안의 보도 여부로 좌우되는데[54] 많은 방송사 뉴스가 원인과 과정 혹은 결과와 반응 보도에 그치는 것과 달리 JTBC는 원인, 과정, 결과, 반응뿐만 아니라 대안까지 총체적으로 전달해 심층성을 대폭 강화했다.

또한 JTBC는 기존 TV 뉴스에서 관행으로 자리 잡았던 기자의 녹음 리포트 전달 방식을 지양하고 국회, 청와대, 검찰, 경찰서 등 취재 현장에 나간 기자가 생방송 중계 방식으로 뉴스 리포트를 한 다음 앵커가 리포트 관련 사항이나 시청자가 알고 싶어 하는 내용을 추가로 질문하는 포맷을 취했다. 현장감과 속보성을 강화하고 뉴스를 다양하고 입체적으로 이해할 수 있게 하기 위해서다.

"생방송을 하게 되면 취재를 굉장히 많이 해야 한다. 내 질문도 '라이브성'이 있어서 준비를 많이 하지 않으면 안 된다. 기본적인 목적은 시청자들한테 정보를 많이 제공한다는 데 있다. 기자들로서는 자기 재량권이 많이 들어갈 수 있다. 현장에서 일어나는 일을 다 데스킹할 순 없는 거니까. 기자 스스로 책임감도 생기고 취재량도 늘어나고 시청자들한테는 더 많은 정보를 제공할 수 있다." 손석희가 기자 생방송 리포팅 방식을 고수하는 이유다.[55]

스튜디오에서 진행되는 뉴스 당사자 및 이슈 메이커와의 생방송 와이드 인터뷰, 특정 이슈에 대한 여론조사 결과 발표, 뉴스 내용과 관련된 클로징 음악 사용 등 기존 TV 뉴스 프로그램에서 볼 수 없었던 파격적인 뉴스 포맷도 도입했다.

손석희는 신문과 방송 등 기존의 모든 뉴스 조직이 인터넷과 디지털, 새로운 콘텐츠 소비 기기, 소셜미디어의 도전에 직면[56]하고 웹과 스마트폰 중심의 미디어 환경이 조성되면서 저널리스트의 역할이 변화하고 있는 상황에도 대처했다. JTBC는 디지털 미디어 환경에 선제 대응하고 젊은 시청자의 뉴스 접근성을 높이기 위해 한국 방송사상 처음으로 포털 사이트 네이버와 다음에서 뉴스를 생중계하는 시스템을 시도했다. "기존의 플랫폼에 갇혀 있는 한 (뉴스의) 확장에 한계가 있다고 봤습니다. 저는 우리(JTBC)가 최선을 다해 만든 뉴스를 새장 속에 갇혀 있게 해선 안 된다고 생각했습니다."[57]

〈뉴스 9〉의 혁신은 시청자의 뉴스 이해도, 뉴스와 시청자 간의 근접성과 밀접성을 높이는 의미 있는 결과를 낳았다. 〈뉴스 9〉은 한국 방송의 뉴스 판도를 흔들며 JTBC 뉴스 시청률과 신뢰도를 제고했을 뿐만 아니라 40여 년 동안 큰 변화가 없었던 한국 TV 뉴스 시스템의 변혁을 주도했다. 적지 않은 방송사가 JTBC 〈뉴스 9〉의 변화에 영향을 받았고 경쟁적으로 새로운 뉴스 전달 포맷을 차용하거나 변용했다.

〈뉴스 9〉의 변화에 시청자와 전문가가 보인 반응은 대체로 긍정적이었다. 강형철 숙명여대 미디어학과 교수는 "손석희 앵커가 선보인 〈뉴스 9〉은 기존 뉴스들과 다른 모습이어서 관심을 끈다. 다른 방송사는 아예 다루지 않는 정권에 불리한 주제를 빼지 않는 것도 그렇지만 뉴스 수를 줄이고 심층성을 더하는 것이 새롭다. 현장 기자를 중계차로 연결해 사안의 전개를 확인하는 것도 흥미롭다. 바로 앞사람에게 말하듯 자연스런 손석희표 진행 또한 여전하다. '공영방송 편파성의 반사이익일 뿐'이라거나 '지속될지 두고 봐'라고 하는 등 유보적 평가도 있다. 그러나 분명히 현재의 '손석희 뉴스'는 오랫동안 한국 방송 저널리즘에 제기돼온 비판을 수용하고 있다"[58]라고 분석했다.

JTBC 뉴스의 변화와 혁신은 멈추지 않았다. JTBC는 2014년 9월 22일부터 〈뉴스 9〉의 타이틀을 〈뉴스룸〉으로 변경하고 방송 시간도 오후 8시부터 9시 40분까지로 대폭 늘려 100분간 뉴스를 방송하는 파격적인 모험을 단행했다. 한국 방송에서 메인 뉴스를 100분간 방송하는 것은 최초였다. 특히 시청자가 TV 뉴스를 외면해 뉴스 프로그램 시청률이 하락세를 보이는 상황에서 방송 시간을 배로 늘린 JTBC 〈뉴스룸〉을 무모하다고 보는 시각이 적지 않았다. 하지만 〈뉴스룸〉이 방송되면서 우려는 기대로 변했고 시청자의 관심은 더욱 커졌다.

〈뉴스룸〉은 〈뉴스 9〉에서 표방한 '한 걸음 더 들어가는 뉴스'를 보다 효과적으로 전달하고 선택과 집중 전략에 희생됐던 다양한 뉴스를 함께 담아내는 방향으로 변화를 모색했다. 손석희는 "〈뉴스 9〉이 지향해온 방향성, 즉 정론 저널리즘을 좀 더 깊이 있게 실천하는 것, 그리고 그 과정에서 쌓아온 제작 노하우를 최대한 발휘하는 것이 이번 개편의 목표다. JTBC 뉴스가 그동안 형식과 내용 면에서 혁신하기 위해 나름 노력해왔다면, 이제는 저녁 메인 뉴스의 새로운 장을 연다는 각오로 또다시 혁신하는 모습을 보이겠다"라고 〈뉴스룸〉의 개편 취지를 설명했다.

100분간 방송하는 〈뉴스룸〉은 1부와 2부로 나뉘어 1부는 중요 이슈를 기자 리포트, 현장 중계, 대담, 인터뷰 등 다양한 방식으로 심층 보도하는 묶음식 기획뉴스 위주로 구성했다. 2부에는 특정 이슈에 대한 발언과 뉴스의 진위 등을 취재해 전달하는 '팩트체크', 이슈나 인물, 현상, 사건 등에 대한 관점과 입장, 해설 등을 자료화면을 동원해 프레젠테이션 방식으로 전달하는 '앵커브리핑', 배우나 가수, 감독 등을 초대해 인터뷰하는 '문화초대석' 등 긴 호흡으로 10여 분 안팎 진행하는 와이드 인터뷰, 뉴스 이면의 에피소드와 숨겨진 의미를 살펴보는 '비하인드 뉴스' 등의 코너를 배치했다.

2003년 《워싱턴포스트》의 '팩트체커', 2007년 《탬파베이타임스》의 '폴리티팩트' 등 2000년대 중반 들어 미국 언론이 시작한 팩트체크는 미국 44개 언론 매체와 기관에서 운영하고 있다.[59] 백악관에는 팩트체커들만 전담해 상대하는 스태프가 2명 있고 힐러리 클린턴Hillary Clinton 전 미 국무장관 같은 유명 정치인은 팩트체커 담당 보좌관이 있다.[60] 이러한 팩트체크를 JTBC 〈뉴스룸〉이 본격적으로 도입했다. 빌 어데어Bill Adair 미국 듀크대 교수는 "거짓 정보 시대에 저널리즘은 새로운 도전에 직면했다. 가짜뉴스에 맞서기 위해서는 최대한 중립적 정보를 찾고 그 과정과 결과를 수용자에게 제공해야 한다. 언론사들의 팩트체크로 인해 정치인들이 거짓말을 반복할 가능성이 낮아졌다"라고 말했다.[61] 이처럼 가짜뉴스가 넘쳐나고 SNS 등 뉴미디어의 발달로 뉴스 수용 환경이 급변하는 상황에서 이슈나 뉴스의 진위를 파악하는 팩트체크는 시청자에게 사실과 진실의 판단 준거가 되어줄 뿐만 아니라 미디어 비평 역할까지 하며 〈뉴스룸〉의 신뢰도를 높이는 코너로 자리 잡았다.

'앵커브리핑'은 시청자의 이해를 돕기 위해 뉴스 중 좀 더 설명이 필요한 부분에 앵커의 의견을 넣어 브리핑 형식으로 전달하는 코너다. 이슈와 인물, 현상에 대해 새로운 시각을 제공하는 이 코너는 화제와 논란의 중심에 서며 시청자의 관심을 증폭시켰다. 손석희는 "뉴스가 인문학일 수 있다는 걸 구현해보고 싶은 욕심이 있다. JTBC 뉴스를 관통하고 있는 것은 '인본주의'다. 그걸 하나로 결집해 내놓는 게 '앵커브리핑'이다"[62]라며 "(앵커브리핑은) 에디토리얼(사설)인데 앵커가 직접 하는 경우는 처음이어서 시작할 때나 지금이나 고민이 좀 있다. 첫째는 공감이고, 둘째는 방송 뉴스의 형식에 구애받지 않는 문장, 그리고 그것을 나나 제작진이 어떻게 잘 전달하느냐가 핵심이라고 생각한다"[63]라고 말했다.

또한 서태지, 이효리, 정우성, 봉준호, 김혜자, 송강호, 아이유 등 스타가 출연하는 '문화초대석'을 비롯해 정치, 경제, 사회, 문화 등 다양한 분야의 인물 및 뉴스 당사자를 초대해 10분 넘게 진행하는 생방송 와이드 인터뷰는 칭찬으로 일관하는 주례사 인터뷰를 지양했다. 대신 시청자와 시민이 알고 싶어 하는 내용을 집요하게 물어보고 인터뷰이의 다양한 면모와 입장을 끌어내 시청자뿐만 아니라 다른 언론 매체도 큰 관심을 보인다. 손석희가 진행하는 와이드 인터뷰는 타자와의 언어 활동·담론 과정을 통해 주관적 내면의 진심을 발굴하고 객관적 사건의 진실을 추적한다. 그리고 이를 통해 시청자가 관여하고 판단하게끔 유도한다. 인터뷰의 본질을 잘 보여주는 〈뉴스룸〉의 와이드 인터뷰는 그 자체로 하나의 저널리즘이다.[64]

손석희는 "인터뷰는 취재의 시작이라고 할 수 있다. 사건 당사자의 입을 빌려 해당 사건을 생생하게 전달할 수 있는 것이 인터뷰다. 〈뉴스룸〉은 생방송을 통해 날것 그대로의 증언을 시청자에게 전달하고자 한다"라고 강조한다.[65]

〈뉴스룸〉에서도 〈뉴스 9〉 때처럼 디지털 환경에 맞는 새로운 시도를 이어갔다. 네이버와 다음에서 〈뉴스룸〉를 생중계했을 뿐만 아니라 프로그램이 끝나면 전체 내용을 AOD(음성)로 다운로드 해서 들을 수 있게 했고, 팟캐스트에도 음성 파일을 올렸다. 또한 방송에 나오지 않은 뉴스의 배경이나 뒷이야기를 페이스북 소셜라이브 등을 통해 전달했다.

또한 〈뉴스 9〉이 200일 넘게 세월호 참사를 다뤘듯 〈뉴스룸〉도 특정 이슈를 지속적이고 집중적으로 보도하는 어젠다 키핑의 기조를 더욱 강화했다.

물론 〈뉴스룸〉의 변화를 비판하는 목소리도 있다. 심도 있는 기획뉴스를 묶음식으로 전달하고 호흡이 긴 인터뷰를 진행하다 보니 재미없고 지루하다는 지적이 종종 제기된다. 특정 이슈와 현안을 현장 리포트, 인터뷰, 대담 등 다양한 방식으로 전달하지만 형식만 다양할 뿐 뉴스 내용은 깊이가 없을 때가 많다는 비판도 나온다.

하지만 "JTBC 뉴스는 기존 객관주의 저널리즘 대신 직접 사안에 개입하는 저널리즘으로 단순한 사실 전달보다는 진실 추구 내지는 사회 정의에 대한 언론의 책임을 실천하려고 아예 회사 차원에서 방침을 정한 느낌"이라는 남재일 경북대 교수의 분석[66]처럼, 많은 전문가와 시청자가 〈뉴스 9〉과 〈뉴스룸〉이 보여준 새로운 시도와 실험을 긍정적으로 평가한다.

JTBC는 〈뉴스 9〉과 〈뉴스룸〉을 통해 한국 방송 저널리즘의 대표적인 병폐로 지적된 사실관계 확인 부족, 정권과 광고주 편향, 출입처 동화同化, 자사 이기주의, 시청률에 집착한 선정성과 자극성 표출, 관습적 기사 작성 등의 문제[67]를 해결했다는 평가를 받았다. 차별화된 뉴스와 포맷으로 무장한 〈뉴스룸〉은 시청률 면에서 같은 시간대 방송되는 MBC 〈뉴스데스크〉와 SBS 〈8 뉴스〉를 압도하는 성과를 내기도 했다.

손석희는 〈뉴스룸〉을 통해 질 좋은 뉴스 콘텐츠를 제작하고 정론 저널리즘을 구현해 선정적이고 자극적이라는 종편의 부정적 이미지를 감소시켰다. 그뿐만 아니라 혁신적인 뉴스 포맷 개발과 다양한 시도로 종편이라는 플랫폼의 한계도 극복했다. 〈뉴스룸〉에서 드러난 '손석희표 뉴스와 뉴스 시스템'은 뉴스에 대한 수용자의 인식 전환, 방송 뉴스의 의미 있는 재편, 비판과 감시의 중요성에 대한 각성과 경쟁력 제고 등 한국 방송 뉴스의 긍정적 변화를 이끌었다.

손석희는 시청자와 전문가에게 긍정적 평가를 받으며 한국 방송 뉴스의 판도를 바꾸고 있는 〈뉴스룸〉의 포맷이 흔들리지 않고 잘 유지될 것이라고 확신했다. 그리고 내용과 형식 모두에서 기존의 뉴스 문법을 넘어선 새로운 뉴스를 지향하며 뉴스 혁신을 계속 추진할 것임을 강조한다. "우리가 시도해서 자리 잡은 포맷들은 이미 다른 방송사에서도 다 가져갔다. 선택과 집중에 의한 심층 취재, '앵커브리핑', '팩트체크' 등이 다 그렇다. '비하인드 뉴스'까지 다른 방송에서 하겠다는 얘기도 들었다. 그러니 이제는 누가 더 잘하느냐가 관건일 것이다. 우리는 더 잘하는 것에 초점을 맞출 것이다."[68]

한국 방송 뉴스의 진화와 발전을 위해 끊임없이 고민하고 노력하는 손석희에게 많은 시청자가 신뢰와 박수를 보낸다. 그리고 그가

주도한 JTBC 뉴스 혁신은 다른 방송사에게 차용과 변용의 원전原典
이 되고 있다.

손석희라는 악명이
언론인을 만든다

과거 오랫동안 한국의 언론인들은 '지사志士' 또는 '무관의 제왕'을 자처했다. 하지만 근래 들어서는 지사의 비판 정신과 언론 자유 추구, 전문가의 전문성과 윤리 의식을 보여주지 못하고 단순한 '샐러리맨'으로 전락했다[69]는 신랄한 비판이 제기되고 있다. 자조적 탄식이 이어지고 '기레기'라는 조롱마저 쏟아진다.

미디어 환경의 변화 속에 저널리즘 위기가 고조되고 있다. 언론인이 스스로 자초한 위기다. 지나친 경쟁에 내몰리자 선정적 보도를 일삼았고 국민의 알 권리조차 무시하는 정파적 보도가 늘어났다. 경영 악화로 인해 기사보다 광고에 더 신경을 썼고, 자사 이익을 위해 물불 안 가리는 자사 이기주의도 드러냈다. 이렇게 저널리즘의 위기가 심화했다.[70]

언론인이 제 역할을 다하지 못해 저널리즘 위기가 고조되는 상황에서 "저희는 내일도 최선을 다하겠습니다"라는 JTBC 〈뉴스룸〉의 클로징 멘트와 '진실이 뉴스가 됩니다'라는 손석희의 페이스북 문구를 접하면 언론인의 존재 의미와 역할에 대해 다시 생각하게 된다. 그리고 언론인으로서 평생 최선을 다한 두 사람, 리영희와 김중배를 소환하게 된다.

　　언론인으로 그리고 대학교수로 불의와 타협하지 않고 정의와 진실, 민주주의, 분단 극복을 위해 한평생을 바쳐 '시대의 양심', '실천하는 지성인', '진실을 추적하는 언론인'이라 불렸던 고故 리영희. 그는 1989년 《한국기자협회보》에 기고한 〈후배 기자들에게 당부−신문지를 만들지 말고 신문을 만들자〉라는 글에서 "한 세월 동안 내게는 이 사회에 '신문지'는 있어도 '신문'은 없었다. 무슨 말인지 알 수도 없는 넋두리를 인쇄한 '지(紙, 종이)'는 내게 조석으로 배달되어 왔지만, '새 소식(신문)'은 찾아볼 수가 없었다. 소식이라는 것도 하나같이 권력을 두둔하는 것이고, 권력에 아부하는 구린내 나는 내용들이었다. 그따위 '신문 종이'를 만들어내는 신문인들이 감히 '언론인言論人'을 참칭할 때 나는 그들을 '언롱인言弄人'이라는 호칭으로 경멸해왔다"[71]라고 질타했다.

　　리영희는 또한 많은 사람의 세계관과 가치관에 영향을 끼친 저서 『우상과 이성』을 통해 "나의 글을 쓰는 목적은 진실을 추구하는 오직 그것에서 시작되고 그것에서 그친다. 진실은 한 사람의 소유일

수 없고 이웃과 나눠져야 할 생명인 까닭에, 그것을 알리기 위해서는 글을 써야 했다. 그것은 우상에 도전하는 이성의 행위다. 그것은 언제나, 어디서나 고통을 무릅써야 했다"[72]라고 일갈했다.

1957년《한국일보》기자로 언론계에 첫발을 디딘 이후《동아일보》칼럼 '그게 이렇지요—김중배 세평' 등을 통해 부패한 권력을 준열히 비판하고 은폐된 진실을 알리며 바른 언론의 길을 제시한 대기자이자 시민운동가 김중배. 한결같은 엄정함으로 시대를 기록하고 통찰한 그는《동아일보》1984년 2월 25일 자 칼럼 〈미처 못다 부른 노래〉를 통해 "오늘 그리고 내일, 누군가는 기필코 바르게 말해야 한다. 어두우므로 도리어 밝은 정론의 횃불을 올려야 한다. 점화된 불씨는 끝내 꺼뜨리지 말아야 한다. 설령 횃불을 올린 이들은 어두운 균열 속으로 묻혀가더라도 횃불은 날로 빛나야 한다. (…) 그 횃불이 꺼지면 시민市民은 신민臣民으로 떨어지고 만다. (…) 나는 믿는다. 오늘, 서산에 저무는 태양은 아주 저물어버리기 위해서 지는 게 아니라는 것을. 내일, 새롭게 다시 떠오르기 위해서 저물어간다는 것을 끝내 믿는다"라며 전두환 정권의 탄압으로 펜을 빼앗기고 외국으로 쫓겨나는 순간에도 언론인의 책무를 각성시켰다. 그리고 언론 자유를 침해하는 사주를 비판한 뒤 1991년 9월 6일《동아일보》편집국장 자리에서 물러나며 "언론은 이제 권력과의 싸움에서 보다 원천적인 제약 세력인 자본과의 힘겨운 싸움을 벌이지 않으면 안 되는 시기에 접어들었다"라며 점증되는 자본의 언론 통제에 비판의 투지를

드러냈다.[73]

김중배는 세월호 참사 때 기자들이 쓰레기로 낙인찍힌 것에 대해 "지난날엔 권력의 압제에 저항하기 어려워서 문제가 생겼다면- 물론 그걸로 다 변명이 되는 것 아닐 테지만-이번 세월호 보도에선 다분히 저널리스트 자신들의 자발적이고 의도적인 측면이 크다는 게 특징이다. 언론인의 의식 지형에 그간 심각한 변화가 있었던 것 같다. 사주나 권력의 외압과 광고로 대변되는 자본의 압력만의 문제가 아니라 거기 종사하는 자들의 세계 인식이나 현실 인식, 인간에 대한 인식이 원천적으로 달라진 게 아닌가"[74]라며 언론인의 자세와 의식을 질타했다.

권력과 자본을 비판하는 정론 저널리즘을 지향하고 정파와 진영을 뛰어넘어 건강하고 합리적인 시민사회 편에 서는 언론인이라는 점에서 손석희와 리영희, 김중배, 세 사람은 참 많이 닮았다.

2009년 12월 5일 MBC 라디오 〈시선집중〉에서 만난 손석희와 리영희. 두 사람은 시대의 문제를 외면하지 않고 치열하게 살아온 언론인 그리고 대학교수로서 삶의 궤적이 매우 비슷하다. 손석희는 기회가 있을 때마다 "리영희 선생과 같은 기자가 많이 나와야 한다고 생각한다. 언론인이자 학자로서 타협 없이 진실을 추구해온 선생과 같은 언론인이 필요하다"라고 역설한다. 2001~2003년 각각 아나운서국 차·부장과 사장으로 MBC에서 함께 근무한 손석희와 김중배는 권력과 자본의 탄압에 굴하지 않고 공정 언론을 위해 치열하게 노력했다는 점에서 유사하다.

리영희, 김중배 그리고 손석희, 세 사람 모두 독립운동가이자 성균관대 초대 총장을 지낸 심산 김창숙 선생을 기린 심산상을 받았다. 리영희는 2006년 수상했다. "권위와 우상이 지배하던 어두운 폭력의 시대에 올바른 세계 인식을 하게 한 리영희 전 교수가 평생을 항일 독립투쟁과 반독재 민주통일 운동에 헌신한 김창숙 선생의 정신과 부합됐다"라는 이유로 수상자로 선정됐다. 김중배는 2015년 심산상을 받았다. "김중배 선생은 1980년대 《동아일보》 '김중배 칼럼'을 통해 독재 정권에 맞서 부당성을 용감하게 비판하는 등 언론인으로서 소명을 다했다"가 선정 이유다. 그리고 2017년 손석희에게 심산상이 수여됐다. "2016년 촛불시위가 손석희 사장의 보도로 촉발됐다. 역사의 흐름을 바꾸는 데 큰 기여를 한 손석희 사장이 상의 적임자라고 판단했다"가 손석희의 수상 선정 이유다.

손석희는 정론 저널리즘과 건강한 시민사회의 편에 선 언론을 지향하고 팩트, 공정, 균형, 품위를 뉴스의 4대 가치로 여기며 이를 언론 현장에서 실천하려 노력하기에 자신뿐만 아니라 동료 언론인에게도 매우 엄격하다. 나아가 후배 언론인을 혹독하게 훈련시키고 매몰차게 교육한다.

손석희는 우선 기자들이 시청자와 국민이 알고 싶어 하는 내용을 하나라도 더 알려주도록 지도한다. 현장에 나가 있는 기자에게 돌발 질문을 하기도 하고 기자의 리포트에 의문이 생기면 끝까지 물고 늘어진다. 기자가 리포트를 마치고 마무리 멘트를 할 때까지도 질문을 거듭해 기자들이 현장에 나갈 때 한두 개라도 더 취재하게 하는 것으로 악명[75]이 높다.

미리 녹화해둔 기자 리포트를 방송하는 대다수 방송사와 달리 JTBC는 기자가 취재 현장에서 생방송으로 리포트를 한 뒤 손석희 앵커의 질문에 대답하는 방식으로 뉴스를 진행한다. 덕분에 뉴스는 생동감과 현장성이 배가되고 기자는 뉴스 전체를 이해하고 장악하는 능력과 돌발 상황에 대비하는 힘을 기른다.

손석희는 기자가 현장에서 제공한 정보가 불충분하거나 긴급하게 전달해야 할 내용이 있으면 방송 도중에도 "취재 다시 해서 보도하라"라며 거침없이 질타해 방송이 끝나기 전이나 다음 날 다시 보도하게 만든다. 이런 상황에서 기자들은 남들보다 더 폭넓고 깊게 취재할 수밖에 없다.

2016년 11월 29일 방송된 〈뉴스룸〉에서 손석희는 기자가 박근혜 대통령의 퇴진 방법에 대한 국회 논의 상황을 리포트하며 질문에 엉뚱한 대답을 하자 "아니요. 그 질문이 아니고요. (…) 어떻게 취재가 됐습니까. 혹시 취재가 안 됐으면 얘기하지 않아도 됩니다"라는 질책성 불호령을 서슴지 않았다. 이처럼 손석희는 자신의 질문에 기자들이 부정확한 대답을 하면 방송 도중에도 거침없이 비판하고 지적한다. 다른 TV 뉴스에서 볼 수 없는 모습이다.

"현장에 있는 기자와 질문을 주고받을 때도 시청자의 입장에서 계획에 없던 질문을 많이 한다. 간혹 기자가 질문에 대답을 못 하는 경우도 있다. 이럴 경우, 솔직하게 '확인하지 못했다. 추가 취재를 통해 답변을 드리겠다'라고 말하라고 주문한다. 이는 시청자를 대하는 기자의 기본자세다. 시청자의 궁금증에 대해 지금은 답변을 못 해도 추가 취재를 통해 알려드린다는 것을 명확히 하는 것이다."[76]

끈질긴 취재 지시나 집요한 질문, 따가운 질책은 시청자에게 완벽한 방송을 제공하기 위해서지만, 기자들의 취재력을 키워 최고의 언론인으로 만들고 싶은 마음도 들어 있다.

손석희는 JTBC에서뿐만 아니라 1984년부터 2006년까지 재직한 MBC에서도 마찬가지로 후배들을 철저하게 교육했다. 손석희와 함께 아침 뉴스 프로그램을 진행했던 김주하는 "인사에서부터 앵커 멘트 작성, 뉴스 정리와 진행, 프롬프터를 보지 않고 뉴스를 전달하는 방식까지 손석희 선배의 교육 방식은 아주 매몰찼다. 단 한 번의 칭찬도 없이 내내 욕만 하니 누구라도 그렇게 생각했다. 방송 직전까지 호되게 욕을 먹다 생방송 내내 눈물을 흘리기도 했다. 나를 키운 건 8할이 손석희라는 악몽이었다"[77]라고 말했다. MBC 박성호 기자 역시 손석희가 앵커석에 앉아 뉴스를 진행할 때 중계차에 타는 기자들에게 앵커 멘트에 없는 것을 묻거나 돌발 질문을 많이 해 악명이 높았다고 증언한다.

손석희는 함께 일하는 동료나 후배 기자들을 혹독하게 가르치고 엄격하게 지도하는 동시에 솔선수범하는 자세로 많은 가르침을 주기도 했다. 〈뉴스데스크〉 주말 앵커였던 최윤영은 "손석희 국장은 누구보다 방송 뉴스를 진행하면서 정론의 저널리즘을 구현하기 위해 자신에게 매우 엄격했고 치열하게 노력했다. 그래서 손석희 앵커가 진행하는 모습은 날이 갈수록 발전했다. 이 모습 자체가 후배들에게 살아 있는 교과서 역할을 했다"라고 했다. 수많은 언론인이 손석희의 뛰어난 자질과 실력, 노력을 현장에서 눈으로 보고 배우며 체득하고 있다.

미투Me Too 운동이라는 사회 변혁을 일으킨 2018년 1월 29일 서지현 검사와의 인터뷰에서는 언론과 언론인의 교본敎本이라는 손석희의 면모가 유감없이 드러났다. 인터뷰 전 서지현 검사는 검찰 내부 통신망인 이프로스에 법무부 간부 검사에게 성추행을 당했고 부당한 인사 발령을 받았다는 충격적 내용을 폭로했다. 타성에 젖은 언론사와 기자들은 피해자가 현직 검사라는 이유로 취재나 인터뷰 시도조차 하지 않았고 서 검사의 글을 옮겨 적는 데만 급급했다. 하지만 손석희는 서 검사를 섭외해 스튜디오에서 인터뷰를 진행하며 사실을 확인하는 언론인의 가장 중요한 역할을 수행했다. 또한 선정적이고 자극적인 부분을 피하며 꼭 필요한 핵심 질문을 던져 사건의 본질을 드러냈고 우리 사회가 해결해야 할 과제와 의제를 제시하는 바람직한 인터뷰의 전형을 보여줬다. 전국언론노동조합 SBS 본부 윤창현 본부장은 페이스북에 "언론에 몸담고 있는 자로서 보자면 이 (손석희의 서지현 검사와의) 인터뷰는 죽어가던 본능과 기본을 다시 일깨우는 전기 충격 같았다"라고 고백했고 "역시 손석희다. 손석희를 배우자"라는 동료 언론인의 각성도 뒤따랐다.

손석희는 언론인의 올바른 자세에서부터 뉴스를 제작하고 전달하는 방식까지 혹독하고 매몰차게 훈련시켜 유능한 기자를 양성하는 데 멈추지 않는다. 한발 더 나아가 기자의 개성과 스타성을 키우고 시청자와 돈독한 관계를 쌓을 수 있도록 실력 있는 기자를 화면에 계속 노출시켜 스타 기자로 만든다. 김필규, 서복현, 심수미 등 손석희의 훈련과 전략에 의해 배출된 스타 기자는 극심한 뉴스 경쟁 속에서 채널 브랜드를 차별화하고 고정 시청자를 확보하며 광고주를 유인하는 데 일조한다.[78]

손석희는 "(JTBC 기자들이) 방송기자로서 최고가 됐으면 합니다. 취재도 잘하고, 제작도 잘하고, 전달도 잘하는…. 그리고 무엇보다도 우리가 알고 있는 저널리즘의 기본에 충실했으면 합니다. 저널journal에 이즘ism을 붙인 이유를 늘 생각하면 됩니다. 그냥 있었던 일을 기록하는 저널과 거기에 기록하는 사람의 관점과 철학이 들어가는 저널리즘은 다르다고 봅니다. 저와 우리 기자들이 서로에게 이런 것들을 배우고 있습니다"[79]라고 강조한다.

《워싱턴포스트》의 편집인인 마틴 배런Martin Baron이 "우리의 직업 세계가 디지털 시대로 접어들며 변화하고 있지만, 흔들리지 말아야 할 것이 하나 있다. 그것은 우리가 진실을 찾았을 때 그리고 대중이 그것을 알아야 할 때 보도하는 진짜 언론인이 되는 것을 포기하지 않는 것이다"[80]라고 역설한 것처럼, 손석희는 본인뿐만 아니라 동료나 후배 언론인이 자질과 실력을 갖추고 진실을 전달하는 언론인이 될 수 있도록 채찍질한다.

"나와 JTBC 보도국은 정통·정론 저널리즘만 보고 가겠다"라는 의지를 자주 피력하는 손석희는 오늘도 TV 안팎에서 참 언론인 리영희와 김중배가 걸었던 정론 저널리스트의 길을 걷고 있다. 수많은 후배 언론인이 그런 그를 지켜보며 배운다. 그래서 모든 기자가 떠난 목포신항에 7개월 동안 홀로 남아 수색 작업을 취재한 JTBC 기자는 당당히 말했다. "세월호 뉴스를 아직도 하느냐는 질문을 들었다. 그것이 제가 현장에 있는 이유다"[81]라고.

손석희와 JTBC 뉴스의
문제와 논란

JTBC는 4개 종편 중 하나였다. 2011년 12월 1일 TV조선, 채널A, MBN과 함께 개국한 JTBC는 한동안 종편이 자초한 '편파적이고 자극적이며 저급하다'라는 부정적 굴레에서 벗어나지 못했다. 종편은 다양성이 아닌 편파성을 강화했고, '조중동 종편'이라는 프레임에 갇혀 시청자의 확장성을 확보하지 못했다. 창의적인 포맷과 장르, 콘텐츠가 부족해 젊은 시청자를 유인하지도 못했다. 새로운 킬러 콘텐츠의 부재와 지상파 따라 하기, 스타 앵커의 부재 등으로 경쟁력도 없었다. 무엇보다 정파적이고 공격적인 주창 저널리즘의 문제가 있었고, 공정성 및 공공성과 거리가 먼 보수적 의제를 주로 담론화해 상업화 전략을 구사한다는 점에서 많은 비판을 받았다.[82]

JTBC도 비판을 면치 못했다. 예능과 드라마 등에선 주철환, 여

운혁 등 지상파 TV의 스타 PD 영입과 물량 공세로 TV조선, 채널A, MBN과 차별화를 꾀했지만, 보도와 시사 부분은 변별점이 없었다. 그러나 손석희가 2013년 5월 13일 JTBC행을 결정하고 2013년 9월 16일 메인 뉴스 앵커석에 앉은 이후 놀라운 변화가 일어났다. 정파적이고 선정적인 양식으로 현실 정치에 개입해 시청자를 선동하는 '종편 저널리즘'[83]에서 과감히 탈피하고 공정성과 객관성을 중시하는 정통 저널리즘을 회복하기 시작한 것이다. 이로써 1퍼센트에 못 미쳤던 JTBC 〈뉴스 9〉과 〈뉴스룸〉 시청률이 4~10퍼센트로 폭등했고, '또 하나의 종편'에 불과했던 JTBC는 '조중동 종편' 프레임에서 완전히 벗어났을 뿐만 아니라 KBS, MBC, SBS 등 지상파 TV를 압도하며 신뢰도와 영향력 1위 매체로 부상했다.

손석희는 JTBC 보도부문 사장으로 취임해 메인 뉴스 앵커로 나선 이후 뉴스의 편파성과 정파성을 지양하며 공정성을 강화했고, 자극과 선정성 대신 품격을 높였다. 권력과 자본을 비판하고 감시하는 저널리즘의 역할도 게을리하지 않았다. 특정 의제를 장기간 보도하는 어젠다 키핑과, 백화점 나열식의 겉핥기 보도가 아닌 한발 더 들어가는 심층 보도로 저널리즘의 기능도 대폭 강화했다. 덕분에 시청자의 불신이 줄어들었고 문제가 많았던 보도 및 취재 시스템이 긍정적인 방향으로 개선됐다.

하지만 JTBC 뉴스와 보도부문을 책임지고 있는 손석희에게 문제가 전혀 없었던 것은 아니다. 손석희와 JTBC에도 오보, 사실과 다른 내용 보도, '단독' 남발 등 취재 및 보도에서의 병폐와 특종 가로채기, 타사 자료 무단 도용 등 윤리적인 문제가 있었고, 이로 인해 비판도 적잖게 받았다.

"JTBC 뉴스는 잘못이 있다면 주저 없이 정정해야 하며, 당장 알지 못했다면 161년 뒤에라도 사과해야 한다는 것… 그리고 무엇이 저널리즘 본령인가를 고민해야 한다는 것. 그렇게 해서 훗날 'JTBC 뉴스가 그렇게 말했으니까'라는 말을 들으면 참 좋겠습니다." 〈뉴스룸〉에서 사드 포대가 있는 괌 현지 상황과 관련해 미군 기관지 《스타스 앤드 스트라이프스Stars and Stripes》를 오역 보도한 것에 대해 비판이 제기되자 손석희는 2016년 7월 25일 '앵커브리핑'을 통해 사과하며 자신의 바람도 함께 피력했다.

"JTBC 뉴스가 그렇게 말했으니까 믿는다"라는 정도의 신뢰를 얻으려면 그동안 노출된 문제점과 잘못을 반복해선 안 된다. 손석희가 아무리 신뢰도가 높고 JTBC가 아무리 영향력 큰 매체로 부상했다 하더라도 오보와 허위 보도, 공정성을 상실한 편파 보도, 권력과 자본에 대한 비판과 감시 기능 약화 등의 문제가 반복되면 곧바로 추락할 수 있다.

피해자 중심 보도 등 재난 보도의 기본 준칙조차 지키지 않은 여러 언론사와 큰 차이를 보이긴 했지만, JTBC 역시 세월호 보도에서 문제를 드러냈다. 2014년 4월 16일 세월호 참사 당일 뉴스 특보를 전하던 JTBC 박진규 기자가 세월호에서 구조된 단원고 여학생과 인터뷰를 진행하는 도중 "친구가 사망한 걸 알고 있나요"라고 물었고 여학생은 "아니요, 못 들었어요"라고 답한 뒤 울음을 터뜨렸다. 피해자의 입장을 전혀 고려하지 않고 상처를 준 취재 행태였다. 손석희는 2014년 4월 16일 〈뉴스 9〉 오프닝 멘트를 통해 "어떤 해명이나 변명도 필요치 않다. (…) 속보를 진행했던 후배 앵커는 깊이 반성하는 중이며 JTBC는 오늘의 실수를 바탕으로 더 신중하게 보도에 임할 수 있도록 하겠다"라고 신속하게 사과했다.

"세월호 보도의 경우, JTBC뿐만 아니라 다른 방송사도 문제가 많았다. 반인권적인 어처구니없는 보도를 한 곳이 한두 군데가 아니었다. 참사 당일 보상금 문제를 보도한 곳도 있었다. JTBC는 N분의 1일 뿐이었는데 (손석희 앵커가) 사과를 함으로써 돋보이게 되고 시청자들은 'JTBC가 정말 반성했구나, 제대로 보도하려고 하는구나' 생각하게 됐다"[84]라는 김언경 민주언론시민연합 사무처장의 지적처럼, 오보나 문제 있는 보도를 하고도 좀처럼 사과나 정정 보도를 하지 않는 한국의 언론 관행과 달리 신속하게 사과한 부분은 좋은 평가를 받을 만하다. 하지만 사과 주체로 JTBC가 아닌 손석희를 내세운 것은 문제의 본질을 회피한 것이라는 비판[85]을 면하기 어렵다.

2016년 7월 13일 〈뉴스룸〉의 사드 관련 오역 보도는 왜곡 논란을 불러일으키며 JTBC의 신뢰도를 크게 추락시켰다. JTBC는 보수와 진보의 입장이 첨예하게 대립하며 전 국민의 관심사로 떠오른 사드 문제를 보도하면서 미군 기관지 《스타스 앤드 스트라이프스》

의 2016년 1월 르포 기사를 인용했다. JTBC는 "(사드 기지) 발전기의 굉음이 작은 마을 전체를 덮어버릴 정도"라며 "인터뷰에 나선 사드 운영 요원은 '이 지역에 살 수 있는 것은 두 마리 돼지뿐'이고 '사드 포대 근처에 사람이 살기 어렵다'고 말합니다"라고 보도했다. 하지만 원문은 "외딴 아르마딜로 기지는 작은 마을 하나를 밝힐 만큼 큰 발전기 소리로 덮여 있다", "우리가 알기로 저 안에 사는 건 돼지 두 마리밖에 없다"였다. 명백한 오역 보도였다. 일부 정치권과 시청자는 JTBC가 의도를 갖고 왜곡 보도를 했다는 의혹을 제기했고, JTBC는 2016년 7월 17일 〈뉴스룸〉에서 "지난 13일 미군 기관지 《스타스 앤드 스트라이프스》 기사 일부를 발췌·번역하는 과정에서 오역이 생겨 이를 바로잡는다"라고 정정 보도를 했으며 이어 '앵커브리핑'을 통해서도 사과했다.

JTBC의 보도 실수와 사과는 계속 이어졌다. 19대 대선 국면에 접어든 2017년 4월 18일 〈뉴스룸〉에서 "문재인 후보는 진보층에서 48퍼센트의 지지를, 안철수 후보는 보수층에서 66퍼센트의 지지를 받고 있다"라며 관련 그래픽까지 보여줬지만, 이는 잘못된 보도였다. '문재인 후보가 진보층에서 66퍼센트, 안철수 후보가 보수층에서 48퍼센트의 지지를 받고 있다'가 정확한 내용이었다. 후보 지지자들의 관심이 지대한 사안인 데다 이런 뉴스 보도는 유권자에게 큰 영향을 미칠 수 있기에 일부 시청자와 네티즌이 비판을 쏟아냈다. 그래픽에서 후보 지지율을 잘못 표기한 것이 한두 번이 아니라는 데 문제의 심각성이 있었다. 손석희는 2017년 4월 19일 방송에서 "어제 보도 내용 중 그래프 오류와 관련해 정정하고 사과드렸다. 그러나 사실 이것이 단순히 실수라 말하고 넘어가기에는 그동안 그 횟수가 여러 차례였다. 게다가 특정 후보들에게 불리하게 제시된 횟수가 많다는 것은 선거 국면에서는 뉴스의 저의를 의심받을 수 있는 상황이기도 했다. 초기에 몇 번의 실수가 이어졌을 때 크게 함께 각성하지 못한 것은 철저하게 제 잘못이고 모자람이다"라고 말했다.

2017년 5월 31일 JTBC 〈뉴스룸〉의 강경화 외교부장관 후보자 기획부동산 매입 의혹에 대한 단독 보도는 현장 취재 부족 등 부실 보도로 JTBC 뉴스의 신뢰도에 의구심을 갖게 했다. JTBC는 강경화 장관 후보자의 두 딸이 경남 거제에 구입한 땅을 문제 삼으며 부동산 업자들이 강 장관 후보자가 땅을 산 뒤 땅값이 크게 올랐다고 증언했다며 기획부동산 의혹을 제기했다. 하지만 이 보도는 왜곡 논란을 낳았고 외교부의 정정 보도 요청과 함께 현장 취재 없는 '노룩No Look 취재'라는 비판에 직면했다.

손석희는 "외교부가 (강 장관 후보자의) 두 딸 명의의 거제 땅과 주택은 후보자의 배우자가 노후 생활을 위해 구입한 것으로 투기 목적이 없었으며 실제 거주하고 있다고 전해 왔다"라며 정정 보도를 한 뒤 '기획부동산'이라는 용어를 통상적인 의미와 다르게 사용한 점, 뉴스의 기본인 현장 취재를 경시한 점 등에 대해 사과했다.

2018년 3월 27일 방송된 〈뉴스룸〉의 '팩트체크'에서는 '동해'가 아닌 '일본해'로 표기된 지도를 사용해 시청자의 비판을 받았다. 손석희는 곧바로 사전 제작 과정에서 문제점을 발견하지 못한 점에 대해 변명의 여지가 없는 잘못이라고 사과했다. '팩트체크'는 미국 버클리대학에서 만든 버클리 어스Berkeley Earth 미세먼지 지도를 사용했는데, 이 지도는 자동번역 기능을 가진 구글을 기반으로 만들어져 동해가 일본해로 표기되어 있다. 이처럼 그래픽, 표, 자막 등 미세한 부분에서 발생하는 잦은 실수는 〈뉴스룸〉, 더 나아가 JTBC 뉴스의 질적 완성도뿐만 아니라 신뢰도에도 악영향을 미친다. 뉴스 디테일의 차이가 뉴스 경쟁력을 좌우하기 때문이다.

JTBC 뉴스의 문제는 오보뿐만이 아니었다. JTBC가 2014년 6·4 지방선거 보도에서 KBS 등 지상파 방송 3사의 공동 출구조사 자료를 무단으로 사용한 것과 2015년 4월 15일《경향신문》과 유족의 허락 없이《경향신문》기자의 성완종 전 경남기업 회장 인터뷰 녹취를 방송한 것은 오보나 취재 실수와는 차원이 다른 문제였다. 이는 언론 윤리를 심대하게 위배한 것으로 JTBC와 손석희의 신뢰와 위상에 큰 타격을 입혔다.

JTBC는 2014년 6월 4일 지방선거 개표 방송에서 KBS, MBC, SBS 방송 3사가 막대한 비용을 들여 실시한 출구조사 결과를 무단으로 사용했다. JTBC는 인용한 것이라고 주장했지만 방송 3사의 허락을 받지 않은 명백한 무단 도용이었다. KBS 등 방송 3사는 직접 비용만 총 24억 원이 투입된 6·4 지방선거 출구조사 결과를 JTBC

가 3사의 발표 이전에 도용해 영업 비밀을 침해했다며 법적 대응에 나섰다. 이후 정권을 의식한 경찰의 과도한 표적 수사라는 의혹이 제기된 가운데 손석희는 2015년 6월 16일 경찰 조사를 받았다. 2017년 6월 15일 대법원은 6·4 지방선거 출구조사를 무단으로 도용했다며 방송 3사가 JTBC를 상대로 낸 손해배상 청구 상고심에서 JTBC가 방송 3사에 6억 원을 배상하라는 원심판결을 확정했다.

2015년 4월 15일 JTBC 〈뉴스룸〉은 《경향신문》의 성완종 경남기업 전 회장과의 인터뷰 녹취록을 《경향신문》과 성완종 전 회장 유족의 동의 없이 방송했다. JTBC의 성완종 전 회장 녹취록 방송은 명백한 언론 윤리의 훼손이자 타사 특종 가로채기였다. 손석희는 성완종 전 회장의 인터뷰 녹취록 보도에 대해 "시청자 여러분의 알 권리를 우선하고 그동안 단편적으로 보도된 통화 내용 외에 전체적인 맥락을 그대로 전해드림으로써 그 뜻이 무엇인가, 어떠한 내용을 함의하고 있는가 하는 것을 많은 분들이 판단할 수 있도록 하기 위해서다"라고 강변했다.

《경향신문》은 2015년 4월 10일 성완종 전 회장이 2006년 김기춘 전 청와대 비서실장에게 미화 6만 달러를 줬고 2007년 허태열 전 비서실장에게 현금 7억 원을 전달했다는 내용 등이 포함된 성 전 회장의 생애 마지막 인터뷰를 단독으로 보도한 이후 후속 보도를 이어 나갔고 2015년 4월 16일 인터뷰 전문을 공개하겠다는 입장을 밝혔다. 이런 상황에서 JTBC는 《경향신문》이 전문을 공개하기 하루 전인 2015년 4월 15일 성 전 회장 육성 인터뷰 녹음 파일을 전격 보도했다.《경향신문》은 본지 기자가 인터뷰한 녹음 파일을 아무런 동의 없이 무단 방송한 것은 타 언론사의 취재일지를 훔쳐서 보도하는 것과 다름없어 언론 윤리에 정면으로 반하는 행위라며 JTBC를 강력하게 비판했다.

언론개혁시민연대도 2015년 4월 17일 낸 성명을 통해 "손석희 JTBC 사장이 녹음 파일을 보도하면서 시청자의 알 권리를 내세웠으나, JTBC 보도는 알 권리나 공익성과 먼 것으로《경향신문》이 예고한 기사를 앞질러 공개한 것에 불과하다"라며 "JTBC 〈뉴스룸〉은 시청자의 신뢰를 기반으로 성장한 프로그램이며 〈뉴스룸〉 시청자가 원하는 것은 남들보다 빠른 뉴스가 아니라 믿고 볼 수 있는 공익적 보도다. 공익성에는 취재의 윤리성까지 당연히 포함된다"[86]라고 강도 높게 질타했다. JTBC의 성완종 전 회장 녹취록 보도는 공익성과 신뢰성을 모두 놓쳤다는 지적이 대세를 이뤘다. 또한 언론계 종사자들은 그간 신망이 높았던 손석희에게 실망을 넘어 근본적인 회의를 느끼기도 했다.

2017년 1월 2일 JTBC 이가혁 기자의 정유라 체포 뉴스 보도는 또 다른 차원의 언론 윤리 문제를 야기했다. JTBC는 덴마크에 체류 중이던 최순실의 딸, 정유라의 현지 체포 소식을 체포 장면과 함께 단독으로 보도했다. 그런데 정유라가 체포될 수 있었던 것은 정유라를 취재하고 보도한 이가혁 기자의 신고가 있었기 때문이었다.[87]

이에 대해 메디아티 박상현 이사는 《미디어오늘》 기고를 통해 "정유라를 취재하는 과정에서 JTBC 기자가 현지 경찰에 신고를 하고 체포되는 장면을 촬영해서 보도한 것은 기자는 사건을 보도만 할 뿐 개입하지 않는다는 원칙을 명백하게 어긴 것이다. 그(이가혁 기자)가 시민으로서 신고하기로 했다면 보도를 포기했어야 했다. 그리고 만약 보도하기로 마음먹었으면 끝까지 관찰자로 남았어야 했다. 그게 보도 윤리다"[88]라고 비판했다.

반면 미국 캘리포니아대학 서상원 교수는 "보도 윤리의 관점에서 보면 우려의 목소리가 당연히 나올 수 있는 사안이다. 그러나 제 결론부터 말하면 직업 윤리의 추구는 사회의 안녕과 보편적 가치가 심각하게 훼손되지 않는 범위 내에서 이뤄져야 한다는 것이다. 사회의 보편적 가치를 저해하지 않는 선에서 보도 윤리를 일부 절충하는 것은 타당하며, 따라서 JTBC 기자의 정유라 씨 신고는 비난받을 수 없다고 본다"[89]라며 옹호 입장을 펼쳤다.

JTBC 이가혁 기자의 정유라 경찰 신고와 보도는 기자와 PD를 비롯한 언론계 종사자와 언론학자, 전문가, 일반인 사이에 보도와 취재 윤리에 대한 격렬한 논쟁을 일으켰다.

'특종 보도'나 '단독 보도'는 영향력과 공익성, 뉴스 가치가 높은 뉴스를 오직 한 매체가 먼저 보도했을 때 사용하는 표현이다. 언론사 간 경쟁이 치열해지면서 수많은 언론사, 특히 일부 종편은 그리 가치가 높지 않고 심지어 타 언론사가 이미 보도한 뉴스인데도 시청자나 독자, 네티즌의 눈길을 끌기 위해 '단독 보도', '특종 보도'라는 표현을 남발하고 있다. 특종(단독) 경쟁은 종종 선정성 경쟁으로 이어져 뉴스 취재원이 불명확하거나 사실 여부가 의심스럽더라도 일단 보도하는 사례가 늘어났다. 특종 경쟁이 치열해질수록 언론사는 기사의 진위와 취재원의 신뢰도 확인, 뉴스를 접하는 시청자에 대한 배려는 뒷전이고 오직 '단독 보도'라는 달콤한 유혹에 빠진다.[90] 여기에 기사 조회 수를 높이려는 집단적 집착과 시청률을 올리고 독자층을 붙잡으려는 상업적 강박관념이 가짜뉴스와 더불어 저널리즘의 질서를 심각하게 교란하고 있다. 정상적 미디어 생태계를 혼탁하게 만드는 행위다.[91] 이 때문에 미디어 수용자들은 점점 더 뉴스를 불신하고 있다.

이대목동병원 신생아 사망 사건과 관련해 인터넷 매체《뉴스타파》가 〈[신생아 참사]주사제 1병 쓰고 5병 값 계산… 보험급여 부당 청구 시도〉라는 기사를 2018년 1월 17일 오후 6시에 먼저 올렸는데도 이날 방송된 〈뉴스룸〉에서는 〈주사제 한 병 나눠 맞히곤… 의료비는 부풀려 청구〉라는 기사를 '단독'이라는 타이틀을 달고 보도했다. 이처럼 JTBC 뉴스에서 '단독 보도' 남용이 적지 않게 드러나 뉴스의 공신력을 추락시켰다.

언론의 단독 남발에 문제 제기가 잇따르자 JTBC는 2018년 2월 28일 한국 언론사로는 처음으로 언론사 간 과당 경쟁의 폐단인 '단독' 표기를 하지 않기로 결정했다. JTBC 보도국은 '단독'이라는 표현이 긍정적 효과를 가져다주기도 했지만 표현의 오남용으로 인한 부정적 측면도 있었음을 인정하며 '단독' 명기를 하지 않겠다는 의미 있는 결단을 해 한국 언론의 고질적 병폐를 개선하려는 의지를 보였다.

이 밖에도 한 프리랜서 기자의 손석희 폭행 주장과 교통사고 의혹 제기가 언론에 보도된 직후 〈뉴스룸〉의 오프닝 멘트와 관련해 보도와 방송의 사유화 논란이 일었다. 손석희 앵커는 2019년 1월 24일 방송된 〈뉴스룸〉 오프닝 멘트를 통해 다음과 같이 입장을 밝혔다. "뉴스 시작 전에 짧게 좀 말씀을 드리겠습니다. 오늘 저에 대한 기사로 많이 놀라셨을 줄로 압니다. 저로서는 드릴 말씀이 많으나, 사실과 주장은 엄연히 다르다는 말씀만 드리겠습니다. 사법당국에서 모든 것을 밝혀주시리라고 믿고, 저는 앞으로도 흔들림 없이 〈뉴스룸〉을 진행해나가겠습니다. 무엇보다도 뉴스룸을 시청해주시는 여러분께 심려를 끼쳐드려서 죄송하다는 말씀을 드리겠습니다." 손석희가 공적인 뉴스 프로그램에서 본인의 사적인 사건을 해명함으로써 방송의 공정성을 훼손하고 보도를 사유화했다는 비판이 나왔다. 또한 '방송은 당해 사업자 또는 그 종사자가 직접적인 이해 당사자가 되는 사안에 대하여 일방의 주장을 전달함으로써 시청자를 오도해서는 안 된다'라는 방송심의 규정을 위반했다는 주장도 제기됐다.

언론사들이 이윤에 집착하고 매출에 사활을 걸면서 광고 수주 경쟁이 치열해지고 있다. 최근 들어 광고 수입이 언론사의 존립을 결정짓는 기반이 되면서 기사를 게재하거나 삭제해달라고 요구하는 등 광고주의 언론 통제도 급증했다. 여기에 광고를 따내기 위한 언론사의 자발적 통제도 심각한 상황이다.[92] 이 때문에 국내 최대 광고주인 삼성에 대한 언론의 감시와 견제는 갈수록 약화되고 있다. 이제 삼성을 비판하는 기사는 좀처럼 찾아볼 수 없다.

진보 진영의 일부 전문가는 JTBC 뉴스에 삼성 비판 보도가 부족한 것을 문제 삼기도 한다. 김춘효 자유언론실천재단 기획편집위원은 "JTBC 뉴스가 진보적 논조를 펼쳐 젊은 사람들에게 인기를 끌고 있다고 하지만, 손석희 사장 역시 삼성 미디어 제국이 확장하는 과정에서 도구로 사용되고 있을 가능성이 크다. JTBC가 삼성의 치명적인 부분, 자본주의 근간을 건드리는 걸 본 적이 있느냐"[93]라고 말한다. 전문가뿐만 아니라 일부 시청자들도 JTBC가 삼성과 특수한 관계를 맺고 있다고 보고 이를 지적한다. 삼성 비판 여부로 JTBC를 평가하겠다는 의견도 나온다.

손석희는 JTBC행 결정 직후 언론 인터뷰에서 "〈시선집중〉에서도 삼성 문제를 많이 다뤘다. 그 이상 간다고는 말 못 하겠지만, 그 정도는 간다. 그걸 다루지 않으면 (방송을) 내놓을 수 없다. 뉴스 전권을 갖는다는 약속은 삼성 문제에도 적용된다"[94]라고 입장을 밝혔다.

"삼성의 문제는 한 기업의 문제가 아니라 그것과 연결된 한국 사회 기업의 역사, 시스템, 문화의 문제다. 사람들이 우리에게 삼성을 비판하라는 것도 그런 뜻으로 이해한다"[95]라고 말한 손석희는 2013년 심상정 정의당 의원이 직접 전달한 것으로 알려진 삼성그룹의 노조 무력화 전략 문건을 단독 보도[76]하면서 심 의원 인터뷰 등 관련 뉴스 5개를 내보냈다. 이후 JTBC는 삼성반도체에서 근무하다 백혈병으로 숨진 근로자의 유가족 문제, 《뉴스타파》가 보도했지만 언론 대부분이 침묵한 삼성 이건희 회장 성매매 의혹 동영상, 제일 모직 상장 문제, 장충기 전 삼성 미래전략실 사장과 언론사 간의 유착 관계, 최순실·박근혜 국정농단에서의 삼성 문제, 삼성전자서비스의 노조 와해 등 삼성 관련 뉴스를 지속적으로 보도했다.

손석희는 "박근혜 정부 시절에 이재용 삼성 부회장과의 독대에서 나왔다는 말(손석희 사장 그만두게 하라)도 그 직후에 회사 고위층을 통해 다 들었다. 삼성 통해서 우리 뉴스에 간섭할 수 있다고 생각하는 것 자체가 난센스다"[77]라며 삼성이 JTBC에 어떠한 영향이나 외압을 행사할 수 없음을 분명히 했다. 또한 JTBC의 삼성 보도에 대해 "저희들이 고민한 것은 지금까지 그래왔던 것처럼 그 기업이 어느 기업이고, 그가 누구냐에 있지는 않다. 그동안 〈뉴스룸〉은 비록 완벽하진 못했어도 해당 기업(삼성)에 대한 문제 제기성 보도를 힘닿는 한 게을리하지 않으려 노력했다. 저희들이 고민한 것은 단지 뉴스의 가치였다"[78]라며 뉴스 가치가 높고 팩트가 확인되면 언제든 삼성에 대해 보도할 것이며 보도에 그 어떤 성역도 없다는 의지를 강력히 표명했다.

하지만 여전히 일부 진보 진영에서는 JTBC의 삼성 보도가 보여주기식이라고 비난한다. 또한 손석희의 활약이 오히려 재벌 소유

미디어에 대한 거부감을 없애거나 줄임으로써 재벌의 한국 사회 지배를 공고히 한다는 비판도 계속된다.

영향력·신뢰도
1위 언론인

2005년 최대 이변이 일어났다. 아니, 당연한 변화인지 모른다. 이변을 연출한 주인공은 손석희다. 《시사저널》이 학계, 언론계, 정계, 경제계 전문가를 대상으로 매년 한 차례 실시하는 '누가 한국을 움직이는가' 조사에서 1992년부터 2004년까지 언론인 부문 부동의 1위는 김대중 《조선일보》 주필이었다. 너무 정파적이라는 비판도 쏟아지지만, 김대중은 1981년 10월부터 《조선일보》에 '동서남북', '일요 칼럼'을 거쳐 '김대중 칼럼'을 집필하며 예리한 필치를 휘두른 언론인이라는 평가도 받았다.[99]

2002년 조사 당시 손석희(3.3퍼센트)는 19.2퍼센트로 1위를 차지한 김대중 주필과 박권상 KBS 사장(9.2퍼센트), 방상훈 《조선일보》 사장(7.7퍼센트), 김중배 MBC 사장(7.0퍼센트), 홍석현 《중앙일보》 회장

(4.7퍼센트), 엄기영 MBC 앵커(4.0퍼센트)에 이어 7위를 기록해 처음으로 10위권에 진입했다. 2003년 조사에서는 7.9퍼센트를 얻어 김대중 주필(11.5퍼센트), 정연주 KBS 사장(8.4퍼센트)에 이어 3위를 차지했다. 2004년에는 김대중 주필(17퍼센트)에 이어 13.8퍼센트로 정연주 KBS 사장과 함께 공동 2위를 기록했다.

그리고 드디어 2005년 손석희는 12.5퍼센트를 얻어 2004년까지 13년 동안 줄곧 1위를 차지한 김대중 주필을 제치고 가장 영향력 있는 언론인 1위에 등극했다. 손석희에 이어 방상훈《조선일보》대표(9.6퍼센트)가 2위를 차지했고 정연주 KBS 사장(9.4퍼센트), 김대중《조선일보》고문(8.6퍼센트), 최문순 MBC 사장(5.9퍼센트), 엄기영 MBC 특임이사(5.4퍼센트)가 그 뒤를 이었다.

"아무래도 잠들 때와 출근할 때마다 내 방송을 자주 접하게 되니 이 결과가 나온 것 같다. 영향력이 높다는 표현은 왠지 무섭다. 내가 시청자·청취자에게 영향력을 갖고 있는 건 아니다. 굳이 말하자면 힘 좀 쓰는 집단에 대한 견제력이라는 뜻일 텐데, 그것도 불편하다. 영향력이 높다는 말보다 신뢰받는 언론인이라는 칭찬이 더 반갑다. 나는 내 한계를 잘 안다. 설사 영향력이 있다 하더라도 그것은 빌리는 힘이다. 방송을 떠나면 끝인 것이다." 손석희는 영향력 1위에 오른 이유를 〈시선집중〉과 〈100분 토론〉 덕으로 돌렸다.

2006년에도 《시사저널》 조사에서 1위를 할 것 같으냐는 질문에, 김대중 《조선일보》 주필이 10년 넘게 1위를 했지만 이제 언론인 한 명이 몇 년간 영향력을 독점할 수 있는 시대는 끝났다고 생각한다[100]고 답했다. 하지만 그의 대답은 보기 좋게 틀렸다. 손석희가 2006년 1위에 오른 것은 물론 2018년 조사까지 14년 연속 가장 영향력 있는 언론인 1위를 차지했기 때문이다. 《시사저널》의 2018년 조사에서 손석희의 지목률은 72.1퍼센트에 달했다. 2위 김어준 《딴지일보》 총수의 6.4퍼센트, 3위 유시민 작가의 3.4퍼센트, 4위 김대중 《조선일보》 고문의 2.0퍼센트, 5위 방상훈 《조선일보》 사장의 1.7퍼센트와 비교를 불허하는 압도적 수치다. 손석희는 14년 연속 가장 영향력 있는 언론인 1위로 선정된 것에 "다른 수식어가 필요치 않다. 정말로 시청자에게 감사하고 좀 더 열심히 할 것을 다짐한다"[101] 라고 겸손을 보였다.

신뢰도 1위 언론인 역시 손석희다. 《시사IN》이 2007년 처음 일반인을 대상으로 벌인 신뢰받는 언론인 조사에서 손석희 성신여대 교수가 22퍼센트의 지지를 얻어 신뢰하는 언론인 1위로 꼽혔다. 그 뒤를 엄기영 MBC 〈뉴스데스크〉 앵커(10.0퍼센트), 홍기섭 KBS1 〈뉴스 9〉 앵커(4.5퍼센트), 김주하 MBC 〈뉴스데스크〉 주말 앵커(1.7퍼센트), 정관용 시사평론가(1.6퍼센트), 김대중 《조선일보》 고문(1.2퍼센트)이 이었다. 2007년 신뢰도 조사에서 1위를 차지한 손석희에 대해 MBC의 한 PD는 "손석희가 누리는 인기는 과대 포장된 측면이 있다. 손석희는 자기 관리가 철저하고 원칙에 충실한 언론인임에는 틀림없지만, 아직 성숙해야 할 부분 또한 많은 언론인이다. 손석희가 포용적인 시각을 기르고 경제 분야 등 취약한 콘텐츠를 채워나갈 때 신뢰가 더 공고해질 것이다"[102]라고 지적했다. 하지만 손석희의 신뢰와 인기는 결코 과대 포장이 아니었다.

《시사IN》의 2018년 조사 결과, 응답자의 35.5퍼센트가 손석희 JTBC 보도부문 사장을 꼽아 신뢰도 1위에 올랐다. 2위 김어준《딴지일보》총수(3퍼센트)와 격차가 크다. 12년 연속 신뢰도 1위다. "감회가 또 새롭다. 우리 사회가 역동적이지 않나. 매년 사회 분위기가 바뀌는데 그런 와중에서도 택해주시는 거니까 새롭다. 빤한 얘기처럼 들릴지 모르지만 진심으로 감사하다는 생각을 한다."[103]

손석희가 10년 넘게 연이어 영향력·신뢰도 1위 언론인에 오른 이유는 무엇일까. 노태우 정권 때 푸른 수의를 입은 모습, 이명박 정부 때 국가정보원이 작성한 보고서〈라디오 시사프로 편파방송 실태〉와〈MBC 정상화 전략 및 추진방안〉, 박근혜 대통령의 퇴출 탄압이 역설적으로 손석희가 신뢰받는 언론인, 영향력 있는 방송인이 된 이유를 말해준다.

1984년 MBC에 입사한 이후〈뉴스데스크〉등 뉴스 프로그램 앵커로서 발군의 실력을 보인 손석희는 공정방송을 위해 다양한 활동을 펼쳤다. 노태우 정권하에서 방송 민주화와 공정방송을 요구하며 50일간 파업을 벌이다 경찰에 체포돼 서울 영등포구치소에서 20일간 수감 생활을 했다. 푸른 수의를 입고 손에 수갑을 찬 와중에도 환한 미소를 머금은 손석희의 모습은 공정방송과 방송 민주화를 위한 그의 노력을 보여주는 명백한 증거다.

이명박 정부 때 국가정보원은 손석희가 진행하는 〈시선집중〉과 〈100분 토론〉을 집요하게 사찰했다. 더 나아가 손석희 퇴출을 위한 활동을 무차별적으로 전개했다. 이 같은 사실은 〈라디오 시사프로 편파방송 실태〉, 〈MBC 정상화 전략 및 추진방안〉과 같은 국정원 보고서에 적나라하게 드러났다. 박근혜 대통령은 손석희를 뉴스 프로그램에서 배제하고 JTBC에서 퇴출시키기 위해 홍석현 전 중앙그룹 회장과 이재용 삼성 부회장에게 직접 외압을 행사했다.

이처럼 정권은 정론 저널리즘을 위해 노력하는 손석희를 권력과 국가기관을 동원해 탄압하고 겁박했다. 하지만 그는 체포되고 프로그램에서 쫓겨나는 상황에서도 공정방송을 위해 노력했고 권력을 계속 비판했다. 시민사회를 대변하는 정론 저널리즘도 포기하지 않았다. 언론이 정권과 재벌 등 파워엘리트만을 위해 복무함으로써 정치·경제적 기득권 세력의 권력 유지를 돕는 애완견lapdog 역할을 하는 것을 단호히 배격했다. 또한 기득권에 편입돼 권력화하고 기존 체제를 유지하기 위해 노력하는 보호견guard dog 역할도 강력하게 배척했다.[104]

손석희는 행정·입법·사법부를 감시하고 정치권력과 자본가를 비판하는 감시자 역할뿐만 아니라 정보 전달자, 해설자라는 언론인의 역할[105]을 누구보다 탁월하게 수행해 10년 넘게 시민의 신뢰를 받았고 전문가에게도 영향력 큰 언론인으로 인정받았다.

프로그램 진행자와 뉴스 앵커로서의 뛰어난 실력, 호감을 불러일으키는 개성과 외모, 철저한 자기 관리 역시 영향력 있고 신뢰 높은 언론인으로 평가받는 원인으로 작용했다.

프로그램 MC는 프로그램의 성격과 인기에 큰 영향을 미치는 무대 위의 연출자다. 진행자로서의 손석희는 군더더기 없는 언어 구사력, 내용과 상황을 장악해 능수능란하게 프로그램을 이끌어가는 진행 능력, 전문 지식과 정보를 갖춰 출연자나 인터뷰 대상에게 잘 대응하는 실력, 핵심을 드러내는 인터뷰 스타일, 위기 상황에도 유연하게 대처하는 순발력, 특정 진영과 정파에 기울지 않고 균형성과 공정성을 견지하는 자세를 두루 갖췄다. 방송 진행자 중 손석희만큼 이러한 능력과 실력을 갖춘 사람은 없다.[106] 손석희는 오늘날의 손석희를 만드는 데 중요한 역할을 한 〈미디어 비평〉, 〈100분 토론〉, 〈시선집중〉의 MC로서 뛰어난 능력과 실력을 발휘해 시청자, 청취자, 전문가, 언론인에게 최고의 진행자라는 찬사를 받았다.

윌리엄 레너드William Leonard 미국 CBS 전 사장은 뉴스 앵커에게 필요한 자질 네 가지를 적시한 바 있다. 첫째, 훌륭한 방송인으로서의 능력을 갖춘 사람이다. 즉, 용모, 문장력, 표현력 등에서 TV 매체에 알맞은 인물이어야 한다. 둘째, 화면 뒤에서 필요한 언론인으로서의 능력을 갖춘 사람이다. 즉, 판단력, 취재팀을 이끌어가는 지도력, 취재 감각과 사건을 파고드는 추진력을 겸비해야 한다. 셋째, 위기나 돌발 사태에 대처하는 능력을 갖춘 사람이다. 생방송 중 갑자기 발생하는 천재지변, 화재, 선거 등 긴급한 순간에 냉철하게 대처하는 임기응변 능력을 갖춰야 한다. 넷째, 사생활과 평소 언행을 철저하게 관리하는 능력을 갖춘 사람이다.[107] 이재경 이화여대 교수는 "앵커에게 필요한 자질은 말쑥한 용모와 정확한 발음, 겸손함, 매력, 위트 등 종류가 많다. 그 가운데서 가장 중요한 것은 신뢰감이다. 시청자들이 자신의 눈앞에서 뉴스를 전하는 사람을 믿는다는 것은 뉴스 전달 과정에 필수적인 조건이며 개성과 신뢰성은 앵커의 생명이다"[108]라고 강조한다. 뉴스 프로그램에서 앵커는 이슈에 대한 감각이나 지식은 기본이고 어떤 상황이 닥치든 그 상황을 잘 풀어내는 팔방미인이어야 한다는 주장도 있다.[109]

MBC의 〈뉴스센터〉, 〈뉴스데스크〉, 〈굿모닝 코리아〉, 〈아침뉴스 2000〉, JTBC의 〈뉴스 9〉, 〈뉴스룸〉 등 수많은 뉴스 프로그램의 앵커로서 손석희는 레너드 CBS 전 사장이 적시한 앵커의 네 가지 자질과 이재경 교수가 강조한 신뢰성과 개성을 유감없이 보여 줬다.

또한 따뜻함과 쿨함이 공존하는 인상과 부드러운 카리스마, 훈훈한 느낌을 발산하는 아도니스형 외모, 나이에 비해 젊어 보이는 얼굴, 원칙에 충실하고 자기 관리를 철저히 하는 점도 영향력과 신뢰도 상승에 한몫을 했다.

이 밖에 강력한 팬덤 역시 손석희의 영향력과 신뢰도에 긍정적인 영향을 미쳤다. 손석희의 대학 강연이나 특강에서는 스타 연예인을 방불케 하는 오빠 부대를 어렵지 않게 찾아볼 수 있으며 '언론인 손석희 팬클럽'은 회원이 3만 4,500여 명에 달한다. 언론인·방송인·대중문화인 인기도 조사에서 1위를 독식하는 이가 바로 손석희다.

최승호 MBC 사장은 손석희가 전통적인 기자로서 다른 기자처럼 출입처를 돌며 트레이닝을 받아 기존 관행에 깊이 젖어 있었다면 최고의 언론인에 오르고 JTBC를 탈바꿈하는 빼어난 성과를 내지 못했을 것이라고 진단했다. 그리고 우리 저널리즘의 적폐와 관습에서 떠나 있었던 것, 저널리즘에 대해 젊은 시절부터 견지한 문제의식, 오랜 경험과 치열한 공부가 오늘의 손석희를 만들었다고 보았다.[110]

정론 저널리즘 실천을 위한 부단한 노력, 앵커 및 MC로서의 빼어난 실력, 철저한 자기 관리, 호감을 불러일으키는 외모, 강력한 팬덤으로 손석희의 신뢰도와 영향력은 여전히 강력하다. 손석희는 이 높은 신뢰도를 바탕으로 국민과 언론계에 선한 영향력을 미치고 있다.

2부
스타 아나운서와 수의

MBC 입사부터 미국 유학까지: 1984~1999년

손석희 MBC 아나운서,
스타 앵커로 부상

　　손석희는 중학생 때 친구 삼촌인가 형인가가 신문기자인데 기사를 잘못 썼다고 어딘가에 가서 맞고 왔다는 말을 듣고 불현듯 기자가 되고 싶었고, 고등학교 1학년 때 박정희 정권의 유신 선포로 방송반이 폐쇄됐는데 이에 항의하며 방榜을 붙인 선배가 경찰에 끌려간 것을 보고 신문기자를 꿈꾸기도 했다.[1]

　　"1974년에서 1975년에 걸친 《동아일보》 백지광고 사태 때, 저도 비록 어린 학생(휘문고 재학)이었지만 시민 성원 광고에 참여했다. 지금도 그때의 두근거렸던 느낌을 기억한다." 손석희가 2014년 12월 16일 진행된 13회 송건호 언론상 시상식에서 수상소감을 통해 회고한 고등학생 때의 단상이다.

　　중고생 시절 언론에 대한 관심과 방송반 활동이 방송사 지원에 큰 영향을 미친 것은 아니었다. 조선일보 판매국 사원으로 잠시 일하다 사직하고 방송사 입사 준비를 했다. 손석희는 아웅산 테러가 발생한 1983년 10월 9일 채용 공고가 난 MBC에 응시해 1984년 아나운서가 됐다. 자아 실천이나 미래 개척과는 무관하게 오롯이 생계 문제를 해결하려고 첫 직장에 들어갔지만, 20대를 지배한 무기력과 허무주의에서 벗어날 수 없어 직업을 바꿨다.

"수없이 고민하면서 결국 직업을 바꿔보기로 했다. 그것만이 삶의 방식을 바꿀 수 있을지에 대한 유일한 검증 방법이었다. 직종이 무엇인가는 두 번째였다. 지금보다 더 열중할 수만 있다면 상관없었다. 직업을 바꿔야 빠져 있던 무력감에서 탈출할 수 있을 것이라 믿었다. 몇 안 되는 기회 중의 하나가 방송사였다. 캄캄했던 나의 20대로부터 벗어날 수만 있다면 방송 아닌 다른 직업이라도 택했을 것이다. 어째서 방송이었는가에 대한 나의 대답은 그래서 늘 완벽하지 못하고 궁한 구석이 있다."[2]

거창한 언론관이 있거나 아나운서라는 직업에 확신이 있어서 방송사에 입사한 것이 아니었다. 순전히 20대를 지배했던 허무주의와 무력감에서 벗어나고 싶어 방송사 아나운서를 선택했다.

방송사 아나운서는 라디오나 TV 방송사 소속 사원으로 뉴스를 비롯한 여러 프로그램을 진행하고, 스포츠와 각종 행사의 중계방송을 하는 사람이다. 아나운서는 주로 뉴스, 교양, 예능, 스포츠, 라디오 프로그램의 캐스터나 MC, DJ로 나선다.

손석희는 수습 생활을 마치고 바로 일이 주어지지 않아 답답함을 느끼다 5분짜리 라디오 새벽 뉴스 캐스터로 방송 일을 시작했다. 그리고 입사 1년 만인 1985년, 자정에 뉴스 화면 대신 1분 동안 뉴스 캐스터 얼굴만 나오는 〈1분 뉴스〉를 진행하며 아나운서로서의 존재감을 다졌다. 준수한 외모 때문에 일부러 방송 시간을 기다려 〈1분 뉴스〉를 시청하는 시청자가 많았고,[3] 입사 1년 만에 실력을 인정받는 아나운서로 급성장했다.

《동아일보》가 입사 1년 차에 불과한 손석희에 대해 "MBC의 〈1분 뉴스〉로 젊은 시청자와 여성들에게 인기를 끌고 있는 손석희 아나운서(28). 정확한 발음과 깔끔한 진행, 그리고 단정한 외모로 TV에 잘 맞는 아나운서로 부각되고 있는 그는 '초년병이어서 의욕만 앞설 뿐 무엇이 어려운지조차 모르는 형편'이라고 말한다. 아나운서의 고유 영역이라 불리던 뉴스 진행이 기자들에게 거의 넘어가다시피 한 현실에서 TV 뉴스를 진행하는 몇 안 되는 아나운서 중 한 사람인 그는 MC든, 뉴스 캐스터든 메시지가 있는 방송을 하고 싶다고 했다"[4]라고 보도할 정도였다.

손석희는 입사한 지 1년 6개월이 되었을 때 르포와 다큐멘터리 형식을 혼합해 일주일에 한 번 방송되는 〈현장 85 여기〉를 맡아 오프닝과 클로징 멘트를 직접 쓰고 진행, 구성, 취재까지 하며 방송인으로서 다양한 경험을 했다.

입사 뒤 교양 프로그램도 진행했지만 주로 〈1분 뉴스〉, 〈아침 뉴스〉, 〈0시 뉴스〉, 〈여기는 MBC〉 등 뉴스 프로그램을 진행하면서 뉴스 앵커로서의 이미지를 구축하고 경력을 쌓았다. "처음 5분짜리 새벽 뉴스를 했다. 그 이후 다른 프로그램도 꽤 많이 한 축이지만 나는 이리저리 시간대를 옮겨 다니면서 뉴스만을 쉼 없이 했고 때로는 내 주제에도 맞지 않는 주요 뉴스를 맡기도 해서 그때나 지금이나 사람들은 나를 뉴스를 진행하는 사람 정도로 부른다."[5]

손석희는 뉴스 프로그램을 진행하면서 정확한 언어 구사력과 표현력, 뛰어난 순발력과 위기 대처 능력, 탁월한 인터뷰 능력, 준수한 용모 등 앵커로서 지녀야 할 자질과 실력을 유감없이 보여줘 시청자에게 인기 많은 앵커로 떠올랐다. 1986년 아나운서에서 보도국 기자로 보직이 변경돼 1989년까지 사회부 기자로서 서울시청을 출입·취재하는 동시에 MBC 메인 뉴스 〈뉴스데스크〉 주말 앵커로 시청자와 만났다.

"당시 제가 맡은 프로가 5개였는데 그중 3개가 뉴스였어요. 앵커 이미지가 워낙 강하니까 회사 측에서 직종을 바꾸는 게 어떨까 생각한 거죠. 보도국 분들이야 아주 잘 대해주셨지만 전 불만이었어요. 왠지 제 자리가 아닌 것 같고, 무엇보다 사람은 제 궁둥이로 덥힌 자리에 있어야 한다고 생각했거든요. 1989년 다행히 아나운서국으로 돌아올 수 있었죠."[6]

손석희는 1987년부터 1999년까지 〈뉴스데스크〉, 〈뉴스센터〉, 〈저녁 뉴스〉, 〈뉴스와이드〉, 〈뉴스투데이〉, 〈굿모닝 코리아〉 등 뉴스 프로그램 앵커로 나서면서 1987년 오대양 사건(시신 32구 발견), KAL기 폭파 사건(사망 115명), 1993년 아시아나기 추락 사고(사망 68명), 서해 페리호 침몰 사고(사망 292명), 1994년 성수대교 붕괴 사고(사망 32명), 1995년 삼풍백화점 붕괴 참사(사망 502명), 1999년 씨랜드 청소년수련원 화재 사건(사망 23명) 등 수많은 대형 사건 사고를 보도했다. 그 과정에서 돌발 사태에 대처하는 능력뿐만 아니라 사건 사고를 파고드는 추진력, 심층 보도 노하우, 뉴스 구성력, 대형 사건과 재난 사고 보도 시 주의사항까지 체득하며 대중의 신뢰와 사랑을 받는 스타 앵커로 부상했다. 또한 그는 1987년 태풍 셀마 등 재해 대책 방송과 1987년 12월 16일 13대 대통령 선거를 비롯한 선거 방송 등 비상 방송에 빠짐없이 투입돼 사고 없이 방송을 잘 진행하며 대체 불가한 앵커와 진행자의 면모도 보여줬다.

물론 1987년 시신 32구가 발견된 오대양 사건을 보도하는 과정에서 큰 실수를 해 비판을 받기도 했다. 속보가 끊기자 방송 직전 읽은 지방 신문의 오대양 관련 내용을 외워 전달하다 집단 타살 가능성이 높다는 확인되지 않은 추측 보도를 한 것이다.[7]

하지만 1994년 10월 21일 성수대교 붕괴 사고 생방송 때에는 흥분하지 않고 차분한 모습을 보였다. 현장 취재기자와 연결해 사망자·부상자 상황 등 국민이 가장 알고 싶어 하는 내용을 질문하며 신속하고 정확하게 정보를 전달해 시청자의 찬사를 받았다. 1999년 6월 30일 아침 뉴스를 진행하던 손석희는 정규 뉴스를 중단하고 전 국민을 슬픔에 빠지게 한 씨랜드 청소년수련원 화재 사건을 보도했다. 기자들의 취재 내용이 부족한 가운데 '유치원생'과 '화재'라는 두 단어만으로 흔들림 없이 뉴스를 이끌어 방송계 안팎에서 "대체 불가 손석희"라는 호평을 받았다.

아나운서로 입사했기에 뉴스 프로그램뿐만 아니라 시사교양 프로그램과 라디오 음악 프로그램 MC까지 맡았다. 〈건강 100세〉, 〈장학퀴즈〉 등 다양한 교양 프로그램 MC를 거쳤고, 1986년부터 1987년까지는 MBC 라디오 프로그램 〈젊음의 음악캠프〉 DJ로 2년간 활약했다.

뉴스 앵커의 이미지가 강했던 손석희가 1992년 MBC 파업 때 20여 일 구속된 뒤 풀려나 한동안 방송을 하지 못하다 1993년 뉴스 프로그램이 아닌 생활 정보 프로그램 〈선택! 토요일이 좋다〉 MC로 복귀하자 신문 등 언론은 '손석희의 변신'이라며 기사를 내보냈다. 손석희는 이에 대해 "프로그램의 성격에 맞춰 표현의 방법을 달리하는 것은 '변신'이 아니다. 프로그램의 내용이나 형태의 차이가 중요한 것이 아니라 방송에 대한 나의 자세와 방향성이 더 중요한 것은 아닐까. 나는 그것들을 바꾸지 않을 것이다"[8]라고 반박했다.

근래 들어 아나운서의 활동 영역이 많이 줄어들면서 아나운서의 입지가 좁아지고 엔터테인먼트 분야에서 활동하는 아나테이너(아나운서와 엔터테이너의 합성어)가 인기를 얻고 있다. 이에 따라 아나운서 정체성에 대한 논란도 증폭되고 있다.

손석희는 아나운서의 설 자리가 없어졌다는 주장에 대해 방송 환경에 대한 인식이 부족해서 나온 잘못된 해석이라고 반박하며 아나운서 역할과 영역은 여전히 매우 중요하다고 강조한다. 다만 아나운서에게도 일정 분야의 전문가라는 이미지가 필요하다고 역설한다. 아나운서가 전문 분야에서 깊이를 더할 수 있으면 방송의 질도 나아질 수 있다고 믿기 때문이다.

손석희는 '대체 불가능'이 아나운서 경쟁력의 핵심이라고 판단했다. 그래서 일관되고 전문화된 영역과 이미지를 구축하기 위해 입사 초기부터 주로 시사 프로그램 MC와 뉴스 프로그램 캐스터·앵커로 나서 빼어난 활약을 했고 공부에 매진하며 일부 프로그램을 고사하는 등 각고의 노력을 기울였다.

"이 일(아나운서)에는 양면이 있습니다. 프로그램을 어느 한쪽으로 몰아주지 않아요. 많이 알려지면 뭘 시킬지 모르고 많은 프로그램을 맡기고 하니까 방향 잡기가 좀 어려운데 저는 나름대로 방향을 지키려고 애를 많이 썼던 것 같습니다. 방송에서 이미지라는 걸 무시할 수 없으니 제 나름대로 이미지를 구축해 거기 맞지 않는 프로그램은 할 수 없다고 생각해서 조직과 갈등한 적도 있습니다. 지금 제가 택한 방향성은 입사 초기부터 생각해왔던 것입니다. (…) 지금 제가 하는 일에 대해서는 나름대로 계속 준비했던 것이기 때문에 할 수 있었던 것 같습니다."[9]

1970년 10월 MBC 〈뉴스데스크〉는 남자 기자가 진행하는 앵커 시스템을 국내 최초로 도입했다. 초창기에는 박근숙, 김기주, 곽노환, 형진환 등 보도국 간부가 서로 순번을 정해서 앵커로 나섰고 이어 하순봉, 이득렬 등 젊은 기자가 앵커로 발탁돼 뉴스를 진행했다.[10] MBC에 이어 TBC와 KBS도 곧바로 앵커 시스템을 도입했다. TBC는 1972년 4월 봉두완과 조용중 앵커가 격일제로 진행하는 40분짜리 뉴스쇼 〈TBC 석간〉을 마련했으며, KBS는 1973년 10월 김택환 기자를 앵커로 기용해 30분짜리 〈9시 종합뉴스〉를 시작했다.[11] 그리고 1980년대 중반부터 KBS를 비롯한 방송사 메인 뉴스는 남자 앵커 1명이 진행하는 포맷에서 남자 기자와 여자 아나운서가 이끄는 공동 앵커 시스템으로 변모했다.

앵커 시스템이 도입된 이후 대중의 관심을 끌어 스타로 각광받은 남자 앵커는 박근숙을 비롯해 봉두완, 이득렬, 박성범, 최동호, 엄기영, 맹현규, 정동영, 이윤성, 이인용, 신경민 등 기자 출신이 대부분이다. 또한 여자 앵커의 경우 신은경, 백지연, 정혜정, 이규원, 황현정, 김주하, 정세진, 김소원 등 아나운서가 스타 앵커로 부상했다.

남자 기자가 메인 뉴스 앵커 자리를 독차지하고 스타 앵커로 부상하는 상황에서 남자 아나운서로 최고 앵커 자리에 오른 이는 손석희가 유일하다 볼 수 있다. 비록 MBC의 메인 프로그램인 평일 〈뉴스데스크〉 앵커는 맡지 못했지만, 뉴스 및 시사 프로그램의 전문가라는 이미지를 탄탄하게 쌓고 대체 불가 실력을 확실하게 입증한 덕분에 이룰 수 있었던 성과였다.

손석희가 보직이 변경돼 1987~1989년 보도국 기자로 재직한 것을 비롯해 백지연, 김주하, 전종환, 배현진 등도 아나운서로 입사했다가 보도국 기자로 활동한 적이 있다. 손석희는 종종 제기되는 아나운서가 언론인이냐는 논란에 대해 언론인과 방송인을 구분하는 것은 무의미하며 언론이 뉴스만 다루는 건 아니라고 주장했다.[12] 아나운서의 보도국 기자 발령을 높이 평가하는 것도 잘못된 인식이라고 여긴다. "아나운서가 기자직 발령이 나면 마치 업그레이드된 것처럼 생각하는 경향이 있는데 이는 잘못된 시각이다."[13]

1984년 아나운서로 입사한 뒤 얼마 지나지 않아 시청자의 눈길을 끄는 프로그램 진행자이자 신뢰받는 앵커, 연예인의 인기를 능가하는 방송 스타로 도약한 손석희는 미국 유학을 떠나기 전인 1997년까지 가장 기억에 남는 프로그램으로 약 1년간 진행한 〈1분 뉴스〉를 꼽았다.

손석희는 강원 지역의 한 탄광촌 초등학교로 취재를 갔을 때 시화전에 걸린 한 학생의 작품을 봤다. 어느 날 〈1분 뉴스〉에서 한 광부 아버지가 붕괴된 갱도 안에 갇혔다는 이야기가 나와 온 집안 식구가 슬픔에 잠겨 울다가 며칠 후 〈1분 뉴스〉에서 그 아버지가 구조됐다는 뉴스를 보고 기뻐서 울었다는 내용이었다. 손석희는 이 작품을 보고 방송에 대해 많은 것을 생각하게 됐다.

"편성표에도 잡혀 있지 않은 아주 짧은 그야말로 1분짜리 방송이라 '내가 이걸 하는 것이 크게 일을 하는 걸까' 하는 생각을 했는데 어린 학생의 글을 보고 방송이 갖는 짧지만 강한 힘을 느꼈어요. 어느 한 가족을 두 번 울게 했잖아요. '슬퍼서 울게도 하고 기뻐서 울게도 하고, 그런 것이 방송이 갖는 힘이구나, 아무리 짧은 방송, 구석에 박혀 있는 방송이라도 가치가 떨어지는 방송일 수 없다, 대단히 중요한 방송이다, 내가 하는 일이 그런 일이다'라는 생각을 했죠. 그때 느꼈던 것이 방송하는 일에 영향을 많이 미치고 있다고 봐야겠죠."[14] 방송 인식이 이러하고 아나운서로서 빼어난 활약을 펼쳤기에 오늘의 손석희가 될 수 있었다. 일제강점기인 1927년 2월 16일 경성방송국이 방송을 시작해 한국 방송의 역사가 열린 이후 최초의 아나운서 이옥경을 비롯한 마현경, 김영팔, 박충근, 김문경, 최정석 등과 1961년 KBS TV 개국을 시작으로 TV 시대가 개막된 후 장기범, 임택근, 전영우, 원종관, 차인태, 황인용, 변웅전, 김동건, 임국희 등 스타 아나운서가 수놓은 한국 방송사[15]에 손석희 역시 당당하게 이름을 올릴 수 있을 것이다.

이 선한 미남 청년을
누가 투사로 만들었나

"독재타도", "호헌철폐", "민주쟁취"를 외치던 많은 시민은 "독재 정권 홍보하는 MBC는 물러나라", "전두환 옹호하는 KBS는 각성하라"라며 언론사에 매서운 질타를 보냈다. 민주화를 향한 열망에 대통령 직선제 개헌을 요구하며 1987년 6·10 항쟁의 중심에 선 사람들은 전두환 정권의 시녀 역할을 하던 언론을 향해 분노에 찬 비판의 돌팔매질을 했다.

1980년 민주화를 요구하던 광주 시민을 무참히 학살하고 비판적 언론인을 대량 해고하며 들어선 전두환 정권은 언론을 철저히 탄압하고 통제해 군사독재 정권의 주구走狗로 활용했다. 미디어 규제법, 언론사 통폐합, 안기부 직원과 경찰을 통한 언론사 감시, 뉴스 검열, 정보의 관리·조작, 비판적 기자에 대한 체포·구금·해고 등 무서운 채찍과 함께 세제 혜택, 재정 지원, 정부 요직 기용 등 달콤한 당근을 번갈아 사용하면서 언론을 철저하게 조종하고 유린했다.

MBC, KBS 등 방송사와 신문사는 '땡전 뉴스'[16]로 대변되는 전두환 찬양과 정권 홍보로 일관했고 민주화 운동에 대해선 침묵하고 왜곡 보도를 일삼았다. 이 때문에 수많은 언론사는 1987년 6·10 항쟁에 동참한 시민의 거대한 저항과 비판에 직면했다.

1984년 MBC에 입사한 손석희 역시 비판과 감시의 기능을 상실한 채 사실을 왜곡하고 진실에 눈감으며 전두환 정권 홍보에 열을 올리는 방송 뉴스를 전달하는 데 동원됐다. "나이답지 않게 허무주의에 빠져 있던 나의 20대를 청산하려 뛰어들었던 방송은 내게 또 다른 덕목을 요구하고 있었다. 순응, 굴종, 문제의식으로부터의 도피 등등. 1980년대 중반의 상황에서 방송을 택했다는 것 자체가 문제의식 따위 없었다는 방증이 아니냐는 자조 섞인 원죄 의식을 변명 삼아 나는 주어진 일에만 몰두했다."[17]

손석희는 1985년 땀 흘려 일하는 사람들의 삶의 현장을 찾아 소개하는 MBC 프로그램 〈현장 85 여기〉를 맡아 직접 취재와 진행을 하면서 진폐증으로 죽어가는 사람들의 고통 대신 막장 사람들의 희망을 부풀려 내보냈고, 소값 파동으로 농민의 시름이 깊어지는데도 시골 장터의 한가로운 정취만을 방송했다. 부산 을숙도 개발로 파 농사를 짓던 사람들이 쫓겨나는 현실을 취재하고 방송하려 했지만, 간부진에 의해 새들이 평화롭게 노니는 내용으로 교체되며 좌절과 모멸을 감수해야 했다.

1986년 10월 30일 정부 발표로 시작된 '평화의 댐' 보도는 5공화국 언론의 민낯을 적나라하게 보여줬다. 북한이 건설한다는 금강산 댐에 대한 정부의 일방적인 발표와 언론의 받아쓰기 보도는 남한 사회를 순식간에 공포로 몰아넣었다. 신문과 방송은 사실 검증 없이 북한이 200억 톤의 물을 방류해 서울 63빌딩의 절반 가까이를 물에 잠기게 하는 수공水攻을 감행하려 한다는 정부 당국의 발표만을 전달하는 데 급급했다. 더 나아가 부풀리기 경쟁까지 펼쳤다. 언론사들은 금강산 댐 공포를 조작한 데 이어 어린이부터 재소자까지 참여한 평화의 댐 모금 운동에 앞장섰다. 언론은 자기 제어 능력을 완전히 상실했다. 손석희는 "광기 어린 시대에 부화뇌동의 차원을 넘어 상쇠 노릇 한 것만이 부끄러운 것인가. 아닐 것이다. 말할 수 있는 시기에 침묵한 것 역시 부끄러운 일이다"[18]라고 당시 심경을 토로했다.

일의 양이 많아지면서 동시에 갈등의 시간도 늘어갔다. 손석희는 입사 이후 얼마 안 돼 한꺼번에 뉴스 프로그램 3개에 투입될 정도로 '잘나가는' 존재였으며 그 '잘나간다'라는 것을 확인하기 위해서라도 일 자체에만 매달리고 파묻히려 애썼다.

1987년 6월 항쟁은 언론계에도 많은 영향을 미쳐 노동조합 결성이라는 의미 있는 결과를 이끌어냈다. 1987년 10월 29일 한국일보 노조 결성을 시작으로 11월 18일 동아일보, 12월 1일 중앙일보 등으로 노조 결성 바람이 확산됐고 MBC가 1987년 12월 9일 방송사 최초로 방송 노조를 설립했다.

MBC 노조는 '보도의 공정성을 확립하고, 편성과 제작의 명실상부한 자율성을 회복하며 나아가 사회 민주화에 기여하는 언론의 사명에 충실할 것을 다짐한다'라는 창립선언문을 발표하며 설립됐다. 손석희도 노조에 가입했다.

몰가치와 무기력의 시대로 돌아가지 않기 위해 노조원이 된 손석희를 프락치로 의심하는 사람도 있었다. "나는 그것(노조 가입)이 나의 삶을 전혀 다른 방향으로 끌고 갈 것이란 생각은 미처 해보지도 못한 채 덜커덕 가입 원서를 냈다. 나는 방황만 하던 20대를 청산하겠다는 때의 기분으로, 나를 지배하던 허무주의를 끝장내겠다고 작심하던 때의 그 기분으로 원서를 냈다."[19]

1987년 12월 16일 13대 대통령 선거에서 민주정의당 노태우 후보가 대통령에 당선된 이후 MBC 측이 돌변해 집요한 탄압이 시작됐지만, 6월 항쟁으로 촉발된 방송 민주화 투쟁 열기는 지방으로 확산됐다. 1988년 1월 11일 마산 MBC 노조가 결성된 것을 필두로 지방 계열사 노조가 속속 설립됐다.

1987년 6월 항쟁의 여파로 속속 등장한 신문과 방송 노조는 임금 등 경제 투쟁보다는 '편집'이라는 정신 활동의 권리와 자유를 되찾겠다는 정치 투쟁을 주로 전개했다. 언론노조는 사회·정치 민주화 과정에서 언론인으로서 독재 언론에 저항하고 이를 변혁하려는 의도로 시작했고, 그 활동의 궁극적 목표는 편집·편성권 독립과 언

론 자유 확대, 공정방송 실현이었다.[20]

MBC 노조 역시 방송 민주화와 공정방송 실현을 위한 투쟁에 주력했다. MBC 노사는 1988년 7월 단체교섭을 시작했지만, 공정방송과 인사에 관한 회사 측의 태도가 완강해 노조 집행부는 1988년 8월 10일 노동쟁의 발생신고를 한 뒤 15일간의 냉각기간 준법투쟁에 돌입했다. 투쟁의 시작은 '공정방송 쟁취'라고 쓰인 리본을 다는 것에서 시작되었다.

이때 손석희의 방송 인생을 바꿔놓고 언론인으로서의 방향을 결정지은 중요한 사건이 발생한다. 노조는 홍보 효과가 클 것으로 판단해 1988년 8월 20일부터 방송 출연자에게도 '공정방송 쟁취' 리본을 달기로 결정했다. 하지만 회사 측의 저지 압력이 엄청났다. 손석희는 1988년 8월 20일 〈뉴스데스크〉 진행에 나서면서 리본을 꺼내 들었지만, 고민하다 결국 양복 깃에 달지 못하고 옷 안쪽 와이셔츠 주머니에 달았다. "내가 기억하는 한 최대의 수치스럽고 기회주의적인 행동을 저지르고 말았다. 나는 그 리본을 양복 깃에 달지 않고 옷 안쪽 와이셔츠 주머니 위에 달았다. (…) 화면 밖의 사람들 모두가 내게 손가락질을 하는 것 같았고 나는 붉어지는 내 얼굴을 느낄수록 더한 당혹감에 빠졌다. 이게 무슨 눈 가리고 아웅이란 말인가. 차라리 리본 달기를 포기하고 소신이라도 있는 양 변명하는 것이 옳은 짓이었다. (…) 그날 밤 나는 거의 한잠도 이루지 못하였다. 아마도 그때까지의 내 삶에 있어서 그날 밤만큼 괴로웠던 적이 없었을 것이다." 자책하던 손석희는 8월 21일 일요일 〈뉴스데스크〉 방송에선 리본을 양복 깃에 달았다.[21]

1988년 8월 26일 MBC 노조는 단체교섭이 무산되자 황선필 사장 퇴진을 요구하며 첫 파업에 돌입했다. 전두환에 이어 노태우 정권 아래서도 언론 탄압은 집요하게 지속됐다. 1990년 9월 〈PD수첩〉의 '우리 농촌 이대로 둘 수 없다' 편은 우루과이라운드 협상이 초래할 농촌의 현실을 취재해 농민을 비롯한 사람들의 관심이 높았으나 사장 지시로 방송되지 못했다. 불방에 항의하던 노조위원장과 사무국장이 해고됐고 노조와 손석희는 이들의 복직을 위해 농성을 벌였다. 1991년 5월 한국 사회의 구조적 비리와 모순을 파헤친 김기팔 작가의 드라마 〈땅〉이 50회 방송 예정이었으나 15회로 조기 종영되는 등 억압적인 분위기가 점점 더 심해졌다. MBC 노조는 1991년 5월 1일 서울 여의도 사옥에 '방송 5공 회귀 총력 저지'라고 쓰인 현수막을 내걸고 집행부가 철야 농성에 돌입하는 등 정권의 나팔수 방송을 거부하며 공정방송을 위한 싸움을 시작했다.

MBC 노조는 1992년 9월 2일 세 번째 파업에 나섰다. 노조가 50일 동안 파업을 벌이며 요구한 건 공정방송이었다. 하지만 노조원들이 파업하며 지켜온 민주의 터는 1992년 10월 방송사에 진입한 경찰의 험악한 구둣발에 짓밟혔다. 이완기 노조위원장 직무대행, 정찬형 민주방송실천위원회 간사 등 6명과 함께 저녁 7시 뉴스 앵커였던 손석희도 주동자 중 1명으로 구속돼 서울 영등포구치소에서 20여

일간 수감 생활을 했다.

　검찰 조사를 받기 위해 구치소를 나선 손석희는 수인번호 '3461'이 붙은 수의를 입었다. 손목에 수갑이 채워지고 오랏줄로 상반신이 묶인 상황에서도 환한 미소를 지어 눈길을 끌었다. 이 모습은 "누가 이 연민의 정을 불러일으킬 만한 선한 인상의 미남 청년을 투사로 만들었는가. 타락한 세상에서 숨죽이고 조용히 혹은 적당히 살았더라면 세속의 인기와 일상의 안일함 속에 두 다리 뻗고 살 수 있었을 텐데…"라는 글과 함께 1992년 10월 7일 MBC 노조의 〈파업 투쟁속보〉에 실려 MBC 파업과 공정방송에 대한 국민의 지지와 관심을 이끌어내는 기폭제 역할을 했다. 이후 푸른 수의의 손석희 사진 한 장은 방송 민주화를 상징하는 대표적인 이미지가 됐다. 손석희는 노사 간 교섭이 타결되고 재판부의 불구속이 결정돼 20여 일간의 구속 생활에서 벗어났다.

　손석희는 노조 가입 이유에 대해 "왜 노조에 가입하는가, 이건 아주 단순한 문제입니다. 노조를 안 할 명분이 없습니다. 운동가까지는 못 되더라도 직업인으로서 최소한의 양식, 소시민적 도덕성을 지키려고만 해도 노조 활동은 불가피합니다. 이게 우리 방송 현실의 비극인데, 거기에 국민의 눈과 귀를 대신한다는 우리 직업의 특수성이 더해집니다. 노조만이 유일하고 합법적인 선택이지요"[22]라고 설명했다. 그리고 자신은 공정방송에 대한 의지와 동료에 대한 믿음을 얻은 노조 파업의 가장 큰 수혜자라고 단언했다. "아무도 믿으려 하지 않았던 그러나 모두가 몸을 던진 1992년 가을의 파업은 우리에게 제일 먼저 믿음을 되살려주었다. (…) 공정방송을 위한 제도적 장치의 마련이라든가 해직자의 원상 복직, 일방적인 임금 인상 철회 등의 쟁점은 어느 것 하나 소홀히 할 수 없는 것들이었지만, 그보다도 우리의 파업을 가능하게 했던 것은 참으로 오랜만에 확인할 수 있었던 서로에 대한 믿음이 아니었나 싶다."[23]

그는 강조하고 또 강조했다. 자신은 노조 파업의 간판스타도 아니고 방송 민주화의 상징도 아니라고. 손석희는 파업 뒤 자신을 인터뷰한 월간 《말》이 1992년 12월 호 기사 제목을 '공정방송의 간판스타 손석희 아나운서'라고 단 것에 대해 "나는 기가 막혔다. 내가 공정방송을 위해 한 일이 뭐 별난 것이라고. 게다가 간판스타라니, 스타는 웬 놈의 스타인가. 나보다 더 고생한 동료들은 아직도 추운 감옥에 있는데…"[24]라며 허탈해했다. 그는 파업에서 한 일도 없는데 무슨 민주 투사라도 되는 양 대접받는 것이 가장 힘들었고 자신이야말로 노조 활동으로 가장 큰 혜택을 받은 사람이라고 다시 한 번 힘주어 말했다.

손석희는 1992년 노조 파업과 20여 일간의 구속 이후 구태의연한 방송을 지양하고 공정방송을 실현하기 위해 엄격한 자세를 유지했다. 1992년 파업 현장에 함께 있었던 김재철, 이진숙 등 적지 않은 사람이 이명박과 박근혜 정권하에서 공정방송을 훼손하고 노조를 탄압하는 간부진으로 변신한 것과 달리 손석희는 30여 년간 아나운서, 기자, 진행자, 앵커, 방송사 사장으로 지위와 역할이 변하면서도 권력과 자본을 감시하고 비판하는 정론 저널리즘과 특정 정파와 진영 논리에 빠지지 않고 시민사회 편에 서는 방송을 위해 지속적인 노력을 기울였다.

이는 공정방송을 고민하고 실천하면서 체득한 건강한 언론 윤리를 계속 견지했기에 가능한 일이었다. 또한 파업 직후 언명한 "실체는 분명하지 않더라도 지금껏 제 일생에 지켜온 어떤 일관성이 있다면 그것을 끝까지 지키고 싶다는 겁니다. 나이가 든다고 해서 또 지위가 달라진다고 해서 제 자신을 바꾸는 일은 없을 겁니다"[25]라는 자신과의 약속을 오랫동안 지켰기 때문이다.

1987년 6·10 항쟁 때 독재 정권의 주구로 전락한 언론에 쏟아졌던 국민의 분노와 비판이 2016년과 2017년 촛불 광장에서 재현됐다. 2016년 10월 29일부터 2017년 4월 29일까지 23회에 걸쳐 전국에서 1,700만 명의 시민이 참여해 "박근혜 퇴진", "이게 나라냐", "나라의 주인은 국민이다"를 외쳤다. 이 촛불집회에서 빠지지 않고 등장한 구호가 "청와대 방송 KBS와 MBC는 물러나라"였다. 시민들은 박근혜, 최순실 국정농단에 침묵과 왜곡으로 일관하며 공범 역할을 한 언론을 향해 거센 분노와 질타를 쏟아냈다. 그러나 태블릿 PC 등 박근혜, 최순실 국정농단 사건을 지속해서 보도하며 촛불혁명의 도화선 역할을 한 손석희의 JTBC에게는 열띤 지지와 환호를 보냈다. 1987년 6·10 항쟁 이후 언론이 다시는 국민의 지탄과 비판을 받지 않도록 30여 년 치열하게 노력한 손석희가 있었기에 가능한 일이었다.

마흔세 살
대학원생의 눈물

"하던 일 다 집어치우고 미국 간다고 했더니 사람들이 나더러 갔다 와서 '딴짓'하려고 그런다고 했다. 나도 들을 거 다 듣고 볼 거 다 봐서 잘 안다. 하지만 '나이 마흔 넘어 제 앞길을 어찌 장담하랴' 라고만 얘기하고 갔다."

손석희는 1999년 7월 7일 《한겨레》에 기고한 '방송입문, 노조 운동, 유학, 어느 것 하나 쉽지 않았다'라는 글에서 서른을 눈앞에 둔 시점에서 직장을 바꿔 정치적 무뇌아로 방송사에 입사한 일, 1987년 노동 운동에 무임승차한 방송 노조에 무임승차(가입)한 일, 그리고 마흔 넘어 남의 땅(미국) 갔던 일, 이 세 번의 선택은 쉬운 일이 아니었다고 고백한다.

그렇다. 한 가정을 책임져야 하는 가장이 갑자기 일을 그만두고 유학길에 오르는 것은 쉽지 않은 일이다. 〈1분 뉴스〉를 시작으로 〈0시 뉴스〉, 〈뉴스데스크〉, 〈뉴스센터〉, 〈뉴스투데이〉 등 뉴스 프로그램을 통해 스타 앵커로 부상했고, 공정방송을 위한 노력으로 시청자에게 신뢰받는 언론인으로 인정받은 손석희이기에 방송사 입장에서도 그의 미국행은 달갑지 않았다. 또한 시청자들은 아무리 인기가 높은 방송인이라 할지라도 일정 기간 방송에 나오지 않으면 금세 잊는다. 관심과 인기가 현저히 떨어져 복귀 후 입지를 회복하고 활동을 재개할 수 있을지도 확실하지 않다. 이런 상황인데도 손석희는 1997년 나이 마흔둘에 가족을 데리고 미국으로 떠나는 무모한 모험(?)을 감행했다.

"1992년 파업으로 구치소에 들어가 있을 때였어요. 그 위로 비행기 길이 나 있는데, 운동 시간 20분 동안 뒷마당에 나가 있으면 비행기가 굉장히 낮게 날아와요. 그걸 보며 생각했죠. 여기서 나가면 저 비행기 타고 어디론가 멀리 가서 살고 싶다…. 그런 꿈을 계속 갖고 있다 마침내 실행에 옮긴 거죠."[26]

미국으로 가면서 정식으로 학교에 다니겠다는 생각은 하지 않았다. 다른 기자나 아나운서, 연출자처럼 언론 관련 재단에서 연수비를 받고 가는 것도 아니고 직장 생활 10여 년 하면서 마련한 집 한채 전세 주고 그 돈으로 떠나는 막무가내식 자비 연수였다. 학교에 적만 걸어놓고 잘 쉬다 오는 것이 목표였지만, 우연히 국제민간재단에서 장학금을 받게 돼 토플 공부하고 나이 마흔셋에 학교(미네소타

대학원)에 진학해 공부하게 됐다.

"대학도 남보다 늦었고 사회 진출도, 결혼도 남들보다 짧게
는 1년, 길게는 3~4년 정도 늦은 편이었다. 능력이 부족했거나 다
른 여건이 여의치 못했기 때문이었을 것이다. 모든 것이 이렇게 늦
다 보니 내게는 조바심보다 차라리 여유가 생긴 편인데, 그래서인지
시기에 맞지 않거나 형편에 맞지 않는 일을 가끔 벌이기도 한다. 기
왕에 늦은 인생, 지금에라도 한번 저질러보자는 심보도 작용한 셈이
었다."[27]

미네소타대학원에 진학한 뒤 밤낮 가리지 않고 연구실과 집에
서 공부에 매진했다. 다 늦게 무엇 하는 짓인가 후회도 했지만, 20대
미국 젊은 친구들과 경쟁하기 위해 주말도 없이 매일 새벽 1~2시
까지 공부한 끝에 졸업하게 됐다. 석사 논문의 제목은 'The Public
Broadcaster Labor Union Movement in South Korea: Strategies of
Resource Mobilization for the Movement in the 1999 Strike'로, 한
국 공영방송 노동조합 운동을 분석했다.

손석희는 대학원 졸업에 대해 "돌이켜 보면 그때 나는 무모했
다. 하지만 그때 내린 결정이 내게 남겨준 것은 있다. 그 잘난 석사
학위? 그것은 종이 한 장으로 남았을 뿐, 그보다 더 큰 것은 따로 있
다. 첫 학기 첫 시험 때 시간이 모자라 답안을 완성하지 못한 뒤 연
구실 구석으로 돌아와 억울함에 겨워 찔끔 흘렸던 눈물이 그것이다.
중학생이나 흘릴 법한 눈물을 나이 마흔셋에 흘렸던 것은 내가 비록

뒤늦게 선택한 길이었지만 그만큼 절실하게 매달려 있었다는 방증이었기에 내게는 소중하게 남아 있는 기억이다. 혹 앞으로도! 여전히 지각 인생을 살더라도 그런 절실함이 있는 한 후회할 필요는 없을 것이다"[28]라고 의미를 부여했다.

기자와 PD, 아나운서 등 언론인만큼 계속 공부를 해야 하는 직종도 드물다. 매일매일 쏟아지는 뉴스부터 정치·경제·사회·문화 등 다양한 분야의 전문 지식과 정보까지 알고 있어야 심도 있고 완성도 높은 뉴스를 제작할 수 있다. 하지만 언론사에서 언론인에게 공부할 기회나 시간을 주는 경우는 흔치 않다. 매일 뉴스를 소화하기도 벅차다. 이 때문에 언론인이 언론사 생활을 할수록 실력과 지식이 고갈돼 뒤처지는 경우가 적지 않다. 오죽하면 많은 기자의 입에서 "이른바 '기자 고시'라 불리는 치열한 경쟁을 뚫고 기자로 입사한 뒤에는 지식의 재충전보다는 고갈에 고갈을 거듭하면서 때때로 머릿속이 텅 비는 아찔함을 느끼면서도 회삿돈 안 들어가는 2박 3일 정도의 공짜 연수 프로그램도 갈지 말지 눈치 봐야 하는 것이 한국 저널리스트다"[29]라는 말이 절로 나오겠는가.

한국언론진흥재단이 기자 1,527명을 대상으로 한 언론인 의식 조사 결과에 따르면 응답한 기자 중 96.1퍼센트가 '재교육이 필요하다'라고 답했다. 하지만 이들 중 최근 2년간 직무 관련 연수나 재교육을 받은 경험이 있는 사람은 37.1퍼센트에 불과했다. 기자들은 '기회가 있어도 업무량이 많아 참여하기 어려움(41.7퍼센트)', '회사의

재교육 투자 인식 부족(38.0퍼센트)' 등을 재교육을 받기 힘든 이유로 꼽았다.[30]

손석희가 마흔셋에 허튼짓한다는 비아냥까지 들으며 미국 대학원에 진학해 열심히 공부한 것은 좋은 언론인이 되고 정론 저널리즘을 실천하는 데 공부가 필요했기 때문이다. 유학을 떠나기 전에도 손석희는 MBC에서 김승수·이채훈 PD, 최용익 기자 등과 함께 '겨레현대사 연구모임'을 만들어 바쁜 방송 일을 하면서도 한국 근현대사와 일본사, 자본주의사 등을 공부했다.

손석희와 함께 MBC에서 예능 PD로 근무한 매형, 주철환 아주대 교수는 "만날 때마다 조금씩 나아지는 손석희를 발견한다. 『삼국지』의 노숙과 여몽의 고사에 괄목상대刮目相對라는 말이 나오는데 손석희가 바로 괄목상대하며 성공과 성장을 거듭하고 있다. 손석희의 성공 비결 가운데 하나는 수불석권手不釋卷이다. 책에서 손을 떼지 않을 정도로 지속해서 공부한다. 세상의 변화에 눈을 떼지 않고 어떤 사안이나 상황을 단편적으로만 해석하지 않으려는 훈련과 공부를 게을리하지 않기 때문에 손석희의 예리한 관찰, 통찰, 성찰이 지속된다"라고 말했다.

기자들은 자신이 취재한 내용에 대해서는 자신이 있지만 그렇지 않은 경우에는 감이 떨어지는데 손석희는 다양한 시사 문제를 꿰뚫고 있어 기자들도 놀라곤 한다. 그가 인터뷰에서 정치·경제·사회·문화 등 다양한 분야를 관통하며 예리한 질문으로 국민이 알고자 하는 내용을 끌어내고, 위기나 돌발 상황에 자연스럽게 대처하고, 뉴스 프로그램을 능수능란하게 이끄는 것은 바로 끊임없이 뉴스를 모니터하고 분석하며 공부하기 때문이다.

"피치 못할 다른 일을 할 때를 제외하곤 늘 뉴스를 봅니다. 그래서 어찌 보면 일상생활이 별로 없는 편이긴 해요. 흔히 말하는 나이트 라이프가 없어요."[31]

한국은 학벌 사회로 유명하다. 학벌과 실력을 동일시하는 분위기도 짙다. 언론계 역시 예외는 아니다. 소위 명문대로 불리는 'SKY', 서울대, 고려대, 연세대 출신 언론인이 압도적으로 많다.

취재 현장에서 활약하는 기자 현황을 보면 서울대, 고려대, 연세대 출신이 많다는 것을 금세 확인할 수 있다. 방송기자연합회가 2016년 KBS, MBC, SBS, YTN(지역 회원사 제외) 등 4곳의 취재기자 1,011명을 대상으로 전수조사한 결과, 출신 대학은 서울대가 280명(27.7퍼센트)으로 가장 많았다. 다음은 고려대 168명(16.6퍼센트), 연세대 160명(15.8퍼센트) 순으로 서울대, 고려대, 연세대 출신이 절반을 상회하는 비율(60.1퍼센트)을 보였다. 뒤이어 외국어대 69명(6.8퍼센트), 서강대 46명(4.5퍼센트), 이화여대 42명(4.2퍼센트), 성균관대 36명(3.4퍼센트), 한양대 34명(3.4퍼센트), 중앙대 31명(3.1퍼센트), 경희대 13명(1.3퍼센트) 순이었다.[32] 한국기자협회가 2013년 공채를 진행한 경향신문, 동아일보, 매일경제, 서울경제, 서울신문, 세계일보, 조선일보, 중앙일보(JTBC 통합), 한겨레, MBC 등 언론사 10곳을 조사한 결과, 합격한 수

습기자 75명 중 고려대가 20명으로 가장 많았고 연세대가 13명, 서울대가 10명으로 뒤를 이었다.[33]

신문사와 방송사의 부장 및 국장 등 간부진의 출신 대학 역시 서울대, 고려대, 연세대에 집중됐다. 《미디어오늘》이 2014년 조선일보, 중앙일보, 동아일보, 한겨레, 경향신문, 한국일보, 국민일보, 세계일보, 문화일보, 서울신문 등 종합일간지 10곳과 매일경제, 한국경제, 서울경제 등 경제일간지 3곳, 연합뉴스, 뉴스1 등 통신사 2곳, KBS, MBC, SBS, OBS, CBS 등 방송사 5곳, JTBC, TV조선, 채널A, MBN, YTN 등 종편 및 보도채널 5곳을 포함한 25개 신문·방송·통신사 편집국장과 보도국장, 정치·사회·경제 부장 등 주요 간부 104명을 대상으로 출신 대학을 조사한 결과, 서울대 출신이 38명으로 전체의 36.5퍼센트를 차지해 가장 많았다. 고려대 출신 간부는 28명(26.9퍼센트)으로 그 뒤를 이었고 다음은 연세대 12명, 서강대 7명, 한국외대 5명, 한양대 4명 순이었다.[34]

KBS, MBC, SBS 등 방송사 뉴스 앵커 역시 마찬가지다. 한국 방송사상 최초로 MBC 〈뉴스데스크〉가 앵커 시스템을 도입한 1970년부터 2016년까지의 MBC, KBS 그리고 1991년부터 2016년까지의 SBS 등 지상파 TV 3사의 프라임타임 메인 뉴스 앵커 163명을 분석한 결과, 서울대 출신이 22.6퍼센트인 37명으로 가장 많았고 다음은 연세대 31명(18.9퍼센트), 고려대 17명(10.4퍼센트), 이화여대 12명(7.3퍼센트), 외국어대 9명(5.5퍼센트) 순으로 나타났다.[35]

손석희가 꾸준한 공부와 노력, 탁월한 실력으로 학벌과 실력을 동일시하는 우리 사회의 병폐를 깨뜨리며 국민의 신뢰를 받는 앵커로 확고한 입지를 다진 데에는 큰 의미가 있다. 국민대 국문학과를 졸업한 손석희는 학벌 콤플렉스 문제에 대해 "아주 솔직하게 얘기하자면, 그것을 신경 쓸 만큼 한가하지 못했어요. 그런데 저는 그렇게 생각을 했는데, 바깥에서 그런 부분들을 '아, 이 사람이 그것 때문에 고민했을 것이다'라고 얘기하더라고요. 아주 솔직하게 얘기하자면 그럴 만한 겨를이 없었어요. 그럴 만한 겨를을 가졌다면 오히려 더 부정적으로 작용했을 수도 있겠죠"[36]라고 입장을 밝혔다.

　　그런 손석희이기에 아나운서를 비롯한 후배 언론인에게 늘 독서와 공부, 실력을 강조한다. "뻔한 얘기지만 공부하는 게 매우 중요한 것 같아요. 제가 생각하기에 저한테 제일 도움이 되었던 시기가 언제였느냐면, 입사해서 약 반년 동안 아무 일이 없었을 때입니다. 반년 만에 뭘 맡긴 맡았지만, 그때도 시간이 많이 남았고 아나운서국에 앉아서 할 일이 없었어요. 그래서 1년 가까이 앉아서 책만 들여다봤죠. 그 1년 동안의 시간이 나중에 아주 큰 도움이 되었습니다. 그냥 닥치는 대로 아무거나 다 읽었어요. 그때 독서량이 그 이후로 지금까지의 독서량보다 훨씬 더 많은 것 같아요. 방송이란 게 그렇지 않나요? 자기한테 어떤 프로그램을 줄지도 모르는 거고, 프로그램을 하나 맡았을 때 그 프로그램 안에서 무슨 일이 생길지 모르는 거고, 뉴스를 하나 하더라도 항상 새로운 일들이 터지는 거니까 계속 자기한테 뭔가를 집어넣지 않으면 이용을 못 하잖아요."[37]

또한 언론 현업에 있는 사람들에게 저널리즘이나 매스커뮤니케이션을 공부할 것을 권한다. "(저널리즘과 매스커뮤니케이션 공부를 하면) 내가 하는 일이 매스미디어 전반이나 시청자들한테 어떤 식으로 다가갈 수 있겠다는 것을 체계적으로 사고할 수 있고 문제의식을 가질 수 있다. 예전에는 문제의식 없이 했던 행위들이 그런 면에서 좀 더 깊이 생각할 수 있는 가치를 갖는 것은 상당한 의미가 있다."[38]

물론 사회 진출을 준비하는 대학생에게도 실력과 공부의 의미를 각인시킨다. 손석희는 2003년 10월 30일에 있었던 국민대 특강에서 "사회에 나가시게 되면 노력에 비해 매우 많은 편견에 부딪히게 됩니다. 그 편견들을 여러분은 실력으로써 온몸으로 깨부수길 진심으로 부탁합니다"라고 강조했다.

출신 대학과 학벌이 취업부터 결혼에 이르기까지 막강한 영향을 미치고 서열화의 강력한 무기가 되는 우리 사회에서 실력과 공부, 노력으로 최고의 언론인이 된 손석희는 점차 설 자리를 잃고 있는 능력주의 신화의 진정한 의미를 새삼 일깨워준다.

3부
⟨시선집중⟩·⟨100분 토론⟩ 신화와 40대 국장

⟨시선집중⟩ 진행부터 MBC 퇴사까지: 2000~2006년

비주류 손석희와
〈시선집중〉 신화

　미국 유학을 마치고 1999년 MBC 〈아침뉴스 2000〉 앵커로 복귀한 손석희는 2000년대 들어 그의 방송 인생에 일대 전환점이 된 3개의 프로그램 진행을 연이어 맡는다. 오늘의 손석희를 있게 해준 프로그램들이다. 라디오 시사 저널리즘을 새로운 차원으로 도약시킨 〈시선집중〉(2000년 10월 23일~2013년 5월 10일 진행), 첫 방송부터 화제와 논란을 일으키며 본격적인 언론 비평을 전개한 〈미디어 비평〉(2001년 4월 28일~2002년 1월 11일 진행), 그리고 TV 토론을 공론의 장으로 견인한 〈100분 토론〉(2002년 1월 18일~2009년 11월 19일 진행)이다.

　한국 언론사에 한 획을 그은 세 프로그램을 진행하면서 손석희는 국민에게 신뢰받는 언론인, 시민에게 강력한 영향을 미치는 방송인, 대중에게 인기 많은 방송 스타로 확고하게 자리 잡았다. 그중에서도 라디오 저널리즘의 열기를 고조시키고 라디오 시사 프로그램 붐을 조성하며 수용자에게 외면받던 라디오 매체를 부활시킨 〈시선집중〉은 손석희 신드롬의 원천이었다.

라디오 저널리즘은 보도할 만한 가치가 있는 뉴스를 수집하고 이를 라디오 매체의 특성에 맞게 청취자에게 보도하고 논평 및 해설을 하는 일련의 활동을 수행함으로써 국민의 알 권리를 충족시키고 여론을 형성하는 중요한 역할[1]을 하는데도 텔레비전이 등장하면서 부차적으로 인식되는 경향이 커졌다. 이 때문에 라디오는 매체의 특성을 살리는 저널리즘 영역을 개척하려고 다양한 노력을 해왔다. 대표적인 노력이 바로 라디오 시사 프로그램이다. 1991년 CBS가 〈시사자키〉로 라디오 시사 프로그램 시대를 연 뒤 1990년대 들어 KBS, MBC, SBS 라디오가 앞다투어 시사 채널 특성화를 선언하고 다양한 시사 프로그램을 집중 편성했다.[2]

"상업주의에 빠져 공영적 성격을 찾기 힘들고 점차 외면받는 라디오라는 매체에서 시사 프로그램을 하는 것은 모험일 수 있다. 시민이 알고 싶어 하는 꼭 필요한 정보를 전달하고 주류, 다수자뿐만 아니라 비주류, 소수자의 목소리도 들려주고 싶다. 시사 프로그램 진행자는 다양한 계층의 아픔을 이해해야 하는데 그런 면에서 마이너, 비주류를 경험해본 사람이 적격일 것 같다. 나 역시 마이너, 비주류를 경험해봤다. 잘 버티어보겠다." 2000년 10월 〈시선집중〉 방송 전 손석희가 밝힌 각오다. 〈시선집중〉을 기획하고 연출한 정찬형 PD는 "〈시선집중〉은 사람 얼굴을 한 시사 정보 프로그램을 지향한다"라고 기획의도를 밝혔다.

〈시선집중〉은 뉴스를 나열하고 요약할 뿐이던 이전의 라디오 시사 프로그램과 달리 각종 시사와 뉴스를 심도 있게 다룰 뿐만 아니라 이슈와 이해 당사자가 생방송 인터뷰를 통해 자신의 입장과 견해를 개진해 청취자가 현안의 본질을 심층적으로 이해하게 하는 차별화 전략을 구사했다. 〈시선집중〉은 청취자의 뜨거운 반응을 얻으며 라디오 시사 저널리즘의 새로운 장을 열었다.

'집중점검', '뉴스브리핑', '뉴스포커스' 등 전문가가 뉴스를 심층 해설하는 고정 코너 인터뷰 3~4개, 이슈와 화제 당사자의 생방송 인터뷰 3~4개 등 매회 평균 6~7개의 인터뷰를 진행한[3] 〈시선집중〉의 포맷은 많은 라디오 방송에 도입되며 시사 프로그램의 전형으로 자리 잡았다.

손석희가 13년간 진행한 〈시선집중〉은 대한민국 아침을 여는 시사 프로그램의 신화이자 라디오 시사 프로그램 열풍을 몰고 온 진원지였다.

2000년 10월 23일 첫 방송에 김영삼 전 대통령이 출연해 "이회창 한나라당 총재는 인간이 아니다"라는 말로 직격탄을 날리며 논란과 화제를 일으킨 이후, 〈시선집중〉이 13년이라는 오랜 시간 동안 최고 라디오 시사 프로그램의 자리를 지킬 수 있었던 이유는 과연 무엇일까.

〈시선집중〉의 내용과 형식에서 그 이유를 찾을 수 있다. 우선 〈시선집중〉은 주류 언론이 외면하는 장애인, 여성, 노인, 이주 노동자, 성소수자, 농어민 등 사회적 약자와 소수자, 소외 계층을 대변하는 창구 역할을 충실히 이행했다. 그뿐만 아니라 정치인 등 권력층과 재벌 등 자본가를 거침없이 비판해 청취자와 국민의 높은 신뢰를 얻었다.

무엇보다 생방송으로 진행하는 다양한 인터뷰가 〈시선집중〉 성공의 가장 큰 원동력이었다. TV나 다른 매체의 인터뷰는 편집 과정을 거치면서 제작자나 기자의 의도와 의견이 개입된다. 하지만 생방송 인터뷰를 진행한 〈시선집중〉은 이해 당사자의 입장과 의견을 가감 없이 있는 그대로 전달해 관심을 끌었다. 또한 〈시선집중〉의 인터뷰는 대본에 있는 질문에만 의존하지 않고 인터뷰 내용과 답변에 따라 계속 질문과 답변을 이어가 이슈에 대한 당사자의 입장을 깊이 있게 전달하고 쟁점을 심도 있게 드러냈다.

손석희는 "생방송으로 진행되기 때문에 편집이란 있을 수 없는 〈시선집중〉은 숨소리마저 전달해주는 장점이 있다. 이런 장점을 활용해 국민이 알고 싶어 하는 것을 알아보고, 말하고 싶어 하는 것을 대신 전해주는 통로 역할을 하기 위해 노력했다. 이 때문에 〈시선집중〉이 정치·시사 커뮤니케이션을 개척했다는 생각이 든다"라고 말했다.

〈시선집중〉은 인터뷰 내용에 따라 질문이 이어지는 형식이기 때문에 예상치 못한 인터뷰 당사자의 돌발 발언이나 의외의 모습으로 큰 화제가 되었고 다른 매체의 뉴스가 되어 관심이 확대 재생산됐다. 〈시선집중〉은 뉴스 매개자 역할에 머문 다른 시사 프로그램과 달리 뉴스 생산자 역할까지 하며 청취자뿐만 아니라 다른 언론 매체의 큰 관심을 끌었다.

첫 방송에 출연한 김영삼 전 대통령부터 손석희의 집요한 질문에 "저하고 싸움하시자는 거예요?"라고 항변한 박근혜 한나라당 대표(2004년 4월 9일 방송)까지 수많은 정치인이 〈시선집중〉 인터뷰를 통해 다른 언론 매체의 뉴스가 됐다. 또한 한국의 개 식용 문화를 줄기차게 비난하던 프랑스 여배우 브리지트 바르도Brigitte Bardot는 2001년 12월 3일 〈시선집중〉 전화 인터뷰 도중 손석희의 "프랑스인과 독일인, 미국인 등 한국을 찾는 외국인도 개고기를 먹는다는 것을 알고 있느냐"라는 질문에 "속지 않은 이상 먹지 않는다. 더 이상 인터뷰를 하고 싶지 않다. 왜냐하면 거짓말을 하는 사람과는 얘기할 수 없기 때문이다"라며 전화를 일방적으로 끊어 논란이 됐다. 독도의 일본 영유권을 주장하던 일본 시마네현의 조다이 요시로上代義郎 의원은 2005년 2월 25일 독도의 역사적 사실을 열거하는 손석희에게 "더는 역사적 문제에 대해 코멘트하지 않겠다"라며 궁색한 태도를 보여 화제가 되기도 했다.

이 밖에 아프가니스탄에서 납치됐다 살해된 김선일 씨 사건 당시 알자지라 TV 총책임자와의 인터뷰, 미국 9·11 테러 직후 현장에서 탈출한 한국인과의 전화 인터뷰, 고이즈미 준이치로小泉純一郎 일본 총리의 신사참배 현장 전화 연결, 미얀마 아웅 산 수 치Aung San Suu Kyi 인터뷰 등도 청취자의 관심을 받았을 뿐만 아니라 다른 언론 매체의 뉴스로 보도됐다.

인터뷰뿐만 아니라 뉴스와 이슈를 파노라마식으로 배열하고 브리핑 형식으로 요약한 후 구체적으로 뉴스의 맥락이 무엇인지를 알려주고 해석해줘 오피니언 리더의 역할을 한 것도 〈시선집중〉의 경쟁력을 높였다.[4]

〈시선집중〉은 정치 이슈가 반복되고 지나치게 많은 정치인과 인터뷰를 하는 등 다양성이 부족하다는 지적도 있었지만, 청취자와 국민에게 가공되지 않은 날것 그대로의 뉴스와 정보 그리고 이슈 당사자의 입장을 전달해 공정한 방송이라는 신뢰를 얻었다. 또한 같은 시간대 다른 시사 프로그램을 압도하는 청취율을 기록해 '방송 권력'이라고까지 불리며 인기 프로그램으로서의 위상을 굳건하게 지켰다.[5] 정치권에선 〈시선집중〉에 출연했느냐를 기준으로 실세 여부를 판단한다는 말까지 나돌 정도였다.

라디오 매체의 화려한 부활을 이끈 〈시선집중〉 신화는 2000년 10월 23일 첫 방송부터 2013년 5월 10일 방송까지 진행을 맡은 손석희라는 존재가 있었기 때문에 만들어질 수 있었다. 방송 10주년이었던 2010년 제작진이 청취자 266명을 대상으로 설문조사를 한 결과, 68퍼센트가 다른 시사 프로그램과 차별되는 지점으로 '진행자의 진행 능력'을 꼽았을 정도로 〈시선집중〉에서 진행자 손석희가 차지하는 비중은 절대적이었다.

손석희의 역할과 비중, 존재감은 그가 떠난 후 〈시선집중〉의 상황과 비교해보면 확연히 드러난다. 한국방송광고진흥공사KOBACO 의 자료에 따르면 손석희가 떠난 후 〈시선집중〉의 청취율과 광고 매출이 급감한 것으로 나타났다. 2013년 5월부터 2014년 9월까지 16개월 동안 신동호가 진행한 〈시선집중〉의 광고 매출액은 손석희가 그만두기 전 16개월 동안의 69억 9,880만 원보다 37억 원이 감소한 32억 5,834만 원으로 집계됐다. 청취율 역시 2013년 5월 8.1퍼센트에서 2013년 7월 5.8퍼센트로 떨어졌고, 2014년 3월에는 3.8퍼센트까지 급락했다.

손석희는 프로그램 진행과 노조 활동 등을 통해 구축한 공정하고 권력과 자본에 타협하지 않는 깨끗한 이미지, 〈뉴스데스크〉를 비롯한 뉴스와 시사 프로그램을 진행하며 쌓은 앵커와 진행자로서의 실력, 저널리스트로서 갖춘 객관성과 균형감을 〈시선집중〉 진행에 잘 투영했다.

"손석희는 제가 아는 한 절제력이 가장 뛰어난 방송인입니다. 흔히 언론 운동 경력을 들어 그가 편협하거나 투쟁적일 것으로 오해하는 시각도 있지만 실제로 그를 아는 사람들은 때때로 차갑게 느껴질 정도로 냉철한 그의 판단력에 놀랄 때가 많습니다."[6] 〈시선집중〉 정찬형 PD의 전언이다. 청취자도 손석희가 공정한 언론인이라는 말에 절대적으로 동의한다. 2010년 청취자 266명을 대상으로 설문조사를 한 결과, 62퍼센트가 손석희 하면 떠오르는 이미지로 공정함을 꼽았다. 이러한 그의 이미지는 〈시선집중〉의 공정성과 신뢰도 제고에 크게 기여했다.

〈시선집중〉이 다른 시사 프로그램을 압도하며 큰 인기를 얻는데 결정적 역할을 한 생방송 인터뷰는 손석희가 없었으면 불가능했을 것이다. 그는 논쟁을 전개하는 능력이 뛰어난 데다 인터뷰하는 사람의 권위와 논리에 휘말리지 않고 군더더기 없는 날카로운 질문을 던지는 실력이 단연 최고다. 빼어난 순발력과 다양한 분야의 지식을 활용해 대본에 의존하지 않고 답변 내용에 따라 즉각 대응하며 인터뷰를 진행하는 힘도 대단하다. 직설적 화법과 공격적 인터뷰 스타일로 사람들이 알고 싶어 하는 내용을 끝까지 이끌어내며 청취자를 몰입하게 만드는 역량도 타의 추종을 불허한다.

이뿐만 아니다. 손석희는 "어떻게 봐야 합니까?", "구체적으로 무엇입니까?", "이렇게 말씀하시는 겁니까?" 등 자주 쓰는 레토릭을 통해 별다른 주장을 하지 않으면서도 인터뷰하는 사람이 말하고자 하는 바를 정확하게 드러내는 재능 또한 탁월하다.[7] 정신의학과 전문의 정혜신은 "손석희의 멘트는 목표물을 향해 공중에서 일직선으로 내리꽂히는 매를 연상시킨다. 그만큼 간략하고 정확하다. '말하는 일'을 직업으로 가진 사람 중 손석희처럼 언어의 절제미를 보여주는 사람도 흔치 않다"[8]라고 평가한다.

또한 출연자가 아닌 청취자를 위해 1초라도 더 질문하고 알아내려고 최선을 다하는 손석희의 자세 역시 〈시선집중〉을 청취율·신뢰도 1위 프로그램으로 견인했다.

"마지막 1초까지도 인터뷰에 쓰고 싶다. 인터뷰 방식 등에 있어 문제를 제기해주시는 분이 간혹 있다. 불편하다는 분들도 계신데 사실 제 기본적인 생각은 진행자로서 인터뷰하러 나오신 분들의 의도에만 인터뷰를 맞춰서 할 수는 없는 입장이기 때문에 여러모로 다양한 접근을 할 수밖에 없다. 청취자분들께서 주신 권한으로 이 일을 하는 것이다. 때로는 인터뷰가 세게 나가는 듯 보이는 경우가 있지만, 결국은 청취자분들께서 주신 권한이라고 생각하고 주어진 시간 안에 최대한 많은 내용을 인터뷰에 담아내고자 노력하는 것이다."

엄격한 자기 관리와 철저한 준비 역시 〈시선집중〉 신화에 결정적 역할을 했다. 손석희는 2000년 10월 23일부터 2013년 5월 10일까지 13년 동안 〈시선집중〉을 진행하면서 2007·2011·2012년 한 번씩 폭설 등으로 세 번 지각한 것이 손에 꼽히는 방송 사고(?)의 전부다. 놀라운 자기 관리와 절제의 결과다. 2008년 12월 10일 10년 동안 라디오 프로그램을 진행한 공로로 MBC 브론즈마우스상을 받은 손석희는 시상식에서 "솔직히 지금도 제일 괴로운 것이 새벽에 일찍 일어나 쭈그리고 앉아 양말을 신을 때와 영하 10도로 내려가는 겨울날 시동 걸고 차 안에 있을 때"라고 말했다.

손석희는 〈시선집중〉의 성공 요인으로 정통 시사 저널리즘을 지향하며 당사자를 직접 인터뷰한 것과 MBC 라디오의 채널 파워, PD들의 헌신을 꼽았지만,[7] PD 및 작가를 포함한 제작진과 전문가, 청취자는 〈시선집중〉의 가장 큰 성공 요인으로 진행자 손석희를 꼽는다.

손석희는 〈시선집중〉을 통해 방송 인생을 다시 시작하고 저널리스트로서 확고한 입지를 구축했다. 또한 손석희의 뛰어난 실력과 남다른 열정으로 〈시선집중〉은 한국 방송사의 기념비적 프로그램이 됐으며, CBS 〈김현정의 뉴스쇼〉, 〈시사자키 정관용입니다〉, tbs 〈김어준의 뉴스공장〉, KBS 〈안녕하십니까 윤준호입니다〉, SBS 〈김성준의 시사전망대〉, YTN 〈김호성의 출발 새아침〉 등 만개한 라디오 시사 프로그램의 원전原典이 됐다.

13년 동안 최선을 다해 〈시선집중〉을 진행한 손석희에게 청취자들은 "손석희가 진행하는 〈시선집중〉을 들으면 정말 가슴이 시원하게 뚫린다"라며 신뢰를 보냈고, 전문가들은 "'차가운 머리와 따뜻한 가슴'을 지닌 손석희라는 진행자는 매력적인 생방송을 이끌어가는 데 가장 적격한 인물이다. 그의 논리정연한 차가운 머리는 인터뷰이에 향해 있다. 그와 동시에 가슴을 열어 청취자를 매 순간 따뜻하게 배려한다. 그는 우리가 궁금한 것, 알고 싶은 것을 때론 집요하게 때론 유쾌하게 물어봐준다. 따라서 그의 방송은 듣는 사람들에게 시원한 청량감을 제공한다. 그가 '생각보다 훨씬 차갑고 생각보다 훨씬 따뜻하다'는 평가를 받는 이유가 여기에 있다"[10]라고 평가했다.

손석희는 〈시선집중〉을 두고 "내 인생의 최고의 선택이었다"라고 말한다. 이 프로그램을 통해 손석희는 우리 시대 최고의 신뢰도와 영향력을 가진 언론인으로 우뚝 서며 모두가 닮고 싶어 하는 본보기가 됐다.

〈100분 토론〉,
어떻게 토론 프로그램의 전설이 되었나

"합의점을 찾는 '토의discussion'와 차이점을 드러내는 '논쟁debate'을 구분할 필요가 있다. 논쟁을 통해 너와 내가 얼마나 다른가를 아는 것만으로도 문제 해결의 반은 이룬 셈이다. 〈100분 토론〉이 그 역할을 했으면 한다."

1999년 10월 MBC 〈100분 토론〉 첫 방송 전에 제작진과 함께 만난 진행자 고故 정운영 경기대 교수의 말이다. 〈100분 토론〉의 성격을 드러낸 언명言明이었다.

'젊은 토론, 과감한 주제 선정, 고정관념을 깨는 토론'을 표방한 〈100분 토론〉은 1999년 10월 21일 첫 방송에서 《중앙일보》 홍석현 사장 구속으로 촉발된 《중앙일보》 사태와 언론 개혁을 주제로 토론을 진행했다. 1회부터 논란이 폭발했고 신문을 비롯한 언론업계의 비상한 관심을 끌었다.

1967년 TBC 〈동서남북〉이 TV 토론 프로그램의 역사를 열었고, 1987년 KBS 〈심야토론〉을 계기로 TV 토론 프로그램이 본격화했다. MBC 〈100분 토론〉은 현안과 이슈를 둘러싼 찬반양론이 긴장감 있게 전개되며 뜨거운 반응을 불러일으켰다. TV 토론 프로그램 열풍도 주도했다. 그 열풍은 정운영 교수와 유시민 시사평론가에 이어 손석희가 2002년 1월 18일부터 〈100분 토론〉 진행자로 나서면서 더욱 고조되었다.

〈100분 토론〉은 〈시선집중〉과 함께 손석희 방송 인생의 스펙트럼을 확장하고 언론인으로서 질적 도약을 꾀하게 해준 프로그램이다. 물론 〈100분 토론〉도 손석희의 진행으로 한국 방송을 대표하는 토론 프로그램의 전설로 자리 잡았다.

TV 토론은 전문가나 이해 당사자가 나와 논쟁이 되는 사안이나 이슈, 쟁점에 대해 다양한 정보를 제공하고 논쟁을 전개함으로써 시청자나 국민이 최선의 평가와 판단을 내릴 수 있도록 도와주는 프로그램이다. 또한 활발히 소통할 수 있는 장을 마련해 서로 대립하는 입장의 간극을 좁히거나 의견 차이를 드러내는 역할도 한다.

TV 토론 프로그램이 무엇이냐에 대해 다양한 시선이 존재한다. 먼저, 논란이 있는 이슈에 대해 대립 의견을 가진 토론자들이 자신의 논거와 증거를 바탕으로 상대를 설득하는 장으로 보는 입장[11]과 토론자 간의 대항이라는 상호 작용을 통해 사회적 합의나 공통

해결책, 또는 진실 발견에 이르는 과정으로 보는 시각[12]이 있다. 그리고 정보 교류와 사회적 합의 과정, 즉 대립보다는 상호 의견 교류의 마당으로 파악하는 견해[13]도 있다.

　TV 토론 프로그램은 시민사회의 다양한 입장을 개진하는 포럼이라는 열린 문화 공간의 형태로 민주 담론을 형성하고 대안적인 공론의 장을 조성해 우리 사회의 민주주의에 크게 기여한다. 물론 독일 사회학자 위르겐 하버마스Jürgen Habermas처럼 TV 토론 프로그램이 더 이상 시민이 자유롭게 관여하는 진정한 공적 토론의 장이 아니라 단순히 홍보를 하고 시민을 수동적 관객으로 만들어 정치에서 멀어지게 하는 유사 공론장pseudo-public sphere으로 전락했다고 비판하는 학자도 있다.

　〈100분 토론〉을 비롯한 한국 방송사의 TV 토론 프로그램은 토론자가 2~3명씩 찬반 양쪽으로 나뉘어 진행자가 토론을 이끌어가는 형태가 주류를 이룬다. 먼저 진행자가 토론 주제와 관련한 사항을 차례로 토론자들에게 질의하고 토론자 간에 질문과 답변이 오가며 논쟁이 전개된 후 진행자가 마지막 정리 발언을 하는 것으로 토론이 구성된다.

　TV 토론의 성패는 사회적 관심과 논란을 불러일으키는 의제를 적절한 시점에 쟁점화하고 심층적으로 논쟁·평가·분석하는 데 달려 있다. 진행자와 토론자가 토론 주제와 관련한 내용을 얼마나 효과적으로 시청자에게 전달했는지에 따라 토론 프로그램의 반응과 평가

가 달라진다.[14]

　TV 토론 프로그램의 성격과 완성도, 시청자의 관심과 평가를 좌우하는 결정적인 요소 중 하나가 토론을 이끌어가는 진행자다. 시청자는 방송사의 성향이나 토론 내용, 주제, 토론 프로그램의 구성 및 연출, 토론자보다는 진행자를 보고 토론 프로그램을 선택하는 경향이 강하다. 토론 프로그램의 진행자는 주제를 잘 살릴 수 있도록 토론을 이끌어야 하고 토론자의 입장이 잘 개진되고 원활하게 소통될 수 있도록 해야 한다. 그러기 위해서는 가장 중요한 공정성뿐만 아니라 주제 장악력, 전문성과 신뢰성, 조정 능력을 갖춰야 한다. 또한 토론자에게 발언 기회와 시간을 적절하게 주고 주제를 제때 전환하며 불명확한 부분은 분명하게 부연 설명해야 한다. 이 밖에도 토론자의 의견과 토론 내용을 요약·정리하고 갈등을 중재할 수 있어야 하는 등 다양한 토론 진행 능력을 갖춰야 한다.

　손석희는 〈100분 토론〉 진행자로 나서며 "대통령 선거 등을 앞두고 토론 프로그램 진행을 맡는 게 부담된다. 진행자로서 균형 감각을 유지해 최대한 공정성을 지키며 토론을 활성화하는 데 힘을 쏟겠다"라는 각오를 밝혔다. 그리고 2002년 1월 18일 첫 방송부터 2009년 11월 19일 방송까지 8년여간 〈100분 토론〉을 이끌며 공정성과 신뢰성, 전문성, 토론 진행 능력 등을 두루 갖춘 토론 프로그램 최고 진행자로 인정받았다.

　그는 위기 대처 능력과 토론 정리 능력이 탁월해 토론 프로그램을 긴장감 있게 유기적으로 잘 진행했고 철저한 준비와 노력으로 토론 주제와 내용을 장악해 토론이 주제에서 벗어나지 않도록 했다.

무엇보다 손석희는 2003년 6월 교육행정정보시스템NEIS을 주제로 총 4시간 51분 동안 끝장 토론을 벌인 것을 비롯해 찬반이 첨예하게 대립하는 사회·정치·경제·문화 이슈를 다루는 상황에서 당파성을 띠지 않고 중립적인 시각으로 토론을 이끌어갔다. 단순한 산술적·기계적 형평성을 뛰어넘은 고도의 균형성이었다.

이 때문에 〈100분 토론〉의 손석희는 진행자로서 시청자뿐만 아니라 전문가에게도 좋은 점수를 받았다. 정재철 단국대 교수는 "손석희의 〈100분 토론〉은 한국 사회의 토론 문화 정착에 크게 기여하고 토론 문화를 개척한 프로그램이다. 손석희 교수는 그만한 수준을 지닌 진행자가 있나 싶을 정도로 양쪽 토론자들을 언제나 잘 끌어내는 등 가장 뛰어난 진행자였다"[15]라고 평가했다. 〈100분 토론〉을 연출한 이영배 PD는 "손석희 교수의 순발력은 탁월하다. 논란을 일으킬 발언에도 뛰어나게 대처한다. 뭐가 중요하고 중요하지 않은지의 토론의 맥을 확실히 꿰고 있다"[16]라고 상찬했다. 언론인 고종석은 "손석희는 '얼음 왕자'라는 별명을 지닌 모양인데, 그것을 그의 진지함과 공정성에 대한 찬사로 해석해도 좋을 것이다. 토론의 흐름이 곁길로 새지 않도록 적절히 제어하면서도 패널이나 시청자에게 깍듯한 예의를 갖춘다는 점에서, 그는 특급 진행자다"[17]라며 극찬했다. 변호사 부경복은 "손석희는 주장보다는 사실을 먼저 말하고, 상대방의 말을 경청하고 그 말로 상대방을 검증한다. 서로 다른 생각들을 관대하게 수용하고, 주장하는 사람에게 말하게 한 뒤 사실 검증의 장에서 싸우게 하는 등 뛰어난 화법 실력을 가졌다. 손석희는 말 잘하기의 가장 좋은 교재인 진행자"라고 분석했다.

그러나 보수 진영과 일부 전문가는 손석희의 토론 프로그램 진행이 편파적이고 불공정하다는 비난을 줄기차게 퍼부었다. "손석희는 보수 측 패널의 발언에 대해 끊임없이 비판하는 역할을 하고 진행자로서 전문성을 키우는 대신 말초적 쾌감만을 주는 데 주력한다." 보수 논객 변희재의 힐난이다. 보수 단체와 일부 정치인도 손석희가 좌파적 당파성으로 〈100분 토론〉을 좌파 중심의 토론으로 이끌어나간다고 주장했다.

손석희는 2009년 10월 22일 〈100분 토론〉 시청자 게시판에 "7년 10개월 전에 제가 게시판에 올린 첫 글에 '저는 어떠한 정치적 당파성으로부터도 자유롭습니다'라고 썼습니다. 저는 지난 8년 가까운 시간 동안 〈100분 토론〉을 진행하면서 이 약속을 크게 어긴 적은 없다고 감히 말씀드리고 싶습니다"라는 의견을 개진하며 당파성 견지 주장을 반박했다.

손석희는 〈100분 토론〉이 특정 정파를 홍보하고 선전하는 장으로 전락해 여론 조작을 일삼는 마당이 되거나 시민의 관심이 멀어지는 것을 용납하지 않았다. 대신 합리적이고 비판적인 토론을 위한 통로로서 진정한 공론의 장이 되도록 최선을 다했다. 이 때문에 손석희가 당파성을 가졌다면 그것은 시청자의 대표성일 것이라는 주장[20]에 공감하는 전문가와 시청자가 많다.

일부 전문가는 〈100분 토론〉과 진행자 손석희에게서 토론을 토론답지 못하게 하는 형식주의나 활발한 토론을 가로막는 기계적인 중립성이 종종 드러난다는 비판[21]을 제기하기도 한다.

손석희는 "토론 프로그램에서도 내 입장은 '중립'이어야 한다. 진행자가 기계는 아니므로 쉬운 일은 아니다. 논쟁이 되는 사안에 이해관계가 걸린 사람들은 내가 어느 쪽인가를 가늠하기 위해 신경을 곤두세운다. 이십 년 동안 중립을 훈련받아왔지만, 의심의(?) 눈초리는 늘 존재한다. 내 입장에서 볼 때 토론 진행은 '당신은 틀렸다'고 외치고 싶은 유혹과의 싸움의 연속이다. 그래서 때로 '중립을 잘 지켰다'는 말은 '중립임을 잘 가장했다'는 말과 통하는 게 아닐까 생각하기도 한다"[22]라고 말했다.

8년간 〈100분 토론〉을 이끌며 토론 프로그램의 전설을 만든 손석희는 "내가 생각하기에 토론은 서로의 다름을 드러내놓고 그것의 정당성을 객관적 근거를 통해 입증하는 것이며 종국에는 합의를 이루지 못하더라도 그 다름을 인정하는 것이다. 자신과 자신의 진영만을 만족시키는 일방적 소통의 카타르시스 커뮤니케이션(배설 커뮤니케이션)이 진정한 토론과 소통을 어렵게 만든다"[23]라며 토론의 의미와 어려움을 토로하기도 했다.

그러나 〈100분 토론〉의 전설은 2009년 11월 19일 "진행자 자리는 내려놓지만, 머릿속에서 토론이라는 말은 놓치지 않을 것입니다. 항상 밤늦게까지 함께해주시며 〈100분 토론〉이라는 공론의 장을 함께해준 시청자 여러분에게 감사드립니다"라는 손석희의 멘트로 막을 내리고 말았다. 손석희가 떠난 이후 "손석희 없는 〈100분 토론〉은 상상할 수 없다"라는 시청자들의 우려가 현실이 됐기 때문이다. 손석희가 떠난 〈100분 토론〉은 쇠락의 길을 걸었고 사이비 공론의 장으로 전락했다는 비판에 직면했다. 손석희 이후 권재홍, 신동호, 정연국, 박용찬 등이 진행자로 나섰지만, 토론 내용 및 주제를 장악하고 소화하는 능력이 크게 떨어져 진행이 산만해졌고 다양한 의견과 정보의 제공이라는 토론 프로그램의 본질을 망각한 채 특정 입장만을 두둔하며 편파적으로 진행을 하는 등 각종 문제점이 드러났다. 무엇보다 설득이라기보다는 토론자의 억지에 가까운 편파적 주장과 일방적 입장만이 배설되고 자극적인 막말이 횡행하며 '소통'이 아닌 '소탕'을 위한 〈100분 토론〉으로 전락해 시청자의 외면을 불러왔다. 손석희의 하차로 인한 〈100분 토론〉의 추락은 한국의 TV 토론 프로그램 전반에 대한 무관심을 초래했다.

1967년 TBC 〈동서남북〉으로 TV 토론 프로그램의 역사가 열린 이후 〈100분 토론〉만큼 뜨거운 화제와 뉴스가 된 토론 프로그램은 없었다. 〈100분 토론〉은 토론 문화가 척박하고 보수·진보의 진영 논리가 견고하게 자리한 한국 사회에서 공론의 장 역할을 했으며, 토론을 활성화하고 민주주의 발전에 기여해 토론 프로그램의 신화가 됐다. 공정성과 중립성, 전문성, 신뢰성, 뛰어난 진행 실력으로 무장한 손석희가 8년 동안 〈100분 토론〉을 이끌어왔기에 가능한 전설이었다. 〈100분 토론〉의 명성과 신뢰, 시청자의 관심은 손석희의 하차와 함께 사라졌다. 하지만 〈100분 토론〉의 전설과 진행자 손석희의 존재는 토론 프로그램이 사라지지 않는 한 시청자의 뇌리에 쭉 남아 있을 것이다.

40대 국장,
22년 재직한 MBC를 떠나다

2005년 2월 25일 MBC 사장에 취임한 최문순의 후속 인사는 파격 그 자체였다. 지방사 사장을 끝으로 방송인 생활을 마무리하는 관행을 깨고, 울산 MBC 사장이었던 스타 예능 PD 출신 신종인을 부사장으로, 〈제1공화국〉, 〈제2공화국〉, 〈3김 시대〉 등 선 굵은 드라마를 연출하고 EBS 사장을 역임한 고석만을 제작본부장으로 영입했다. 뉴미디어가 쏟아지고 매체가 급증하는데 광고 시장은 정체된 상황에서 방송사의 생존은 질 좋은 콘텐츠가 좌우한다며 콘텐츠 제일주의를 내건 최문순 사장의 공언이 인사로 드러났다.

2005년 2월 28일 단행된 국장단 인사도 파격의 연속이었다. 누구도 전혀 예상치 못한 충격적 국장 인사의 주역은 〈느낌표!〉, 〈칭찬합시다〉 등을 만든 스타 연출자이자 차장에서 부장 대우로 승진한

지 보름 만에 예능국장이 된 46세의 김영희 PD와 뛰어난 교양 프로그램 진행자이자 탁월한 뉴스 앵커로 활약하며 스타 방송인으로 부상해 아나운서국장이 된 49세의 손석희였다. MBC의 40대 국장 시대가 열렸다. 방송계에선 50대 중반의 직원이 국장에 보임되는 관행이 있어서인지 연공서열을 파괴한 인사라는 의견이 지배적이었지만, 대부분 김영희 PD의 뛰어난 연출력과 성과 그리고 손석희의 높은 영향력과 신뢰도, 탁월한 진행 능력을 인정하며 두 사람의 국장 승진을 수긍했다.

전국언론노조 MBC 본부는 "인사가 최문순 사장이 공언했던 대로 연공서열의 파괴와 과감한 발탁을 뼈대로 하고 있다. 우리는 이러한 인사가 능력 본위, 일 중심의 조직을 만들어나가는 데 첫 단추가 될 수 있기를 기대한다"라는 긍정적인 입장을 내놨다.

1984년 아나운서로 입사한 손석희는 1987년 보도국 사회부 기자로 보직이 변경돼 서울시청을 출입하며 취재했다. 1989년 아나운서국에 다시 복귀한 뒤 1997년 차장 대우에 오르고 1999년 차장으로 승진했다. 2002년 아나운서 2부 부장, 2003년 아나운서 1부 부장을 거쳐 입사 21년 만인 2005년 아나운서국 수장인 국장이 됐다.

손석희는 국장 승진에 대해 "방송사는 일반 기업과 달라서 직함의 영향이 크지 않다. 보직 맡는 걸 심부름이라고 생각하는 경향도 있고, 방송 생활에는 달라질 게 없다. 미래에 대해서는, 난 구체적인 계획을 세워놓고 사는 스타일이 아니다"[24]라며 담담한 반응을 보였다.

하지만 아나운서와 PD 등 MBC 직원뿐만 아니라 시청자들도 손석희의 아나운서국장 승진에 환영과 지지를 보냈다. 시청자들은 손석희의 국장 승진이 〈뉴스데스크〉 앵커, 〈시선집중〉과 〈100분 토론〉 진행자 등으로 21년 동안 최고의 실력을 보여주고 높은 영향력과 신뢰도를 쌓은 것에 대한 인정이자 '손석희'라는 브랜드 가치를 제대로 평가받은 것이라고 인식했다. 또한 손석희의 국장 승진이 MBC의 영향력과 신뢰도 상승에 기여할 것으로 판단했다.

MBC 아나운서들 역시 손석희의 국장 승진에 열렬하게 반응했다. 손석희가 MBC 아나운서의 존재감과 위상을 높였을 뿐만 아니라 변화된 미디어 환경에서 아나운서의 전문화 등을 주장하며 경쟁력 제고에 힘썼기 때문이다. 손석희는 방송계 안팎에서 제기되는 아나운서의 역할 축소론에 대해 방송 환경의 변화와 아나운서 직무에 대한 몰이해에서 비롯한 잘못된 인식이라고 반박했다. 또한 아나운서는 단지 진행에만 숙련된 기능인이 아닌 전문인이 되어야 한다고 강조하며 경쟁력과 전문성 제고에 집중해 아나운서국을 운영했다.

"'정칙'이 있어야 '변칙'이 빛날 수 있기에 아나운서들은 아무리 세월이 지나도 정칙을 추구해야 한다고 생각한다. 정칙은 프로그램의 기술자가 아닌 전문가, 즉 예능 프로그램, 교양 프로그램, 뉴스 프로그램의 전문가로서의 이미지를 의미한다. MBC 아나운서는 정칙을 벗어나지 않을 것이다. 프로그램의 시청률을 위해서 아나운서의 이미지를 일회성으로 망가뜨리는 것은 옳지 않다."

손석희는 솔선수범하며 멘트 작성, 프로그램 진행 방식 등 방송인으로서 갖춰야 할 실력과 언론인으로서 가져야 할 자세를 혹독하게 지도하고 교육했다. 또한 아나운서의 존재감과 대외적 이미지를 제고하고 스타 아나운서를 만들기 위해 아나운서 웹 매거진《언어운사》를 창간하기도 했다.

서현진 전 MBC 아나운서는 "손석희 국장은 아나운서의 전문적 역할을 강조하고 경쟁력을 제고할 수 있도록 아나운서 이미지와 특성에 맞는 프로그램 출연 확대를 꾀했고 대학원 진학 등 공부 기회를 많이 부여했다"라고 말한다.

손석희 국장 시절 〈뉴스데스크〉 앵커로 명성을 날린 박혜진을 비롯해 최윤영, 오상진, 문지애, 서현진, 최현정, 손정은 등 수많은 스타 아나운서들이 배출됐고, 아나운서 지망생들은 MBC를 가장 가고 싶은 방송사로 꼽았다. 또한 MBC 아나운서들이 방송 민주화와 언론의 공정성을 위한 실천과 노조 활동에 남다른 열정을 보인 것도 손석희 국장의 영향과 무관하지 않다.

그런데 2006년 1월, 조직을 관리하는 아나운서국장으로, 또 방송사의 공영성과 신뢰도, 브랜드 가치를 높인 〈시선집중〉과 〈100분 토론〉의 진행자로 맹활약하며 MBC의 상징이 된 손석희가 방송사를 떠난다는 충격적인 소식이 방송계를 강타했다.

정치권으로 진출한다는 근거 없는 루머가 난무했다. 그 가운데

2006년 1월에 만난 손석희는 "정치권 진출 소문은 사실무근이다. 정치할 생각은 눈곱만치도 없다. 성신여대로부터 교수 제의를 받고 많은 고민을 하고 있다. 학생을 가르치는 일도 방송만큼 중요하다고 생각한다. 사의를 표명했는데 회사 입장이 결정되지 않은 상태다"라고 말했다.

MBC 최문순 사장을 비롯한 경영진이 나서서 사의를 번복하도록 총력을 기울였지만, 손석희의 입장은 확고했다. 신종인 부사장은 "손석희 국장이 회사를 나가는 것은 단순히 한 사람이 그만둔다는 의미가 아니지 않나. MBC 정체성과 브랜드의 상징적 인물인 데다 회사에 기여도가 워낙 높아 손석희 국장을 잔류시키기 위해 많은 노력을 했지만, 소용없었다. 학교로 옮기더라도 손석희의 분신이라고 할 수 있는 〈시선집중〉과 〈100분 토론〉 진행은 계속 맡길 것이다"라고 했다.

손석희를 〈시선집중〉 진행자로 발탁한 정찬형 라디오본부장은 "손석희 국장이 교수로 갈 경우 MBC에서 언론인으로서 누렸던 자유를 확보할 수 있을지 걱정돼 처음에는 많이 만류했다. 학교 법인이기는 하지만 재단 소속이라 언론인으로서 위축 요소나 추돌 요소가 있을 수 있어 걱정한 측면이 있었다"라며 언론인으로서의 위상과 역량이 축소될 것을 우려해 손석희의 성신여대행을 반대했다.

하지만 결국 손석희는 2006년 2월 16일 22년간 근무했던 MBC를 떠나 성신여대 교수로 자리를 옮겼다. 시청자들은 손석희의

MBC 사직을 아쉬워하면서도 그가 방송인으로서 쌓은 명성과 인기를 발판으로 정치에 나서는 대신 가치 있는 학생 교육에 나섰다는 것, 〈시선집중〉과 〈100분 토론〉을 통해 계속 만날 수 있다는 것에 의미를 부여하며 성신여대행에 박수를 보냈다.

"평소에도 학생들과 함께하는 것을 좋아하셨다. 가르치는 일을 좋아하고 즐기셨기 때문에 언젠가 대학으로 가실 줄 알았고, 후배로서 잘된 일이라 생각한다. 그 시기가 빠른 것 같아 아쉽지만, 앞으로도 응원하겠다." 김주하를 비롯한 MBC 아나운서들은 아쉬움을 표하면서도 교수로 나설 손석희를 성원했다.

MBC 직원으로서 마지막으로 근무한 2006년 2월 16일 기자 간담회장에서 만난 손석희는 "대학교로 가는 것은 우발적인 선택이 아니라 오래전부터 생각한 문제다. 다만 MBC 직원으로서 다 끝내고 기회가 있으면 갈까 아니면 방송과 강의를 병행할 수 있는 때 갈까 고민했는데, 기회가 생각보다 빨리 와서 고민하다 어렵게 결정했다"라며 MBC 사직 이유가 오롯이 대학 강의라는 점을 분명히 했다. 손석희는 방송을 더 오래 잘하기 위해 대학교행을 선택했다는 말도 덧붙였다. 자신의 길이 관리 쪽이 아니라 방송 현장이라고 생각하고 회사 안에서 방송만 계속하는 게 어디까지 가능할 것인지, 어떤 형태로 해야 하는지 고민하던 차에 성신여대 측에서 제의가 왔고 강의를 하면서 방송을 계속할 수 있겠다는 판단에 대학교로의 전직을 결정했다.

"어려운 시기였던 1984년 방송사에 들어와 고민을 많이 했는데 나름대로 생존해 운이 좋았다는 생각을 한다. 시청자들도 많은 격려와 지지를 보내주셔서 나는 행복한 아나운서였다."

손석희는 성신여대로 자리를 옮긴 뒤에도 〈100분 토론〉을 2009년 11월 19일까지 진행했고 〈시선집중〉을 2013년 5월 10일까지 이끌며 MBC와의 인연을 이어갔다.

손석희는 MBC 노조가 2012년 공정방송과 김재철 사장 퇴진을 요구하며 170일간 벌인 파업을 MBC 아나운서가 아닌 성신여대 교수로서 지켜봤다. 이용마 기자를 비롯한 노조 간부들의 해고, 손정은·허일후·박경추·강재영 등 후배 아나운서들이 아나운서국에서 쫓겨나 마이크를 잡지 못하는 현실, 박혜진·오상진·문지애·최현정·서현진·김소영 등 후배 아나운서들의 줄 이은 사직을 목도했다. 그리고 공정성과 신뢰도가 추락한 MBC의 현실을 직시했다.

MBC를 정권의 나팔수로 만들어 방송사의 공정성과 신뢰도, 영향력을 추락시킨 김장겸 사장 등 경영진 퇴진을 요구하며 2017년 9월 4일부터 72일간 이어진 노조 파업에 대해서도 "'언론의 정도'와 '저널리즘의 책무'를 다하면 된다. 민영 언론들도 그렇게 하려고 하는데 공영방송이 그러지 못하면 안 되는 것 아닌가. 파업이란 것이 시작하긴 쉬운데 끝내기가 어렵다는 말이 있다. 모쪼록 그 끝에 가서는 훗날 다시 파업에 들어가는 일이 없도록 잘 마무리됐으면 한다. 내 동기들이야 모두 회사를 떠났지만, 내 바로 밑의 후배들은 젊은 시절부터 지금 머리가 반백이 돼서도 파업 현장에 있으니 그 광경을 보는 나도 착잡하다"[25]라며 안타까움을 드러냈다. 손석희는 공영방송의 구조와 시스템이 개선돼 정치적으로나 경제적으로 늘 압박의 대상이 되는 '공영방송의 사나운 팔자'[26]가 끝났으면 한다는 간절한 바람을 평소에도 자주 피력해왔다.

30년을 일하고 떠나왔어도 "MBC는 내 고향"이라는 손석희는 MBC에 여전히 애정이 많다. JTBC 보도부문 사장으로 자리를 옮기고 메인 뉴스 〈뉴스룸〉 앵커로 나선 뒤에도 'MBC맨' 타이틀이 사라지지 않는 것에 대해 "부담스럽지 않습니다. MBC는 절 규정해온 존재입니다. 전 'MBC맨'이었다는 것에 누구보다도 자부심을 느낍니다. 그만큼 MBC는 좋은 조직이었고 자율성과 역동성이 넘쳤습니다. 일하는 기간으로 보자면 JTBC에 있는 시간이 훨씬 더 짧겠지만, 전 JTBC가 그런 조직으로 발전해갔으면 하고, 또 제가 거기에 기여하길 바랍니다"[27]라며 MBC에 대한 애정과 자부심을 드러냈다.

MBC는 형식상 공영방송이면서도 경영은 민영방송 모델을 따르는 독특한 방송 조직 문화 속에서 저널리스트의 개성을 살려주었고, 실력 있고 호감 가는 저널리스트에게 더 많은 기회를 제공했다. 스타 저널리스트 손석희는 이러한 MBC 조직 문화의 산물[28]이라고도 볼 수 있다. 손석희는 22년간의 아나운서 재직과 〈100분 토론〉, 〈시선집중〉 진행을 포함해 MBC에서 했던 30년간의 활동을 통해 대체 불가 최고 경쟁력의 방송인이 됐다.

"그간 MBC가 언론사로서 충실했기 때문에 훌륭한 선배 손석희 사장이 나왔다고 생각한다. 다른 방송사에서도 열심히 하고 있는 걸 보면서 MBC맨으로 자부심을 느낀다"라는 〈뉴스데스크〉 앵커 손정은의 말처럼, MBC 후배들에게 손석희는 MBC의 상징이자 자부심으로 자리 잡았다.

4부
교수 손석희와 사장 손석희

성신여대 교수에서 JTBC 사장으로: 2006~2013년

손석희 교수,
학생들을 만나다

"와아!" 100여 명의 학생이 함성을 지른다. 그리고 휴대폰으로 사진을 찍는 데 여념이 없다. 기자들의 취재와 카메라 세례까지 더해져 강의실 열기가 무척 뜨겁다. "수업 시간이니 휴대폰은 내려놓으세요"라는 단호한 당부와 함께 교수는 "저에 대해 아시나요?"라고 질문을 던진다. 설렘과 흥분, 긴장을 감추지 못하던 학생들은 일제히 "네!"라고 큰 소리로 대답한다. 교수의 일거수일투족에 학생들의 호기심 어린 시선이 집중된다.

"우리는 어찌 보면 동지입니다. 저는 22년간 MBC에서 아나운서로 재직하다가 얼마 전 퇴사하고 이제 교수로 다시 시작하는 입장이고 여러분도 이제 대학교 새내기로 들어와 첫 시작을 하는 셈이니까요."

손석희가 성신여대 문화정보학부 교수로서 첫 모습을 보인 2006년 3월 6일 오후 3시, 성신여대 수정관 740호 강의실의 '방송사 입문' 수업 풍경이다. 스타 방송인, 손석희 성신여대 교수의 첫 강의는 학생들의 기대와 호기심, 언론의 취재 열기 속에 진행됐다.

2006년 벽두부터 사직설이 나돈 손석희가 정치인으로 변신할 것이라는 소문이 서울 여의도 방송가와 정치권에 파다하게 퍼졌다. 깨끗한 이미지와 뛰어난 실력으로 시청자의 신뢰를 받는 손석희를 영입하면 그 효과는 이전 다른 언론인들의 정치 입문과 비교가 안 될 정도로 클 것이었기에 여당과 야당 모두 지대한 관심을 보였다. 정계 진출설이 나돈 직후 손석희는 "정치권으로 가는 일은 0.000001 퍼센트의 가능성도 없다. 학생들을 가르치는 것은 방송만큼 큰 의미가 있다"라며 성신여대 교수로의 전직 사실을 공식적으로 밝혔다. 성신여대도 "손석희 국장의 풍부한 방송 경험과 뛰어난 식견, 지명도 등을 고려해 정교수로 임용하게 됐고, 2006년 3월부터 강의를 시작할 예정이다"라고 발표했다.

성신여대는 손석희가 처음으로 강의한 대학은 아니다. MBC 아나운서로 재직하면서 2000년부터 2005년까지 성균관대학교 신문방송학과와 연세대학교 신문방송학과 겸임 교수로 대학 강단에 섰다. 성균관대에서는 '정보사회론', '대중매체론', '대중매체의 이해', '정보통제론', '미디어 사회학' 등을 강의했고, 연세대에서는 '쟁점과 토론' 수업을 진행했다. 성균관대와 연세대에서 손석희의 강의는 수

강신청 1~2분 만에 마감될 정도로 인기가 많았고 학생들의 강의 평가도 매우 호의적이었다.[1]

　　손석희가 성신여대로 자리를 옮긴 직후 "유명인을 교수로 초빙하기 위해 대학 측은 새로운 학과와 학부를 신설하는 것도 마다하지 않는다. 대표적인 케이스가 성신여대다. 성신여대는 손석희 아나운서를 교수로 초빙하기 위해 미디어커뮤니케이션학과를 신설했다. 손 교수는 MBC에서 대학으로 자리를 옮기며 곧바로 정교수와 학부장 자리를 보장받았다. 투자 대비 효과는 만족스럽다는 게 학교 측의 반응이다. 성신여대 교수란 타이틀을 걸고 활동하는 것만으로도 학교 이미지 상승에 큰 영향을 미치기 때문이란다"[2] 같은 언론 보도가 잇따랐다. 일부 언론과 학교는 스타 방송인 손석희의 대중성 덕분에 홍보 효과가 높아 대학 인지도와 학생 지원율이 높아질 것이라고 예단했다. 또한 일부에선 방송을 병행하기 때문에 강의가 부실할 거라고 우려하기도 했다.

　　손석희를 몰라서 나온 보도이고 반응이다. 결론적으로 말하면 손석희의 영입 효과는 대학 인지도 상승보다는 철저한 수업과 내실 있는 강의, 실력 있는 학생 배출로 나타났다. 손석희는 성신여대 문화정보학부가 처음 만들어진 학과라는 점에 관심이 많았다. "다 만들어진 곳에 가는 것보다 새로 시작하고 싶었다"라는 손석희는 강의 커리큘럼, 연구 방향, 교수진 구성을 직접 했다.[3]

　　반은 방송인, 반은 교수인 '반인반수' 생활로 강의가 부실할 거라는 염려 또한 기우였다. "많은 분이 걱정하신다. 내가 투자해야 할 시간의 총량은 비슷하다. 국장 맡은 이후에도 학교 강의를 계속했다. 산술적인 계산으로 보면 일에 대한 시간 총량은 비슷하다. 자기 관리의 문제인데, 기울어짐 없이 할 생각이다. 외부인의 신분으로 강의할 때는 부담이 커서 정말 열심히 했다. 이제 전임이 됐지만, 외부인이었을 때 가졌던 치열함이 떨어져서는 안 되겠다고 스스로 약속했다"[4]라는 다짐을 강의실에서 실천했다. 손석희는 오전에 방송국에 있다가 점심 이후 곧바로 학교로 직행했고, 토요일과 일요일에는 하루 종일 학교 연구실에 틀어박혀 강의를 준비했다.[5]

피도 눈물도 없이 혹독하고 매몰차게 방송사 후배들을 교육시켜 생긴 손석희의 악명이 성신여대 수업에서도 재현됐다. 13년 동안 생방송으로 〈시선집중〉을 진행하며 폭설 등 천재지변으로 세 번 지각한 것 외에 단 한 차례도 방송 펑크를 내지 않았던 초인적 성실함이 '화법의 원리', '대중매체의 이해', '말하기와 토론', '저널리즘 쟁점과 토론' 등 성신여대 강의에서도 잘 드러났다.

손석희의 철저함과 성실함은 2006년 3월 6일 '방송사입문' 첫 수업부터 나타났다. 보통 첫 수업은 수업 개요와 교재 소개 정도만 하고 빨리 끝내는 경우가 대부분이지만, 손석희는 첫 강의부터 3시간 수업을 꽉 채워 끝냈다.

손석희의 성신여대 강의는 '3무無'와 '3다多'로 유명했다. 휴강·결강이 없고 지각이 없으며 정해진 수업 시간보다 일찍 끝나는 일이 없었던 반면, 수강 신청자와 청강생, 과제, 실기가 많았다.

손석희가 학부장으로 부임하면서 강조한 것은 '이론과 실제가 어우러지는 커리큘럼'이었다. 또한 학생이 주도적으로 참여하는 수업을 지향했다. 현장 경험을 살린 노하우와 꾸준히 공부해온 전문 이론이 병존하는 강의에 학생들은 뜨거운 호응을 보냈다.

배우와 가수, PD, 기자 등 방송·언론계에 있는 유명인이 대학 강의를 하면 경험과 실무의 단순 나열과 신변잡기로 일관하는 알맹이 없는 수업으로 논란이 일거나 지탄받는 경우가 많다. 하지만 손석희의 강의는 심도 있는 이론과 현장 경험이 조화를 이뤄 학생들의 호평을 받았다.

온라인 커뮤니티에 올라 화제가 되며 인터넷에 대량 유통됐던 '말하기와 토론'의 2009년 1학기 강의 계획서를 보면 손석희 수업의 구성과 진행 방식을 곧바로 알 수 있다. "'화법의 원리'를 들은 학생들이 오기를 권장합니다. 이 수업은 토론이 중심입니다. '화법의 원리'에서 여러 분야의 화법을 다뤘다면 이 수업은 논증과 논박을 중심으로 한 토론으로 이뤄집니다. 조 대 조의 토론으로 서로 끊임없이 모니터링 합니다. 비판받는 것에 익숙해지는 것이 비판하는 것만큼 중요합니다. 그렇게 함으로써 말로 소통하는 사회에서 보다 더 합리적 인간이 될 수 있는 것이라 믿습니다. (…) 토론은 늘 지적 긴장감을 주는 것이고 이 수업에서는 그 긴장감을 즐길 수 있는 기회를 갖는 것이니까요. 이 수업이 '말하기와 토하기'로 소문났다고 들었습니다. 그건 수업을 거쳐간 학생들이 갖는 뿌듯함의 또 다른 표현이라고 생각합니다."

일반 수업과 함께 평소 학생들이 만나기 힘든 방송사 PD, 아나운서, 신문사 기자 등 방송·언론계 종사자의 특강도 정기적으로 병행해 학생들에게 다양한 경험과 이론을 접할 기회를 제공했다. 이 밖에 학생들의 과제나 발표를 예리하게 비평해 학생들이 문제점을 즉각적이고 구체적으로 개선할 수 있게 했다.

성신여대에서 2007년부터 2010년까지 4년간 빠지지 않고 손석희의 수업을 들은 한 학생은 "손석희 교수의 수업 수강신청은 몇 초 만에 마감됐다. 너무 힘들어서 한 번 듣고 안 듣는 학생들도 많았다. 과목 이름 중 하나가 '말하기와 토론'이었는데 '말하기와 토하기' 수업에 가까웠다"라고 말했다. 수강을 원하는 학생이 너무 많아 수강신청에 애를 먹었다는 또 다른 학생은 "과제가 많았어요. 수업도 꽉 채워서 하셨고요. 그런데 과제가 힘들다기보다는 재미있었어요. 실습이나 실무와 관련된 과제가 많았습니다"라고 언급했다.

손석희 교수의 수업 특강을 한 뒤 만난 학생들도 비슷한 반응을 보였다. 학생들은 "손석희 교수님이 워낙 유명해서 호기심에 무턱대고 수업을 신청했는데 강의 내용과 과제가 많고 발표 내용에 대해 꼼꼼하게 지도해줘 많이 힘들었습니다. 하지만 수업이 워낙 알차 대학 생활과 진로 결정에 큰 도움이 됐습니다"라며 최고의 방송인이기도 하지만 최고의 교수이기도 하다고 입을 모았다.

손석희의 혹독하고 철저한 강의는 학생들의 실력 향상으로 이어졌다. '말하기와 토론'을 전공 필수로 배운 '손석희의 학생들'은 토론 프로그램에서 두각을 나타냈다. 성신여대팀은 미디어커뮤니케이션학과 창립 3년 만인 2010년 8월 펼쳐진 tvN 〈백지연의 끝장토론-대학 토론배틀〉 결승전에서 명지대팀을 누르고 우승을 차지했다. 서울대, 고려대 등 전국 362개 대학팀이 참여한 대회였다. 성신여대팀은 날카로운 지적과 설득력 있는 논리로 눈길을 끌며 추상적인 내용보다는 경험을 바탕으로 아는 것만 이야기해 설득력을 높였다는 심사위원들의 찬사를 받았다.

손석희의 강의로 방송 및 언론계에 진출하려는 학생도 늘어났다. 무엇보다 적지 않은 학생이 손석희의 수업을 통해 자신감과 자존감을 갖고 삶을 주체적으로 개척해나가는 자세를 지니게 됐다.

2013년 5월 9일 성신여대와 학생들은 큰 충격을 받았다. 대학교와 학생들의 자랑이자 자부심이었던 손석희가 종편 JTBC 보도부문 사장을 맡아 성신여대를 떠난다는 보도[8]가 나왔기 때문이다. 반신반의하던 학생들은 2013년 5월 10일 JTBC행을 공식적으로 밝힌 〈시선집중〉 클로징 멘트를 듣고 나서야 성신여대 사직을 사실로 받아들이며 아쉬워했다.

일부 보수 인사와 언론은 학기 중에 학교를 그만두는 것은 무책임한 행동이라는 비난을 쏟아냈다.[9] 이 역시 손석희를 잘 모르고 나온 반응이고 보도였다. 대학에 사직서를 내고 2013년 5월 13일부터 JTBC에 출근했지만, 대학 강의는 계속했다. "'당연히' 이번 학기는 마무리한다. 학교와도 이미 이야기가 된 사항이다." 손석희의 설명이다. 손석희는 강의 계획서대로 강의를 진행하고 한 학기를 차질 없이 마무리한 뒤 성신여대 교수 생활을 마감했다.

2006년 3월부터 재직한 성신여대를 7년 만에 떠났다. "마지막까지 수업 듣느라 수고하셨습니다. 놀랐을 텐데 반갑게 맞아주셔서 감사했습니다." 인사를 하며 떠나는 손석희에게 학생들은 아쉬워하면서도 앞으로 갈 길에 응원을 보냈다. 학생들은 하나둘 스마트폰을 꺼내 마지막 강의를 마친 손석희와 함께 사진을 찍었다. 수업을 듣지 않는 학생들도 달려와 그와 포즈를 취하며 말했다. "손석희 교수님은 우리가 만난 최고의 교수님이었다. JTBC로 가셔도 열심히 성원하겠다"라고.

손석희의 하차와
〈시선집중〉·〈100분 토론〉의 몰락

드디어 퍼즐이 맞춰졌다. 2009년 이명박 정부 때 국가정보원이 작성한 〈라디오 시사프로 편파방송 실태〉 보고서가 보도됐다. 국정원이 2010년에 만든 〈MBC 정상화 전략 및 추진방안〉 보고서와 'MB 정부 시기의 문화·연예계 정부 비판 세력 퇴출 건'에 대한 조사 결과도 공개됐다. 그리고 박근혜 정부의 〈문화예술인 블랙리스트〉 등 방송 장악 관련 문건들도 폭로됐다. 높은 청취율을 기록하고 전문가와 청취자의 호평이 잇따랐는데도 왜 손석희가 〈시선집중〉에서 물러났는지에 대한 의문이 마침내 명확하게 풀렸다. 시청자의 열띤 지지와 토론 프로그램의 새 지평을 열었다는 평가에도 불구하고 왜 손석희가 〈100분 토론〉에서 하차했어야 했는지에 대한 의혹도 확실하게 밝혀졌다. 동시에 손석희가 〈100분 토론〉과 〈시선집중〉에서 하차하기 전후 방송사 측이 밝힌 궁색한 해명이 모두 거짓이었다는 사실도 명백하게 드러났다.

언론이 보도한 이명박 정부의 국정원 보고서 〈라디오 시사프로 편파방송 실태〉에는 〈시선집중〉을 비롯한 라디오 시사 프로그램들에 대한 사찰 내용과 좌편향 출연자·진행자 퇴출 활동 등 노골적인 방송 개입 정황이 상세히 담겨 있다.[10] 국정원 개혁위원회가 2017년 9~10월 공개한 이명박 정부의 〈MBC 정상화 전략 및 추진방안〉 보고서와 박근혜 정부의 〈문화예술인 블랙리스트〉 등 방송 장악 관련 문건에는 노영勞營방송 잔재 청산, 고강도 인적 쇄신, 편파 프로그램 퇴출 등 정부 비판적인 프로그램의 퇴출 이행 방안과 손석희, 김미화, 성경섭, 김성수, 김종배 등의 진행자 및 출연자 교체 관련 내용이 적시됐다.

이명박 정부는 2008년 광우병 소고기 방송으로 전 국민의 저항을 불러일으키며 정권에 타격을 준 MBC 〈PD수첩〉에 대한 방송통신심의위원회의 중징계와 제작진 검찰 수사를 시작으로 MBC 탄압을 본격화했다.

엄기영 MBC 사장이 2009년 9월 프로그램의 외부 진행자 교체 가능성을 언급하자 노조는 긴급 성명을 통해 "엄기영 사장은 방송문화진흥회(이사장 김우룡) 일부 이사가 요구하고 있는 〈PD수첩〉 재조사에 응하고 극우 보수 단체들이 문제 삼은 일부 프로그램 진행자를 사내 인사로 교체하겠다는 의사를 사내외 수차례 표명한 것으로 알려졌다"라며 〈100분 토론〉에서 손석희를 퇴출할 경우 좌시하지 않겠다고 경고했다.

노조, PD, 아나운서 등 사내의 거센 반발과 시청자의 열띤 지지로 〈100분 토론〉에서 손석희를 퇴출하는 것이 여의치 않자 회사 측에선 고액 출연료설과 편파 진행설을 언론에 흘리며 진행자 교체 추진에 정치적 이유가 없다고 강변했다. 회사 측의 손석희 퇴출 움직임이 본격화하자 MBC 노조는 "'신경민 앵커가 나갔으니 다음은 손석희가 나갈 차례'라는 극우 단체들의 환호가 채 사라지기도 전에 사측이 스스로 나서서 〈100분 토론〉 진행자 교체설에 군불을 지피는 데는 할 말을 잃는다"라며 손석희 교체 시도를 즉각 중단하라고 요구했다.

회사 측에서 내건 직접적인 명분은 고액 출연료였지만, 손석희의 〈100분 토론〉 출연료는 다른 진행자에 비해 절대 많은 것이 아니었다. 손석희는 2006년 MBC를 사직하고 프리랜서 선언 후 3년째 출연료를 회당 200만 원으로 동결했다. 손석희가 신뢰도 1위, 영향력 1위 언론인으로 오랫동안 자리매김해온 점과 유재석이 회당 1,000만 원을 받는다는 사실을 고려하면 손석희의 출연료는 결코 고액이 아니었다.[11]

방송사 안팎으로 〈100분 토론〉 진행자 교체설이 나돌며 시청자의 반대 목소리가 터져 나오던 2009년 10월 초순, 손석희는 "고민하고 있다. 아직 결정된 사항은 없다. 조만간 태도를 결정하겠다"라고 신중한 입장을 보였다. 그리고 2009년 10월 22일 〈100분 토론〉 게시판에 "일부에선 저의 퇴진 문제를 논하면서, 편향된 면은 있었지만, 퇴진시키는 것도 문제가 있다고 주장하는 걸 봤습니다. 물론 관점에 따라 다를 수 있습니다만, 자칫 이것은 인상 비평에 지나지 않을 수 있다는 생각을 갖지 않을 수 없습니다. 제가 실제로 그랬다면 〈100분 토론〉이 오늘날 대표적 토론 프로그램으로 자리 잡기 어려웠을 것입니다. 토론 진행자로서 허물이 없을 순 없겠지만 8년을 진행하고 물러나면서 가질 수 있는 이 정도의 자부심은 허락해주시길 부탁드립니다"라는 글을 올렸다. 퇴진 문제 공론화로 제작진에게 부담을 주기 싫다며 하차 의사를 공식 표명한 것이다.

손석희는 2009년 11월 19일 방송을 마지막으로 〈100분 토론〉을 떠났다. 손석희의 하차는 시청자들의 거센 반발과 〈100분 토론〉의 거침없는 추락을 불러왔다.

이명박·박근혜 정부의 〈시선집중〉 탄압도 구체적으로 실행됐다. 이명박 정부는 좌파 바이러스의 진원지 역할을 한다며 〈시선집중〉을 집중 사찰하고 전방위적으로 외압을 가했다. 진행자 손석희에 대한 직접적인 통제는 그의 영향력과 신뢰도, 인기를 고려했을 때 오히려 역풍을 맞을 가능성이 높아 시도하지 않았다. 대신 7년 동안 '뉴스브리핑' 코너를 맡아온 시사평론가 김종배를 전격 하차시켰다. 또한 '사회적 쟁점이나 이해관계가 첨예하게 대립한 사안에 대하여 특정인이나 특정 단체의 의견을 공개적으로 지지 또는 반대하거나 유리 또는 불리하게 하는 발언이나 행위로 인하여 회사의 공정성이나 명예와 위신을 손상하는 경우 고정 출연을 제한할 수 있다'라는 법적 근거도 없는 해괴망측한 방송심의 규정을 억지로 만들어 사회 비판적 발언을 하는 배우 김여진의 고정 출연을 막는 등 손석희를 우회적으로 압박했다.

이명박 정부에 이어 박근혜 정부도 MBC를 비롯한 방송사 장악에 힘을 기울였다. 세월호 특별법 제정에 찬성하고 야당 대선 후보를 지지했다는 이유로 김제동, 송강호, 김혜수 등 1만여 명에 가까운 〈문화예술인 블랙리스트〉를 만들어 방송 출연을 배제시키는 등 탄압하고 차별했다. 또한 세월호 참사처럼 정권에 불리한 내용을 내보내지 못하도록 집요하게 방송을 통제했다.

박근혜 정부가 들어서면서 MBC 경영진은 막 나갔다. 외압에 의한 아이템 교체가 단 한 번도 없었던 〈시선집중〉에서 방송 직전 아이템이 변경되고 제작진과 진행자도 모르게 토요일 방송이 폐지되는 등 탄압이 갈수록 심해졌다. 〈시선집중〉의 박정욱 PD는 "김재철 전 사장 이후로 프로그램에 대한 지속적 압박이 있었다. 2012년 말에는 박근혜 대통령 당선 직후 박지원 당시 민주통합당 의원을 섭외해 원내대표를 마감하는 소감을 들으려고 했는데 방송 전날 밤 출연 불가 통보를 받았다. 박지원 건은 아이템 관철이 안 된 첫 사례였다. 또한 〈시선집중〉 토요일 방송이 갑자기 제작진과 진행자 손석희 교수와 상의도 없이 간부진의 일방적인 지시로 전격 폐지됐다. 손

교수가 보직 부장에게 강력하게 항의했지만, 해명을 듣지 못했다. 손석희 교수는 이대로는 버틸 수 없다고 판단하셨던 것 같다. 그 후 두 달 뒤 MBC를 떠났다"라고 밝혔다.[12]

이명박 정부의 외압과 경영진 탄압을 견디며 〈시선집중〉을 진행하던 손석희는 박근혜 정권하에서 김종국 MBC 사장 체제가 들어서자 신변을 정리했다. 2013년 5월 9일 JTBC 보도부문 사장을 맡아 성신여대에 사직서를 제출했다는 보도가 나온 직후 이뤄진 통화에서 손석희는 "새 술은 새 부대에 담아야 한다. MBC에 새로운 사장(김종국)이 오면서 그만둘 생각을 했다. 앞으로 지켜봐달라"라고 당부했다. 그리고 2013년 5월 10일 방송을 끝으로 13년을 이끌어온 자신의 분신이나 다름없는 〈시선집중〉에서 하차했다. "13년 동안 쉼 없이 새벽을 달려왔습니다. 시작이 있으면 끝이 있다는 것이 평소의 저의 생각이었습니다. 정론의 저널리즘을 제 의지로 한번 실천해보기 위해 떠납니다. 훗날 좋은 평가를 받도록 노력하겠습니다"라는 마지막 클로징 멘트로 〈시선집중〉 13년의 대장정을 마무리했다. MBC 아나운서로 22년, 교수와 진행자로 8년 등 MBC와의 30년 인연이 끝나는 순간이었다.

진행자가 신동호로 바뀌자 13년 동안 청취율 1위, 신뢰도 1위를 지켜온 〈시선집중〉은 바닥으로 추락했다. 편파성 논란에 휩싸이며 라디오 저널리즘의 역할마저 제대로 수행하지 못하고 청취자의 외면과 비판만을 불러왔다.

손석희의 하차가 불러온 〈100분 토론〉과 〈시선집중〉의 몰락은 한국 방송사에 한 획을 그으며 새로운 지평을 연 프로그램을 부당한 정치권력과 정권의 하수인으로 전락한 방송사 경영진이 어떻게 망가뜨렸는지를 적나라하게 보여주는 증거 그 자체다.

　　토론 문화가 척박한 한국 사회에서 토론을 활성화하고 민주주의의 공론의 장 역할까지 수행한 〈100분 토론〉, 사회적 약자와 소수자를 대변하고 성역 없이 정치권력과 자본에 날카로운 감시와 비판의 메스를 가한 〈시선집중〉은 그 가치와 경쟁력이 엄청났다. 이 같은 명성과 인기를 가능하게 만든 이가 진행자 손석희다.

　　그러나 정권과 방송사 경영진은 권력에 순응하지 않고 비판과 감시의 시선을 놓지 않는다는 이유로 국민에게 폭넓은 사랑을 받는 손석희를 〈시선집중〉과 〈100분 토론〉에서 강제 하차시켰다. 이명박·박근혜 정권은 인사 개입, 상시적인 감시 감독, 국정원을 비롯한 국가기관 활용, 방송 아이템 규제와 간섭, 댓글 부대를 이용한 여론 조작, 블랙리스트[13] 등을 총동원해 언론을 직간접적으로 통제함으로써 손석희의 방송 퇴출을 시도했다.

　　부정한 권력이 주도한 손석희 하차가 불러온 두 프로그램의 몰락은 방송사에 길이 남을 오점이자 전파의 주인인 국민에게 큰 손실을 안긴 폭거였다. 언론 자유가 극도로 위축됐고, 비판과 감시 기능이 거세되어 언론사와 권력에 순응하는 언론인이 양산되었다. 국민의 언론 불신도 커졌다. 이러한 시민의 불신은 방송과 신문이 외면받고 있는 현실과 더불어 박근혜 대통령 탄핵을 이끈 촛불집회 현장에서 집단적으로 표출된 언론사 비판에서 너무나도 쉽게 확인할 수 있다.

언론사의 역할은 정부의 권력 남용이나 오용을 감시 및 고발하고 대통령을 비롯한 권력자나 정부 관리의 과오와 실정을 비판하는 것이다. 정부의 언론사 탄압은 결국 정권의 부패와 타락, 민주주의 후퇴로 이어졌다. 손석희 등 비판적 언론인과 언론사를 탄압한 이명박 정권은 국정원의 선거 및 정치 개입, 민간인 사찰 등 무수한 불법을 저지르며 민주주의 퇴행을 불러왔다. 급기야 이명박 대통령은 퇴임 후 직권남용과 권리행사 방해, 뇌물 및 국고손실, 정치자금법 위반 등 16개 혐의로 기소돼 법정에 서며 무능하고 부정한 지도자로 추락했다. 박근혜 정권 역시 최순실의 국정농단부터 〈문화예술인 블랙리스트〉 작성과 실행까지 권력 부패와 타락의 극치를 보여 탄핵으로 파면되는 비극적 상황을 맞이했다.

"늙을 때까지 진행하고 싶다"라던 〈시선집중〉과 〈100분 토론〉을 떠난 손석희는 JTBC행을 택했다. 그는 정파와 진영 논리에 매몰되지 않는 공정성, 사회적 약자 대변과 권력 및 자본 비판, 팩트 확인과 진실 추구 등 〈시선집중〉과 〈100분 토론〉을 진행하면서 견지했던 자세를 JTBC와 〈뉴스룸〉에 투영했다. 그 결과 JTBC는 국민적 신뢰와 영향력을 획득했고, MBC는 시청자에게 외면받으며 추하게 몰락하고 말았다.

JTBC 사장으로
간다고!

배신과 변절이라며 분노의 목소리가 터져 나왔다. 실망스럽지만 지켜보자는 관망적 의견도 제기됐다. 당위와 규범보다 현실이 힘을 발휘하는 시대적 상황이니 개인의 선택을 존중하자는 주장도 있었다. 긍정적 변화와 개선이 생길지 모른다는 기대도 표명됐다. 2013년 5월 9일 한 언론인이 택한 행보에 대한 반응은 이처럼 스펙트럼이 넓고 뜨거웠다.

손석희가 종편 JTBC 보도부문 사장으로 간다는 보도를 처음 접하고 반신반의하는 사람이 많았다. 이내 질타와 성원, 기대와 우려를 비롯한 양극단의 반응이 펼쳐졌다. 아나운서이자 앵커, 진행자, 방송학자로서 30여 년간 바른 언론인의 길을 걸어온 손석희의 이미지와 2009년 신문과 방송 겸영을 골자로 한 미디어법 날치기 통과로 2011년 12월 1일 출범해 편파·왜곡 방송으로 '사회악'이라 비판받은 종편의 부정적 이미지가 정면으로 충돌해 나타난 결과다.

권력과 자본에 대한 언론의 비판 기능을 그 누구보다 중요시하고 방송의 공정성을 금과옥조로 여긴 언론인 손석희가 '하루 종일 편파 방송을 하기에 종편이라 부른다'라는 극단적 비아냥까지 듣는 종편을 선택했기 때문에 나타난 반향이었다.

여론 다양성 훼손, 건강한 미디어 생태계 교란 등의 이유로 야당과 시민단체, 시청자가 모두 반대했지만 결국 2009년 한나라당의 날치기로 미디어법이 통과되었다. 이 법을 발판으로 채널 배정, 의무전송 등 온갖 특혜 의혹 속에 2011년 12월 1일 종편이 첫 방송을 시작했다. 이후 '조중동매' 종편, TV조선, JTBC, 채널A, MBN은 친권력·친자본적 방송과 자극적이고 선정적인 질 낮은 프로그램으로 시청자의 비판과 폐지 요구에 시달렸다.

종편을 지속적으로 비판해온 진보 진영은 손석희의 JTBC행에 매서운 비판과 극단의 비난을 쏟아냈다. 김서중 성공회대 교수는 "개인의 선택이긴 하지만 종편의 사회적 의미와 손 교수의 상징적 의미를 고려하면 잘못된 선택으로 보인다. 손석희 교수가 JTBC를 변화시키기보다는 손 교수의 이미지가 깎이는 결과만 남을 것이다"[14]라고 우려를 표했다. 언론연대 대표 전규찬 교수는 "내게 손석희의 종편행은 말 그대로 배신이다. 동의할 수 없는 처신이자 배신이다. 부정한 탄생의 역사를 지닌 종편에서 '정론'의 길을 간다? 답해보라. JTBC 보도부문은 지난 대선에서 다른 종편의 악으로부터 얼마나 거리를 두고 '정론'을 펼쳤던가. 손석희의 말과 행동은 설득력을 갖지 못한다. 현실의 변명이고 사실의 은폐다"[15]라고 강력하게 비판했다.

또한 강성남 전국언론노조 위원장도 "한두 사람이 들어간다고 해서, 구조가 바뀌지는 않는다. 만약 진짜로 가능하다고 생각했다면, 본인 능력에 대한 과대평가다. JTBC가 손 교수 영입을 통해서 콘텐츠 차별화를 시도하려는 것 같은데, 마케팅을 위한 수단일 뿐 종편의 본색은 바뀌지 않는다. 검은색 잉크에 하얀 물방울을 넣는다고 하더라도 전체적인 색깔이 바뀌지는 않는다. 손석희 교수의 JTBC행에 대해 딱히 크게 의미를 부여하고 싶지는 않다. 좋은 조건에 직장을 옮긴 것이고, 이 조건이 손석희 교수에겐 MBC를 사랑하는 마음보다 더 컸던 것이다"[16]라고 질타했다.

심지어 MBC 후배 기자였던 이상호와 박구용 전남대 교수는 "종편이 현실이 되었으니 배척하는 것보다 수준을 높이는 게 현실적이지 않겠느냐"라는 손석희의 발언을 두고 매국노 이완용 등 친일파를 빗댄 극단적인 비난까지 퍼부었다. 이상호 기자는 "일제강점기 이완용이 원래 독립협회 위원장으로 독립문 건립을 주도한 양반이잖아요. 하지만 일제를 '현실'로 인정한 순간, 나라를 팔아넘긴 매국노가 된 거죠. 아닌 건 아니라고, 현실을 인정하지 않은 사람들은 조국을 등지고 만주로, 상해로 넘어가 칼 맞고 총 맞아가며 투쟁했고, 결국 그분들 덕에 나라를 되찾은 거 아닙니까. 언론의 세계에서는 다만 '옳은 건 옳은 것'일 뿐입니다. '현실적으로' 옳은 건 없습니다. 그런 점에서 손석희 선배가 제기한 현실론은 비판받아 마땅하다는 게 제 주장입니다"라고[17] 직격탄을 날렸다.

박구용 교수 역시 "손석희 교수가 삼성에 사적私的으로 예속되어 있는 무력 집단인 JTBC의 사병私兵 지휘관, 곧 삼성가의 가병家兵이 되었다. 균형 잡힌 판단력으로 공적公的 담론을 이끌어왔던 그였기에 충격이 만만치 않다. (…) 그(손석희)처럼 야만적 현실을 인정하기보다 인정할 수 있는 현실을 위해 싸우는 사람들을 기만하는 현실론으로 이완용이 나라를 팔았고 이광수가 문학을 팔았다. 그리고 또 흑과 백을 뒤집으며 수많은 변절자들이 흑백논리의 저편에서 자신을 변론했다. 나도 끝없이 변절하지만, 그 변절로 세상을 바꾸겠다는 사기는 못 친다"[18]라고 비난했다.

반면 손석희의 선택에 아쉬움과 존중의 의사를 표명하는 사람들도 있었다. MBC에서 해고된 《뉴스타파》의 최승호 PD(2019년 현 MBC 사장)는 2013년 5월 9일 트위터에서 "공영방송을 떠나야 할 사람들은 날로 욱일승천이고 지켜야 할 사람은 떠나는 현실. 서글픈 날입니다. 그래도 지킬 사람은 끝까지 지켜야지요"라며 손석희의 JTBC행에 안타까움을 표명했다. 또한 진중권 동양대 교수는 2013년 5월 10일 트위터를 통해 "손석희 씨는 객관적이고 중립적인 진행으로 그 자리를 지켜왔던 것. 개인적 선택, 존중해드려야죠. 세상을 선

악의 이분법으로 바라보지 않았으면 좋겠습니다"라며 손석희의 개인적 선택을 존중하고 지켜보자는 관망적 입장을 보였다. 그러면서 "김재철 체제의 연장이나 다름없는 MBC보다는 차라리 JTBC가 낫다고 판단한 모양이죠. 결국 '손석희가 바꾸느냐, 손석희가 바뀌느냐'의 문제인데 어차피 종편인 이상 보수적인 성향이 바뀌기는 힘들 겁니다"라고 비관적 전망을 내비치기도 했다. MBC 앵커 출신 방송인 최일구는 2013년 6월 10일 방송된 tvN 〈택시〉에 출연해 "주변에서 많은 사람이 손석희 선배가 종편으로 옮긴 것에 대해 어떻게 생각하느냐고 물었다. 나는 개인의 결정을 존중한다고 말했다. 본인도 얼마나 고민을 많이 했겠나. 고민 끝에 내린 결론이었을 것이다"라고 말했다.

청취자와 시청자, 팬 중에서도 손석희를 비판하는 사람이 압도적으로 많았지만, 적지 않은 사람이 손석희의 30여 년 언론인 행보를 믿는다며 JTBC에서도 언론인 역할을 잘 수행할 것이라는 기대와 함께 성원을 보냈다.

손석희의 JTBC행을 언론인의 성격과 정체성 변화에서 초래된 현상으로 바라보는 시선과 거대 언론 자본의 흡수로 보는 시선도 있었다.

《미디어스》 김완 기자는 "명예와 명성으로 언론인의 존재가 규정되던 시절은 이제 정말 지나갔는지 모른다. 언론인을 신념과 당위의 체계에서 노동과 활동의 중간적 위치의 관찰자로 표상하던 시절은 이제 완전히 끝났다. 당대의 언론인들은 그런 차원의 매트릭스에서 살고 있지 않다. 어떤 사람들이 여전히 그걸 원하지만, 그 매트릭스가 붕괴될 때 그들은 별다른 도움이 되지 않았다. 한국 사회에서 가장 영민한 언론인 가운데 한 명인 손석희는 '언젠가 회복'이 아닌 '최악을 차악으로 바꾸는 일'이 더 빠르다고 판단했다. 이에 대해 정의감 넘치는 '도덕적 비판'을 하는 것의 의미는 정말 무엇일까?"[19]라며 손석희의 JTBC행을 언론인의 역할과 성격 변화라는 관점에서 파악했다.

손석희의 JTBC행을 개인적 선택의 차원이 아닌 언론 재벌의 종편 영입이라는 차원에서 보고 비판적 시선을 표명한 견해도 있었다. 《프레시안》 박세열 기자는 "손석희의 개인적 결단은 크게 중요한 문제가 아니다. 그가 얼마나 고뇌했고 어느 정도 고민했는지는 손석희의 '팬'들이 고민할 일일 뿐이다. 손석희를 비난하고 MBC를 욕하는 것은 쉽지만, 이는 전체적인 상황을 이해하는 데 도움이 되지 않는다. JTBC라는 방송이 누구 소유인지는 온 천하가 다 아는 사실이기 때문이다. 그런 의미에서 이번 사건은 손석희가 종편을 택한 사건이라기보다는 종편이 손석희를 삼킨 사건이다"[20]라고 분석했다.

이런 거센 비판과 반론이 충분히 예상되고 자칫하면 30년간 언론인으로 쌓아온 명성이 한순간에 무너질 수도 있는데, 손석희는 왜 JTBC행을 택한 것일까. 손석희는 JTBC에 첫 출근한 2013년 5월 13일 보도자료를 통해 "우리 사회의 가장 큰 문제는 보수와 진보의 양 진영 간 골이 점점 깊어진다는 것인데 언론이 그 간극을 메우는 역할을 해야 한다는 문제의식을 갖고 있었다. JTBC가 공정하고 균형 잡힌 정론으로서 역할을 하는 데 일조할 수 있다면 큰 보람이며, 결국 그 길이 저 개인뿐만 아니라 JTBC의 성공이 아닐까 생각한다"라고 JTBC를 선택한 이유를 밝혔다.

손석희는 《한국일보》[21], 《한겨레》[22], 《시사IN》[23] 등 언론과의 인터뷰에서도 "언론이라는 게 흔히 얘기하기를 사회통합기능이 있어야 한다고 한다. 저널리즘의 역할이 깊게 파인 한국 사회의 골을 메우는 것이라면 (…) 그 갈등을 해결까지는 못 해도 합리적 대안을 제시하고 완화하는 역할을 해야 한다. (…) JTBC가 여러 한계를 갖고 있지만, 제가 보기엔 가능하면 합리적인 목소리를 담아내려는 노력이 내재돼 있다. 제가 생각하는 방향으로 도전해볼 만한 곳이라고 생각했다"라고 JTBC행의 이유를 또 한 번 설명했다.

'이명박 정권이 저지른 반칙의 산물', '정치적 사생아', '사회악', '권력과 자본의 나팔수', '조중동 종편'이라는 비판을 받는 종편에 대해서도 입장을 표명했다. "한동안 벗어나기 어려울 것이다. 억지로 벗어나려고 한다 해도 그 틀이 쉽게 허물어지는 건 아니지 않나. 낙관할 수 없으니 노력을 하겠다는 것이다. JTBC와 《중앙일보》는 한 묶음으로 가지는 않을 것이다. 제가 신경 쓰는 건 JTBC의 보도다. JTBC에서 정론의 저널리즘을 펼쳐보겠다. 팩트는 팩트대로 인정하고 가치관이 부딪치는 사안은 균형 있게 다루겠다. JTBC 출근 첫날 부장단 회의에서 균형, 공정, 팩트, 품위라는 네 가지 뉴스 원칙을 말했다. 삼성을 포함해 어떤 문제든 이 원칙에서 예외가 없다고 생각한다." 이처럼 손석희는 정론 저널리즘 실천으로 종편에 대한 부정적인 인식을 정면 돌파하고 극복하겠다고 다시 한 번 강조했다.

JTBC에서 정론 저널리즘 실현에 실패하고 여론 다양성 훼손 같은 종편의 폐해를 극복하지 못한다면 어떻게 할 것이냐는 질문에는 "나는 그냥 실패한 언론인이 되는 것이다. 실패한 언론인이 되지 않으려고 노력하는 것인데, 정말 내 뜻과 달리 내가 여기서 생각한 것을 못 하고 실패하면 나는 그냥 실패한 언론인으로 기억될 것이다. 시도했다는 것만으로도 의미를 갖는다면 좋겠지만, 실패하면 사람들은 시도의 의미조차 잊어버릴 것이다. 만약 실패한다면 그것도 감수해야 한다고 본다"라며 결연한 자세를 보였다.

그렇다면 보수적 색채가 강한 《중앙일보》와 JTBC를 소유한 홍석현 회장은 매체 이미지와 충돌할 수 있는 손석희를 왜 영입한 것일까.

홍석현 회장은 "JTBC를 개국할 때 방송의 색깔을 고민하지 않은 것은 아닙니다. 열린 보수를 지향하며 진보적 성향의 글들이 많이 실리기도 하지만 《중앙일보》의 색깔은 보수에 더 가까운 게 사실입니다. 같은 그룹에 있으니 방송도 같은 노선을 취해야 할까요? 저는 그런 것을 생각하지 않기로 했습니다. 진보냐 보수냐가 중요한 게 아니라, '최고의 인재와 함께 가는 방송이 되자'를 먼저 생각했습니다. 최고의 인재란 좋은 스펙을 지닌 인재가 아니라 어떤 어려움이 닥쳐도 바른 생각과 바른 행동을 할 수 있는 사람을 말합니다.

JTBC 간판 뉴스를 진행하고 있는 손석희 사장에 대한 영입도 그런 차원에서 이뤄졌습니다. 손 사장이라면 어느 쪽에도 치우치지 않는 공정한 보도에 가장 적합한 인물이라는 판단이 들었습니다"[24]라고 영입 이유를 밝혔다. 또한 손석희의 칼럼, 자신을 집요하게 취재하는 모습, 주변의 평판 등을 보고 그의 상징성, 일류 의식, 프로페셔널리즘을 높이 사 어렵게 영입했다고 말하기도 했다.[25]

물론 홍석현 회장의 손석희 영입에 대해 손석희라는 브랜드를 내세워 다른 종편 채널인 TV조선, 채널A와 차별화하고 자본 소유의 언론이 갖는 문제점을 은폐하며 더 나아가 재벌 자본주의를 수용하게 하려는 고도의 전략이라는 비판도 제기된다.

2013년 5월 9일 JTBC행을 결정했다는 언론 보도 직후 이뤄진 전화 통화에서 손석희는 "지켜봐달라"라는 당부만을 몇 번이고 반복했다. 이후 손석희는 세월호 참사 보도, 최순실 태블릿 PC를 비롯한 박근혜 국정농단 보도, 삼성 보도를 통해 정치권력과 자본권력을 비판 및 감시하고 시민사회의 편에서 정론 저널리즘을 묵묵히 실천하며 JTBC행에 쏟아진 엄청난 비판과 비난을 찬사와 지지로 돌려놨다. 또한 종편 JTBC에 대한 부정적인 인식을 불식시키며 방송계에 지각 변동을 일으켰을 뿐만 아니라 언론계 판도를 뒤흔들었다. 그리고 JTBC를 신뢰도·영향력 1위 매체로 부상시켰다. 물론 무수한 시청자와 전문가의 우려와 비판을 불러온 JTBC행 이후에도 손석희는 여전히 국민에게 신뢰받는 언론인의 위상을 굳건하게 지키고 있다.

5부
TV 화면 밖의 모습들

삶과 가족 그리고 꿈: 1956년~현재

소년
그리고 청년 손석희

손석희는 영향력과 신뢰도 높은 언론인이다. 그리고 대중의 사랑을 받는 방송 스타다. '스타'란 단순히 경의를 표하는 말이 아니다. 스타는 굉장한 지위에 오른 방송인과 연예인을 지칭하거나 이름 하나만으로 흥행(시청률)을 담보할 정도로 대중적 소구력이 높은 이들이다. 프로그램 등 미디어 텍스트 내에서의 캐릭터와 미디어 안팎에서 유통되는 사적 정보가 조합돼 대중이 선호하는 이미지를 구축한 이들도 스타라는 이름을 얻는다. 스타 여부를 결정하는 가장 큰 요소가 인기도다.[1]

손석희는 이름 하나만으로 시청자를 TV 앞으로 끌어당기는 우리 시대 최고의 인기 방송인이다. 팬과 대중은 스타에 대해 많은 것을 알고 싶어 하고 스타의 일거수일투족에 시선을 집중한다. 스타에 대한 분석적 내지 종합적 지식을 구성하려는 것이 아니라 가십과 소문, 언행에 대한 정보를 모두 긁어모으려 한다. 또한 방송·연예 관련 기자나 PD들은 방송보다는 스타에, 스타보다는 그의 사생활에 더 관심이 많다.

가족, 유년 시절과 청년 시절, 의상과 헤어스타일, 취미와 문화 예술 취향, 연애와 결혼, 성격과 라이프스타일 등 스타에 대한 정보와 가십은 단순한 실생활을 신화로, 신화를 실생활로 바꾸는 기능을 할 뿐만 아니라 대중의 채워질 수 없는 호기심을 어느 정도 충족시킨다.[2]

대중과 팬은 방송 스타 손석희가 앵커와 진행자로서 한 방송 활동뿐만 아니라 성장 과정과 청소년 시절, 성격, 연애와 결혼, 가족, 패션, 취향과 취미, 인간관계, 소비 생활 등 그의 사생활에도 관심과 호기심을 보인다.

손석희는 사적인 정보가 잘 알려지지 않은 방송인으로 유명하다. 사적인 내용에 대한 인터뷰는 거의 하지 않는다. 일과 관련된 공식 인터뷰도 매우 드문 일이지만, 인터뷰에서도 사적 영역은 좀처럼 언급하지 않는다.

"내가 방송을 제외한 타 매체에 얼굴 들이밀기를 좋아하지 않는 까닭이 있다. 내가 직업상 얼굴을 내놓고 지낼 뿐이지 그 외 어떤 방법으로도 나를 알릴 필요가 없기 때문이다. 동시에 대중의 호기심을 충족시켜야 할 의무도 내겐 없다."[3]

대중에게 알려진 단편적이고 지엽적인 손석희의 사생활은 대부분 지인의 입을 통한 뒤 풍문을 거쳐 윤색돼 인터넷에 대량 유통되면서 기정사실화된 것이 많다. 심지어 손석희의 저서『풀종다리의 노래』중 어린 시절 도벽이 있어 아버지에게 훈육받은 일화를 극우단체가 극단적으로 왜곡해 사실과 전혀 다르게 전파한 것처럼 사실무근인 정보도 적지 않다.

유년·소년·청년 시절을 알면 그 사람을 더욱 잘 이해할 수 있다. 삶은 세월 따라 변화하지만 그 삶을 관통하는 세계관과 가치관, 스타일, 성격, 습관은 어려서부터 오랜 시간에 걸쳐 구축돼 좀처럼 변하지 않기 때문이다. 유년기와 청소년기의 시대 상황과 사건은 사람의 성격과 가치관, 진로에 큰 영향을 준다. 또한 물고기 비늘에 바다가 스미는 것처럼 인간의 몸에는 사회의 시간이 새겨진다.[4]

손석희는 한국전쟁 직후인 1955년부터 가족계획 정책이 시행된 1963년 사이에 태어나 1970년대 말에서 1980년대 초중반에 사회생활을 시작하며 한국 경제발전에 큰 역할을 한 전형적인 베이비부머 세대로, 산업화와 민주화가 이뤄진 격동의 현대사 속에서 유년 및 청년 시절을 보냈다.

손석희는 1956년 서울에서 출생했다. 육사 7기생으로 직업군인인 아버지와 어머니 사이에서 2남 1녀 중 장남으로 태어났다. 한 살 터울의 누나와 두 살 아래의 남동생이 있다.『풀종다리의 노래』에서 밝힌 유년과 청소년 시절의 손석희는 아버지가 5·16 쿠데타 직전에 전역하고 시작한 양수기 사업 등이 연이어 실패하면서 수십 번 이사해야 했을 정도로 생활이 어려웠지만 시대와 사회에 대한 감수성은 예민했다.

서울 중앙극장 근처에 살던 손석희는 다섯 살 때 1960년 4·19 혁명을 목격한다. 그는 이 혁명을 명동성당 옆 성모병원에서 시위하던 가톨릭 의대생들이 총에 맞아 죽은 동료의 시신을 둘러메다 하얀 가운에 묻힌 새빨간 피로 기억한다. 1년 뒤 일어난 5·16 쿠데타는 중앙극장 앞 트럭에서 내린 군인들의 카키색 군복 색깔로 각인됐다. 아홉 살 되던 1964년에 발생한 6·3 사태는 동국대생 시위대를 향해 쏜 경찰의 최루탄과 대학생들이 흔든 태극기로 뇌리에 박혔다. 서라벌중에 다니던 1969년에 있었던 박정희 대통령의 삼선개헌 투표는 "그래도 그 사람밖에 없잖아? 한 번쯤 더 하면 어때?"라는 체념한 어른들의 굴욕적인 두 문장으로 기억에 남아 있다. 휘문고 1학년 때인 1972년 10월 17일 박정희 대통령이 단행한 초헌법 조치, 유신은 청와대 쪽을 향해 "각하! 만수무강하시옵소서"라고 절하며 조롱했던 사회 선생의 모습으로 등치된다.

고등학생 손석희는 1974년 10월 24일 《동아일보》의 편집국·출판국 기자 180여 명이 모여 "우리는 오늘날 우리 사회가 처한 미증유의 난국을 극복할 수 있는 길이 언론의 자유로운 활동에 있음을 선언한다"라고 자유언론실천선언을 한 뒤[5] 박정희 정권이 기업을 협박해 《동아일보》에서 광고가 사라졌을 때 격려 광고를 내기도 했다.

1979년 10·26 사건이 벌어졌을 때는 신병 교육을 받고 있었고 여군 몇몇이 훌쩍거리는 걸 보고 박정희 대통령이 죽었다는 사실을 알았다. 1979년 12·12 사태는 보초를 서다가 국방부 청사 쪽에서 들려오는 기관총 소리를 막사 쪽 보일러 소리로 착각하며 맞이했고, 그날이 역사의 퇴보를 불러온 굴곡의 시작이었다는 사실은 훨씬 후에야 알았다. 1979년 12월 부산 부대에서 군 복무를 할 때 군인들을 싫어하는 시민의 눈빛에서 부산항쟁의 여파를 체감했다. 1980년 광주 5·18 비극은 작전처로 들어오는 텔렉스를 통해 접했고, 반년이 지나서야 광주가 고향인 부대원이 휴가를 다녀온 후 광주 진상을 어렴풋하게나마 알려줘 큰 충격을 받았다. 그리고 사회 정화라는 이름으로 깡패 등 민간인을 삼청교육대에 잡아 가두는 일에 동원되기도 했다.

초등학교 3학년 때 담임 선생이 아이들의 반찬을 거둬 점심을 먹고 반찬 종류에 따라 차별하는 것을 보면서 인생의 한 단면을 알았다. 열 살 때 어머니의 지갑 등을 훔쳐 아버지에게 종아리에 피멍이 들 정도로 제대로 된 매를 한 번 맞고 도벽을 끝냈다. 아버지의 매는 한 아이가 올바른 세상살이에 눈뜨기 위해 거쳐야만 했던 통과의례라는 사실을 깨달았다.

열세 살 때 세를 살았던 서울 성북구 보문동 한옥의 안방 천장이 비에 무너지면서 꿈에서나 나올 법한 공포를 실제로 경험하기도 했고, 고등학교 1학년 여름방학 때에는 엄청난 비가 내려 산 중턱에

위치한 집 지붕이 새는 바람에 밤새 빗물을 받으며 불안에 휩싸이기도 했다.[6]

서라벌중학교에 입학하자 학교에서는 아이큐 테스트로 우열반을 나눈 다음 우반만 열심히 공부시켰고, 저녁 시간에는 우반도 성적에 따라 A·B·C반으로 구분해 수업을 진행했다. 손석희는 한때 C반에서도 떨어져 저녁때 노는 신세가 됐다. 수업 시간에 관성의 법칙을 이해 못 해 친구에게 물어 설명을 듣고 있는데 손석희를 싫어한 물상 교사에게 잡담하지 말라고 크게 혼난 이후 물상 공부를 안 했기 때문이다. C반에서도 떨어진 뒤 억울해서 아침 7시부터 밤 11시까지 물상 교과서를 혼자서 다 떼고 시험을 본 뒤 A반에 들어갔다. 그때 물상 선생이 "그래, 너는 (A반에 들어갈) 자격이 있다"라는 말을 해 감동했고 이때부터 '나는 자격이 있는가'라는 질문을 던지며 생활해왔다. 손석희는 '나는 자격이 있는가'라는 질문을 스스로에게 자주 던지면 '너는 자격이 있다'라는 말을 더 많이 듣게 될 것이라고 말한다.[7]

또한 서라벌중학교 재학 3년 동안 서울 성북구 안암동 집에서 미아리 고개 너머의 학교까지 예닐곱 정거장 거리를 매일 걸어 다니며 차비를 저금하는 재미를 맛보았고 세상에 대해 사념思念하는 방식도 연마했다. 그리고 그때 저금한 돈으로 고등학교 때 조립식 전축을 사 결혼 전까지 15년 가까운 세월 동안 음악을 들으며 젊은 날의 상흔을 잊기도 했다.

손석희는 가수 이용, 배우 겸 공연기획자 송승환 등과 함께 1972년 입학한 휘문고 67회 동기다. "누나가 예쁠 것 같아서"라는 황당한 이유로 선배들의 손에 이끌려 반강제로 방송반에 가입했고, 송승환과 함께 열성적으로 프로그램을 기획하고 제작하며 고등학교 3년을 보냈다. 사라져가는 우리 주변의 소리들을 채집해 내레이션을 넣은 프로그램을 제작하고 방송제 '휘문의 밤' 무대에 올려 찬사를 받기도 했다.

　　재수한 뒤 1976년 국민대학교 국어국문학과에 입학해 대학 생활을 했다. 손석희는 "햇빛과도 같은 삶을 살고 싶었다. 그런 밝음으로, 또한 감내할 수 있는 우울함으로… 그것이 나의 어릴 적 소망이었다"[8]라고 말했지만, 대학 시절을 포함한 청년 시절은 우울함과 허무주의로 점철돼 있었다고 고백한다.

　　손석희는 자신의 20대를 암흑기로 기억했다. 집안은 부침을 거듭했고 진로도 불명확했으며 장래 계획도 없었기 때문이다. 손석희는 1970~1980년대를 관통한 학생 운동에도 참여하지 않고 시대의 커다란 정서적·실천적 흐름에 편입되지 못한 채 허무주의에 빠져 청년 시절을 무기력하게 보냈다고 토로한다. 그리고 가장 현실적인 먹고사는 문제가 젊은 날 대부분을 지배했다고 말한다.

　　"학교 때 (학생) 운동한 적 있느냐는 질문에 대답은 물론 '아니오'다. 내가 사회적 의식이 전혀 없는 '무뇌아'였다는 것은 아니지만 알량하게 가진 그 의식을 실천할 수 있는 용기가 없었다. 굳이 변명하자면 그 당시엔 운동 자체가 나와 같은 주변인들까지 포용할 수 있을 만큼 대중적이지 않았다. 아니 설사 학생 운동이 지금처럼 대중적이었다 해도 나는 아무것도 실천하지 못했을 것이다. 그만큼 나는 '갈팡질팡', '허위허위' 하는 나약한 젊은이에 지나지 않았으니까."

손석희는 어려웠던 집안 사정이라든가 실패를 거듭했던 학업 문제만으로는 설명할 수 없는 이유로 혈기 방장해야 할 20대에 무기력과 허무주의에 빠졌다고 했다. 그렇게 20대를 거의 다 보내고 난 후 삶의 방식을 바꿔보기로 하고 방송사 시험을 준비했다. 무조건 삶의 방식을 바꿔야 무력감에서 벗어날 수 있다고 믿었기 때문이다. 그리고 MBC 입사를 통해 캄캄했던 20대에서 어느 정도 벗어날 수 있었다.

아도니스 미남과
2만 원짜리 시계, 단벌 양복

우리 시대의 방송 스타, 손석희. 그는 머리끝에서 발끝까지 대중과 언론 매체의 초미의 관심거리다. 특히 외모, 패션, 헤어스타일 등은 대중과 미디어가 왕성한 호기심을 보이는 주요한 메뉴다. 방송 뉴스는 앵커와 기자, 아나운서의 외모나 퍼스낼리티personality가 뉴스의 일부분으로 전달되는 경향이 강하다. 앵커의 주요한 자질로 꼽히는 외모와 개성은 시청자의 반응과 시청률에도 적지 않은 영향을 미친다.

손석희의 외모는 연예인 못지않게 화제가 되고 연예 매체에 자주 등장하는 기사 아이템 중 하나다. 대중뿐만 아니라 서태지, 정우성, 싸이, 김혜수, 김아중을 비롯한 연예인 스타마저 손석희 팬을 자처하며 그의 외모에 많은 관심을 보인다.

"일단 잘생겼다. 엄청난 능력이다. 오디오도 엄청난 안정감을 준다. 그리고 모던하다. 고답적이고 클래식한 다른 앵커들에 비해 손석희는 모던하다. 고전 활극 배우들 사이의 이소룡 같은 느낌이다."[10] 손석희 용모에 대한 적확한 묘파描破다. 〈시선집중〉 정찬형 PD의 말이다.

손석희의 준수한 외모는 방송 훨씬 전, 고등학교 시절부터 명성이 자자했다. 휘문고에서 손석희와 방송반 활동을 함께한 배우 송승환은 "방송반에서 '시 낭송의 밤' 같은 행사도 열었어요. 당시 휘문고 시 낭송의 밤 행사는 워낙 유명했어요. 손석희 구경하려고 인근 학교 여학생들이 우르르 몰려들었거든요"[11]라며 손석희 외모의 출중함을 우회적으로 증언했다.

손석희와 재수 시절부터 대학 생활까지 함께한 패션 디자이너 장광효는 "대학 다닐 때 손석희는 수려한 외모로 여학생들의 인기를 한 몸에 받았다. 정말 잘생겼다"[12]라고 말했고 매형인 주철환 아주대 교수도 "친척 중 한 사람이 국민대를 갔어요. 당시 손석희가 국민대에 다니고 있었어요. 대학교에서 손석희가 핸섬가이로 유명했대요"[13]라며 손석희의 외모가 캠퍼스에서 회자되었던 상황을 전했다.

예리하고 지적인 분위기와 훈훈한 소탈함이 공존하고, 깨끗하고 진지한 이미지와 차분한 인상이 동시에 느껴지며, 미남과 훈남의 경계를 오가는 손석희의 외모는 1분 내내 얼굴만 나오는 MBC 〈1분 뉴스〉(1985년 방송)에서부터 JTBC 메인 뉴스 〈뉴스룸〉까지 시청자를

TV 앞으로 끌어당기는 데 한몫을 톡톡히 했다.

심지어 그의 출중한 외모는 파업 현장에서도 대단한 위력(?)을 발휘했다. 1992년 10월 7일 MBC 노조의 〈파업투쟁속보〉에는 "누가 이 연민의 정을 불러일으킬 만한 선한 인상의 미남 청년을 투사로 만들었는가"라는 내용과 함께 사진 한 장이 실렸다. 공정방송을 요구하며 파업에 참여했다가 구속된, 푸른 수의를 입고 환하게 웃고 있는 손석희의 사진이다. 그 모습을 본 많은 사람이 MBC 파업에 관심을 가졌고 신문과 잡지 등 대중매체도 앞다투어 이 사진을 보도해 관심을 더욱 증폭시켰다.

출중한 외모와 함께 나이에 비해 젊어 보이는 동안童顔도 자주 화제가 된다. 손석희는 그리스신화 속에서 빼어난 용모로 미의 여신 아프로디테의 열렬한 사랑을 받은 청년, '아도니스'로 불리기도 하고 신조어 '미중년'에 걸맞은 대표적 인물로 꼽히기도 한다.

2009년 11월 19일 〈100분 토론〉 마지막 방송에서 박원순 변호사가 자신과 진행자 손석희가 나이 차이가 없다고 말을 했다. 이에 대해 손석희는 토론자로 출연한 노회찬 진보신당 대표를 가리키며 "노회찬 대표도 저랑 동갑이십니다"라고 말해 방청객과 시청자에게 신선한 충격(?)을 줬다. 그리고 "굳이 말씀드리자면 제가 동안이 아니라 박원순 변호사님께서 노안이십니다"라고 유머를 날렸다. 박원순 서울시장은 2017년 8월 8일 방송된 KBS 예능 프로그램 〈냄비받침〉에 출연해 진행자 이경규가 "손석희 앵커와 동갑이라고 들었습니다"라고 말을 건네자 "손석희 사장한테 가서 따져라, 왜 그렇게 젊어서 많은 사람 피곤하게 만드느냐"라고 웃으며 항변했다.

손석희, 고故 노회찬, 박원순은 1956년생으로 동갑이다. 손석희가 진행하는 프로그램에 자주 출연하는 유시민 작가는 1959년생으로 손석희보다 세 살 아래고, 전원책 변호사는 1955년생으로 손석희보다 한 살 위다.

손석희의 준수한 외모와 동안은 일반인뿐만 아니라 연예인 사이에서도 화제다. 2014년 10월 20일 〈뉴스룸〉에 출연한 서태지는 동안으로 유명한 스타다. 손석희가 "20대 때 은퇴하셨잖아요? 근데 여전하시네요?"라고 질문하자 서태지는 대답 대신 "과찬이다. 오히려 손석희 씨가 동안이다. 동안 유지하는 방법에 대해 이야기해주셨으면 한다"라고 질문을 던졌다. 손석희의 대답은 "따로 관리는 안 한다"였다. 손석희보다 세 살 아래인 가수 이문세는 2015년 4월 2일 〈뉴스룸〉에 출연해 "제가 이 프로그램 나오니까 제 지인들이 '손석희 앵커하고 이문세하고 누가 더 나이가 많아' 이런 걸 굉장히 궁금해했는데 정말 동안이십니다. 진짜 깜짝 놀랐습니다"라고 말했다. 2016년 1월 7일 〈뉴스룸〉에 나온 미남 스타 정우성은 "저는 꼭 뵙고 싶었어요. 출연 욕심이 없었는데 개인적으로 뵙고 싶었습니다. 정말 잘생기셨네요"라고 외모 칭찬을 해 손석희를 당황시켰다.

손석희는 인터뷰에서 이렇게 말했다. "미중년? 인터넷에서 봤어요. 기분은 뭐 나쁘지 않죠. 좋죠. 속은 (나이와) 똑같거나 더 갔을 수도 있는데, 겉만 이런 거죠. 근데 과학적인 분석을 해보자면, 내가 실은 햇빛 알레르기가 있어서 바깥에 잘 못 나가요. 금방 빨갛게 되고. 그렇다 보니 타질 않아서 허옇게 보이고 그래서 젊어 보이는 것 같아요."[14]

외모 못지않게 수십 년 동안 변하지 않는 손석희의 헤어스타일 역시 대중의 궁금증을 유발한다. 1984년 MBC 아나운서가 된 이후 일명 '2 대 8' 가르마의 헤어스타일이 한 번도 변하지 않았다. 오상진 MBC 아나운서는 2009년 11월 19일 〈100분 토론〉 방송에서 "(손석희) 선배님은 입사 이후 20여 년 회사 지하 1층에 있는 구내 이발소에서 줄곧 머리를 손질했다"라고 말했다. 손석희가 어떻게 수십 년 동안 똑같은 헤어스타일을 유지할 수 있었는지를 알게 해주는 말이다.

손석희는 성신여대 교수로 재직할 때 "학생들이 가장 궁금해하는 게 뭐던가요, 손 교수님에 대해서"라는 질문을 받고 "머리가 가발인가 아닌가를 궁금해하더라고요. (웃음) 아니, 정말로 그걸 궁금해하더라니까요. 몇몇 학생들이 물어보더라고. 그래서 아니라고 했죠. 아니니까. 그 오해를 한번 풀었으면 좋겠어요, 이 기회에. 전 방송에 등장한 이후로 한 번도 헤어스타일을 바꾼 적이 없습니다. 가발 아니에요"[15]라고 답했다.

대중은 손석희의 외모뿐만 아니라 패션과 시계, 구두 등 소품에도 큰 관심을 보인다. 대중매체 역시 시시때때로 그의 옷과 시계,

구두에 대한 기사를 내보낼 정도다.

손석희의 패션 스타일은 한결같다. 방송이 아니면 넥타이를 매지 않고 주로 회색과 검은색이 조화된 캐주얼한 느낌의 싱글 재킷 차림이다. 의상 자체가 자주 바뀌지 않아 '단벌 신사'라는 애칭이 따라다닌다. 패션 디자이너 장광효는 "손석희는 대학 시절 4년 동안, 머리부터 발끝까지 항상 똑같은 패션 스타일을 유지할 만큼 검소함이 몸에 밴 친구였다. 아나운서로 입사한 뒤 내가 디자인한 옷을 선물해주겠다고 했지만, 이를 거절할 정도로 청렴결백한 사람이다. 아나운서로 재직할 당시 거의 단벌에 가까웠던 것으로 알고 있다"[16]라고 말했다. 최윤영 등 MBC 후배 아나운서들 역시 "손석희 선배는 옷에 돈 쓰는 걸 싫어해서 원래 가지고 있는 그리 많지 않은 양복으로 생활했다. 오히려 꾸미지 않고 편하게 입는 검소한 패션이 손석희 선배의 성격과 스타일에 잘 어울렸다"라고 입을 모았다.

손석희는 뉴스를 진행할 때 입은 의상으로 화제가 되며 시청자의 눈과 마음을 사로잡기도 했다. 우리 방송에서 보통 뉴스 앵커는 의상과 메이크업 등을 담당하는 방송사 인력의 도움을 받아 매일 다른 의상과 넥타이 차림으로 시청자와 만난다. 하지만 손석희는 진도 팽목항에 내려가 〈뉴스 9〉을 진행한 2014년 4월 25일부터 29일까지 내내 똑같은 감색 셔츠에 연한 회색 V넥 니트, 짙은 회색 재킷을 입었다. 첫날 니트를 입지 않은 것을 제외하면 닷새 동안 똑같은 옷차림이었다. 방송사상 초유의 일이었다. 진도 팽목항 생방송이 방송

하루 전인 2014년 4월 24일 급하게 결정되어 단벌로 내려갔기 때문에 5일 동안 셔츠와 속옷을 손빨래하며 매일 같은 옷을 입고 뉴스를 진행한 것이었다.[17] 시청자들은 진심을 담아 세월호 참사 보도에 최선을 다하는 손석희의 자세와 마음이 의상에서도 잘 드러났다는 반응을 보였다.

손석희는 옷에 신경을 쓰지 않고 사지도 않는다고 했다. "나로 말할 것 같으면 옷 하나로 한 계절을 다 날 수 있는 사람으로 대학 다닐 때도 내 옷은 교복으로 불렸는데 나의 그 천성을 아내라고 바꿀 수야 있겠는가. 나는 한술 더 떠 옷에 대한 편견을 아내에게까지 강요한다. '옷 사는 데에 돈을 쓰는 것은 최대의 낭비이다. 입을 옷이 없다니 그러면 지금까지는 벗고 다녔는가?' 대충 이런 식의 강짜로 밀어붙이는데 아내는 그 탓인지 자신의 옷도 변변히 사 입은 적이 없다."[18]

2011년 7월 13일 '손석희 시계'가 순식간에 포털 사이트 실시간 검색어 순위 상단에 올랐다. 수많은 연예 매체와 인터넷 매체가 앞다투어 손석희 시계에 대한 기사를 쏟아냈다. 한 온라인 커뮤니티 게시판에 '손석희가 차는 시계 가격'이라는 제목과 함께 전자시계를 찬 손석희 사진이 게재되면서 네티즌의 폭발적 관심을 끌었고, 연예 매체와 인터넷 매체들이 이를 경쟁적으로 보도한 것이다. 사람들이 시계에 주목한 것은 시계 가격 때문이었다. 시계는 카시오CASIO 브랜드의 제품으로 가격은 2만 원대였다. 최고의 방송 스타 손석희가 저렴한 가격의 시계를 찬 것이 화제가 되고 대중의 눈길을 끈 것이다. 2만 원대 전자시계는 연예인과 스타들이 착용하는 수천만 원대 명품 시계와 비교되며 여전히 기사화되고 있다.

손석희는 옷이나 시계, 심지어 차 욕심도 없는데 특별히 욕심 내는 것이 없느냐는 질문을 받고 "어느 정도의 욕심이야 다 있죠. 내가 디오게네스적인 삶을 사는 건 아니잖아요. 시계는 정말 의외였어요. 남자들이 시계에 신경 쓴다는 것도 그때 처음 들었습니다. 옷에 대한 얘기는 다른 데서도 많이 나와서 생략하고, 차는 MBC 아나운서국에서 제가 그래도 '전설'로 남아 있어요. 중고차 사고파는 데 일가견이 있다고(웃음)"[19]라고 답했다. 패션이나 시계, 차 등에 아무 의미를 두지 않으니 관심도 없다.

검소한 의상과 오래된 구두, 저렴한 시계, 수십 년째 변하지 않는 헤어스타일에도 손석희는 빛난다. 그 흔한 명품 정장 한 벌, 구두 한 켤레 없는 손석희가 화려한 패션 앞에서 유독 빛나 보이는 까닭은 무엇일까. 일부 전문가는 그의 패션에 화려함은 없지만 깨끗한 빨랫비누 냄새가 물씬 풍길 것처럼 청결하고 단정한 느낌을 주고 아울러 모두가 유행에 익숙할 때 홀로 초연한 이미지를 제공함으로써 오히려 '편안한 돋보임'이라는 결과를 낳았기 때문이라고 분석한다.[20] 틀린 분석은 아니지만 적확한 설명은 아니다.

그 답을 2009년 12월 5일 MBC 라디오 〈시선집중〉에서 방송한 리영희 전 한양대 교수와의 인터뷰에서 찾을 수 있다. 손석희는 '시대의 양심'이라 불리는 리영희 교수에게 팔십 평생 지켜온 삶을 관통하는 신념에 대해 물었다. "흔히 얘기되는 거지만 검소한 생활simple life과 이념적으로 사고를 높이 갖는 것high thinking"이라는 리영희 교수의 대답이 돌아왔다. 리영희 교수를 존경하는 손석희 역시 검소한 생활과 이념적으로 사고를 높이 갖는 삶을 살고 있다. 그래서 검소한 옷차림과 저렴한 시계, 변함없는 헤어스타일에도 늘 빛날 수 있는 것이다.

나는 황야의
외로운 늑대

언론인은 인간관계와 이미지 관리가 매우 중요하다. 인간관계 속에서 취재가 이뤄지는 경우가 적지 않기 때문이다. 특히 한국 언론의 취재 시스템은 기자가 청와대, 정부 부처, 국회, 검찰, 기업, 공공 단체 등을 고정적으로 출입하며 취재를 하는 시스템이기 때문에 더욱 그렇다.

또한 언론인 중 미디어를 통해 얼굴이 노출되는 방송인은 대중의 시선을 의식하며 이미지에도 신경을 써야 한다. 방송인의 이미지와 스타일에 따라 미디어 수용자의 평판이 좌우되는 경우가 많다. 성격이나 언론관, 라이프스타일이 언론인의 인간관계나 이미지에 큰 영향을 미친다.

손석희의 성격과 스타일은 어떨까. "저는 사실 성격이 내성적이고 수줍음을 많이 타 낯선 사람과 쉽게 가까워지지 못합니다. 주로 '한 마리 황야의 외로운 늑대'처럼 지내요. 주변에선 저더러 나이먹으면 외로울 거라고 말하지만, 아쉽지 않게 잘 지내고 있습니다. 성격이 원래 그렇습니다." 손석희가 2010년 10월 19일 서울 여의도 MBC에서 진행된 〈시선집중〉 10주년 기념 특집 공개방송에서 한 말이다.

분명 손석희의 인간관계는 인지도나 대중성, 경력, 활동 반경에 비하면 매우 좁다. 일반인과 비교해도 그렇다. 그의 말대로 내성적이고 비사교적인 성격 탓도 있지만, 좁은 인간관계는 시사토론 프로그램 진행자로서 그리고 뉴스 앵커로서 객관성과 공정성을 유지하려는 자세에 기인한 바 크다.

"전 인간관계를 만들지 않습니다. 그렇다고 친구가 없는 건 아닙니다. 사회적 관계를 만들지 않는다는 것입니다. 사실 우리 사회는 안면 사회예요. 그런데 평소에 잘 지내다 어느 날 갑자기 인터뷰하면서 비판적으로 말하기 어색합니다. 그래서 관계를 맺지 않아야 일할 때 편합니다."[21]

좁은 인간관계가 오히려 일하는 데 도움이 되고 인간관계가 쌓이기 시작하면 굴레가 돼 원하는 대로 인터뷰를 진행하지 못한다는 손석희의 말에서 언론인으로 일하기 위해 인간관계마저 희생하는 그의 치열한 노력을 엿볼 수 있다.

기자나 PD 등 언론인과 방송인 사이에는 '술자리와 골프에서 취재가 이뤄지고 특종이 나온다'라는 속설이 떠돈다. 물론 비판적 기사를 막는 데 술자리와 골프 접대가 활용되기도 한다. 손석희는 술도 잘 마시지 않고 골프채를 잡아본 기억도 없다고 했다. 그는 "골 프를 못 배워서 사람 사귀는 게 불가능한 사회라면 이미 썩은 사회 이므로 혼자 지내는 쪽을 택하겠다"[22]라고 말한 적이 있다.

그는 가식적인 분위기를 싫어하고 남의 시선을 의식하지 않으 며 매우 직설적이다. 방송에서 보이는 냉정하고 절제력 강한 이미지 때문에 실생활에서도 차분할 것이라고 예단하는 사람이 많은데 그 렇지 않다.

"손석희 선배는 처음 날 보자마자 '야, 선배를 만났으면 냉큼 달 려와 인사를 해야 할 것 아니냐'라고 소리를 질렀다. 바른 말만 구사 할 것 같은 손석희 선배가 그 같은 욕쟁이일 줄 꿈에도 몰랐다. 내 환상을 깨주었다." MBC 아침 뉴스를 함께 진행했던 김주하 앵커의 증언은 손석희 성격의 일면을 엿보게 한다.

손석희는 이렇게 말한다. "고백하자면 나는 방송 바깥에서는 점잖은 말만 골라 쓰는 사람이 아니다. 당연한 얘기지만 나는 욕도 할 줄 알고, 화가 나면 앞뒤 안 가리고 고래고래 소리를 지르기도 하 는 것이다. 한 번 더 고백하건대, 나는 아직 그에 대한 그럴듯한 변 명거리를 찾지 못하고 있다. '이 험한 세상에 어찌 분노를 감추고만 살 것인가. 세상이 나를 욕하게 만들었다'라고 한다면 그건 너무 상 투적이고 패배적인 변명일 테고 나는 다만 '절제된 형식주의가 싫어서'라고 답할 수밖에 없다."[23]

　음악을 좋아하지만, 클래식 음악회에 가지 않는 것도 거기서 만들어내야 할 가식적 분위기가 싫기 때문이란다. 또한 호사스럽게 꾸며놓은 식당이나 카페 같은 곳에 가면 안절부절못하는데 식당 분위기가 몸에 맞지 않은 옷을 입은 것처럼 편치 않아서다. 보통 사람이라면 그냥 용인하고 넘길 칭찬도 견디지 못한다. 미디어의 객관적인 찬사마저도 쉽게 수용하지 못한다. 대중이 보내는 호의나 관심도 부담스러워한다.

　손석희는 자신에게 엄격한 원칙주의자로 유명하다. 2014년 손석희는 13회 송건호 언론상을 받았다. 심사위원회는 "방송인 손석희는 대중적인 인기를 누리면서 신뢰할 수 있는 언론인으로 손꼽히고 있다. 이는 지난 30년 동안 엄격한 자기 관리와 신중한 처신으로 정진한 결과다. 한평생 언론인의 정도를 벗어나지 않았던 송건호 선생의 자세를 수상자에게서 발견했다"라고 수상 이유를 밝혔다. 30년 동안 엄격한 자기 관리와 신중한 처신을 유지하고 언론인의 정도를 벗어나지 않은 것은 자신이 정한 원칙을 끝까지 지키려 노력하는 원칙주의자였기에 가능했다.

　2006년 2월 MBC를 사직하고 성신여대로 자리를 옮겼을 때 수많은 기업이 거액의 출연료를 제시하며 광고 모델 제의를 했지만 모두 거절했다. 원칙주의자의 면모가 단적으로 드러난다. "광고에 나오는 저를 상상하기 어렵기 때문에 안 나간 것입니다. 그런 저를 생각하면 오그라듭니다. 제가 하고 있는 프로그램들이 다 시사 쪽이기 때문에 거액의 출연료를 준다 해도 광고에 나가는 것은 옳지 않다고 생각해요. 예를 들어서, 제가 어느 기업의 광고 모델이 됐는데 다음 날 그 기업에 문제가 생겼다면 그땐 어떻게 하나요? 전 시사 프로그램 진행자이고 그걸 다뤄야 하는데요. 물론 이런 현실적인 제약 이전에, 일단 광고에 나오는 저를 상상하기가 어렵습니다."[24] 수많은 방송 진행자와 언론인, 의사, 교수 등 전문가들이 더 많은 수입을 챙기기 위해 직업 윤리나 사회적 책임을 도외시하고 아무렇지 않게 광고 모델로 나선 것과는 너무나도 대조적이다.

손석희의 원칙주의자 성격은 홍준표 한나라당 대표가 그를 '박사'로 칭했을 때에도 잘 드러났다. 2011년 10월 20일 〈시선집중〉에 출연한 홍준표 대표가 진행자인 손석희 교수를 '박사'로 부르자 그는 곧바로 "저 박사 아닙니다. 요즘은 제가 이렇게 그냥 넘어가면 나중에 학력 위조로 걸릴 가능성이 있기 때문에 바로 수정하겠습니다"라고 단호하게 대처했다. 그 후로도 홍준표 대표가 JTBC 〈뉴스룸〉 등에 나서면서 '박사'라는 용어를 고집하자 계속 수정해 방송했다. 팩트를 가장 소중히 여기는 손석희는 '박사'라는 덕담 용어조차도 그냥 지나치지 않았다.

2018년 1월 31일 방송된 〈뉴스룸〉에는 테니스 선수 정현이 출연해 인터뷰 도중 호주 오픈 경기 때 사용한 라켓을 선물로 건넸다. 그때 손석희가 웃으며 한 대답에서도 원칙주의자의 면모를 읽을 수 있다. "그때 사용했던 라켓인데, 제가 받아도 됩니까? '김영란법'에 저촉되지 않는지 체크해보도록 하겠습니다. 영광입니다."

2001년 3월 2일 방송된 〈MBC 스페셜-1,750명의 해고통지서〉는 대우자동차 직원 1,750명의 해고 사태를 다루었는데 이때 손석희가 다큐멘터리 해설을 맡았다. 방송 직후 한 해고 노동자가 이메일을 보내 손석희가 프로그램에 천군만마의 도움을 주었다며 감사의 마음을 표시했다. 손석희는 "내가 받을 인사는 아니다. 넘치는 오락과 드라마 속에서 '반란'을 일으킨 〈MBC 스페셜〉 제작진이 받아야 할 인사다"[25]라고 답했다. 한 시청자의 감사 인사마저 자신의 몫이 아니라고 생각해 다큐멘터리를 기획하고 만든 제작진에게 공을 돌린 것이다.

정혜신 박사는 손석희를 'here & now'를 중시하는 인간형이라고 분석한다. 자신의 'here & now'를 정확히 인식하고 그에 따라 최선을 다하는 건 심리적으로 꽤나 성숙한 사람일 때 가능한 일인데, 그런 면에서 손석희는 'here & now'형 인간에 가깝다는 것이다.[26] 손석희는 '바로 지금' 자신이 하고 있고, 할 수 있는 일을 누구보다 명확하게 인지한다. 그렇기에 그의 방송을 보고 들을 때마다 그가 자신이 하고 있는 일의 의미를 정확하게 알고 있다는 느낌을 전달받는다. 방송 전체를 장악하고 있는 느낌, 핵심을 통찰하고 있는 느낌을 주는 손석희의 말은 사람들이 궁극적으로 알고 싶은 것, 말하고 싶은 것의 통로가 되어준다.

사람들은 답답하고 고지식하게 느낄지 모르지만, '황야의 외로운 늑대'처럼 사는 손석희의 삶은 물 흐르듯 자연스럽고 담백하기 그지없다. 그러한 삶과 성격이 언론인 손석희를 만들었다.

손석희와 음악,
영화 그리고 책

"혼자만의 적당한 시간과 여유 속에 / 궁금한 게 있어 / (…) 예감했던 일들은 꼭 그렇게 되는지 / 놀랍지도 않지 (…) 우- 우울한 날들에 최선을 다해줘 / 이 음악이 절대 끝나지 않도록…" 안녕하신가영의 〈우울한 날들에 최선을 다해줘〉가 흘러나온다. 촛불혁명의 도화선이 된 최순실 태블릿 PC를 보도한 2016년 10월 24일 JTBC 〈뉴스룸〉의 마지막을 장식한 엔딩곡이다. 참 절묘한 선곡이다.

시청자들은 메인 뉴스의 마지막을 음악으로 장식하는 JTBC 〈뉴스 9〉과 〈뉴스룸〉의 차별화한 형식에 놀란다. 한국 방송의 뉴스 프로그램에선 전혀 볼 수 없었던 실험적 형식이다. 그리고 그날의 뉴스와 이슈, 출연자에 기막히게 잘 어울리는 노래 선택에 감탄한다. 앵커 손석희가 직접 선곡한다는 사실을 알면 신선한 충격까지 받는다.

2013년 9월 16일부터 손석희가 〈뉴스 9〉의 앵커로 나서면서 뉴스의 끝을 음악으로 마무리하기 시작했다. 그동안 콜드플레이Coldplay의 〈Yellow〉, 아이유의 〈이름에게〉, 폴 매카트니Paul McCartney의 〈This Never Happened Before〉, 방탄소년단의 〈봄날〉, 스팅Sting의 〈One Fine Day〉, 최경록·박상돈의 〈배웅〉, 브로콜리너마저의 〈그모든 진짜 같던 거짓말〉, 노브의 〈미세먼지〉, 윤상의 〈새벽〉, 검정치마의 〈내 고향 서울엔〉, 길원옥의 〈바위처럼〉 등 수많은 곡이 〈뉴스 9〉과 〈뉴스룸〉의 엔딩을 장식했다. 이제 〈뉴스룸〉의 엔딩곡은 네이버와 다음 등 포털 사이트의 실시간 검색 순위에서 상위권을 차지할 정도로 화제가 된다.

때로는 감동을 주고 때로는 논란을 일으키는 〈뉴스룸〉의 코너가 바로 손석희가 직접 작성하고 전달하는 '앵커브리핑'이다. '앵커브리핑'에서 손석희는 윤동주의 〈병원〉, 김훈의 『남한산성』, 김애란의 「나는 편의점에 간다」, 안도현의 〈우리가 눈발이라면〉, 자와할랄 네루Jawaharlal Nehru의 『세계사 편력』, 애거사 크리스티Agatha Christie의 『그리고 아무도 없었다』, 권석천의 『정의를 부탁해』를 비롯해 수많은 소설과 시, 인문·사회과학·자연과학 도서를 인용한다. 또한 〈나는 부정한다〉, 〈내부자들〉, 〈7년—그들이 없는 언론〉, 〈월라드〉, 〈어바웃 타임〉 등 다양한 영화와 넥스트의 〈퀘스천〉, 마이클 잭슨Michael Jackson의 〈Ben〉, 제임스 테일러James Taylor의 〈The Frozen Man〉, 덩리쥔鄧麗君의 〈월량 대표아적심月亮代表的心〉, 서울대 트리오의 〈젊은 연인들〉, 김민기의 〈봉우리〉 등 여러 노래도 '앵커브리핑'의 소재로 자주 활용됐다. '앵커브리핑'에서 소개되는 책과 영화, 음악은 화제가 되며 시청자의 입에 자주 오르내린다.

손석희가 책과 음악, 영화에 관심이 많다는 방증이다. 시간 날 때마다 하는 것도, 또 바쁜 일상에서 쌓인 스트레스를 풀어주는 것도 영화·책 보기와 음악 듣기라고 말할 정도로 손석희와 영화, 음악, 책은 불가분의 관계다. 음악, 영화, 책에 대한 취향과 기호는 사람의 성격과 성향, 가치관. 세계관을 드러내주는 단초 역할을 한다. 손석희는 어떤 음악과 영화를 좋아할까. 그리고 어떤 책에 영향을 받았을까.

손석희는 중학 시절 내내 집에서 학교까지 걸어 다니며 모은 버스비로 고등학교 2학년 때 조립식 전축을 마련해 조지 거슈윈George Gershwin의 〈랩소디 인 블루〉와 아눈치오 만토바니Annunzio Mantovani의 영화 음악집을 사서 처음 듣던 흥분을 기억한다. 재수 시절에는 바이올리니스트 정경화가 연주한 막스 브루흐Max Bruch 바이올린 협주곡 1번을 끼고 살 정도로 음악에 애정이 많았다. 정성후·이모현 PD, 변창립·고故 정은임 아나운서 등과 함께 MBC 노조의 소모임인 '노래사랑' 회원으로 활동하기도 했다. 아는 사람이 많지 않지만 라디오 음악 프로그램도 진행한 적이 있다. 1986년에서 1987년까지 2년 동안 MBC 라디오 〈젊음의 음악캠프〉 DJ를 했다.

좋아하는 노래도 적지 않다. 즐기는 음악의 스펙트럼도 클래식에서 대중음악까지 매우 넓을 뿐만 아니라 음악에 대한 지식과 정보도 상당한 수준이다. 손석희가 좋아하는 가수는 미국 팝가수 제임스 테일러와 영국 록그룹 레드 제플린Led Zeppelin이다. 미국의 싱어송라이터이자 기타리스트인 제임스 테일러는 1966년 록밴드 '플라잉 머신Flying Machine'을 결성해 활동하다 1968년 1집 앨범『James Taylor』를 통해 솔로로 나선 이후 〈Fire And Rain〉, 〈Handy Man〉 등 많은 히트곡을 발표했다. 섬세한 감성이 돋보이고 예술적 감각이 뛰어난 뮤지션으로 평가받고 있다. 레드 제플린은 1968년 지미 페이지Jimmy Page, 로버트 플랜트Robert Plant, 존 폴 존스John Paul Jones, 존 본햄John Bonham으로 결성된 영국의 록밴드로 1969년 데뷔 앨범『Led Zeppelin』을 발표하며 본격적인 활동에 돌입했다. 〈Dazed And Confused〉, 〈Babe I'm Gonna Leave You〉, 〈Whole Lotta Love〉, 〈Immigrant Song〉, 〈Stairway To Heaven〉 등 숱한 인기곡을 냈으며 1970년대 헤비메탈 열풍을 이끌었다. 1980년 존 본햄의 사망으로 그룹은 해체됐다.

손석희는 제임스 테일러와 레드 제플린을 좋아하는 이유를 "제임스 테일러는 뛰어난 기타 연주자이기도 하고 음악 자체는 편하지만 메시지가 있습니다. 젊은 시절에는 레드 제플린 같은 그룹 음악을 들었습니다. 레드 제플린의 음악은 지금도 듣습니다. 모든 앨범을 다 가지고 있는 뮤지션이 딱 둘인데, 그게 레드 제플린과 제임스 테일러입니다. 레드 제플린을 좋아하는 이유 역시, 남들이 다 좋아하는 그 이유 외에 특별한 건 없습니다. 모든 앨범을 다 좋아하는 건 아닙니다. 그중에는 제가 이해 못 할 것도 분명히 있고, 전반적으로는 들었을 때 뭐랄까⋯ 풀리는 게 있습니다. '풀리는 음악'과 '힐링되는 음악'이라는 게 좀 다르잖아요. 레드 제플린은 풀리기 때문에 듣고 제임스 테일러는 힐링이 되기 때문에 듣습니다"[27]라고 설명했다.

제임스 테일러의 음악 중에는 1993년 라이브 앨범에 수록된 곡으로 테일러가 직접 작곡한 〈Steamroller Blues〉를 좋아한다. 또한 1991년 발표한 앨범 『New Moon Shine』에 실린 곡 중 하나로, 북극을 탐험하다가 사고로 죽은 사람이 얼음 속에 그대로 보존됐다는 내용을 《내셔널지오그래픽》에서 보고 테일러가 만든 〈The Frozen Man〉도 자주 듣는다. 2017년 7월 31일 방송된 '앵커브리핑'에서 〈The Frozen Man〉을 인용하기도 했다. 레드 제플린 음악의 뿌리라 볼 수 있는 〈Since I've Been Loving You〉도 즐겨 듣고 이 곡이 수록된 1970년 발매 앨범 『Led Zeppelin III』를 자주 듣는다.

손석희는 우리 가수 중에는 〈라구요〉를 부른 강산에와 정태춘, 송창식, 임재범을 좋아한다. 송창식의 〈철 지난 바닷가〉는 애창곡 중 하나다. 노래방에 가면 김종서의 노래를 주로 부르고[28] 2010년 10월 19일 MBC 라디오 〈배철수의 음악캠프〉 방송 20주년 특집방송에 출연해 밝힌 것처럼 이글스Eagles의 〈Desperado〉도 부른다. 가수 권진원은 손석희가 자신의 콘서트에 게스트로 출연해 노래를 부른 적이 있다며 "손석희 교수는 미성이고 가창력도 뛰어나다"[29]라고 찬사를 보냈다.

손석희는 네 살부터 여섯 살까지 중앙극장 옆의 서울 명동 입구 저동에 살았고, 일곱 살 때부터 열한 살 때까지는 대한극장이 있는 서울 퇴계로에 살았다. 어렸을 적 자주 갔던 외할머니 집은 을지로였다. 집과 을지로 사이에는 스카라극장, 명보극장이 있었고 영화 촬영이 빈번한 충무로가 있다. 어렸을 때부터 극장 근처에 살아 자연스럽게 영화와 영화배우들을 접했다.

"나로 말할 것 같으면 신성일 아저씨가 비 오는 거리에서 영화 찍는다고 폼 잡는 걸 바로 집 앞에서 툭하면 본 사람이요, 신영균 아저씨 나오는 〈빨간 마후라〉를 명보극장에서 동네 아줌마들과 함께 개봉 첫날 본 사람이다. 그뿐인가. 중앙극장에서 개봉한 〈쿼바디스〉와 국도극장에서 상영한 〈성춘향〉의 주인공들, 데보라 카Deborah Kerr와 최은희 아줌마를 일찌감치 좋아했으며, 대한극장과 그 맞은편에 있었던, 지금은 없어진 아데네극장의 개구멍을 알고 있었던 몇 안 되는 아이 중 하나였다."[30]

이처럼 손석희는 어렸을 때부터 영화를 접할 기회가 많았고 지금도 시간이 날 때마다 영화를 본다. 2017년 5월 25일 JTBC 〈뉴스룸〉에 출연한 송강호에게 그의 출연작 중 20편 정도를 관람했다고 말했고, 〈월라드〉 등 자신이 본 수많은 영화를 '앵커브리핑'에 인용했다. "만나면 영화 이야기를 주로 하는데 놀랍게도 손석희 선배는 안 본 영화가 없다"라는 영화평론가 오동진의 말처럼 영화를 많이 보는 손석희는 어떤 작품을 좋아할까.

손석희는 액션 영화를 좋아하고 자주 본다고 했다. 반면 진지하고 심각한 영화를 좋아하지 않는다고 한다. MBC 아나운서 재직 시절 영화가 보고 싶을 때 정은임 아나운서에게 영화 추천을 받았다. 정은임은 〈출발! 비디오 여행〉, 〈정은임의 FM 영화음악〉 등 영화 관련 프로그램을 오래 진행했을 뿐만 아니라 '한국 영화 마니아'를 주제로 미국 노스웨스턴대학에서 석사학위를 받은 전문가 수준의 아나운서였다. 손석희는 그녀가 고민하고 엄선해서 소개해주면 그 영화들만 빼고 봤다고 했다. 추천한 영화들이 심각하고 진지하며 심지어 지루했기 때문이란다.

"나의 영화 취향은 매우 천박해서 도무지 고상 떠는 영화는 보질 못하며, 별것도 아닌 영화 가지고 고상 떠는 평론가는 더 못 봐준다. 그러다 보니 내 영화 취향은 언제부터인가 폭력 영화 일변도로 바뀌어서, 생각하게 하거나 눈물 짜게 하는 영화를 멀리한 지가 어언 10년 이상이던가."[31]

손석희는 영화주간지 《씨네21》의 청탁을 받고 '내 인생의 영화'로 시드니 루멧Sidney Lumet 감독, 알 파치노Al Pacino 주연의 1975년 개봉 영화 〈뜨거운 오후Dog Day Afternoon〉를 소개했다. 동성연애 관계에 있는 애인의 성전환 수술비를 마련하려고 은행을 털러 들어간 범인과 경찰이 대치하는 과정이 뜻하지 않게 텔레비전 방송으로 중계되면서 미디어를 적절히 이용하는 범인과 이 인질극을 상업적으로 활용하는 미디어의 문제를 다룬 사회극이다. 손석희는 이 영화에 대해 어쩌다가 실수로 보게 된 영화이지 생각을 요구하는 영화인 줄 사전에 알고 본 건 아니라고 했다.

주철환 아주대 교수는 "손석희가 손에서 책을 놓지 않는 자세 때문에 괄목상대하게 발전했다"라고 자주 말한다. 손석희도 후배 아나운서에게 자신의 경험을 들며 책을 많이 읽으라고 권한다.

손석희는 '앵커브리핑'에서 한강의『소년이 온다』, 신채호의『조선상고사』, 피천득의『인연』, 루쉰魯迅의『아Q정전』을 비롯해 수필과 소설에서부터 사회과학과 자연과학 도서를 광대하게 넘나들며 인용한다. 〈시선집중〉과 〈뉴스룸〉 등에서는 리영희, 조정래, 황석영, 김훈, 알랭 드 보통Alain de Botton 등 여러 작가와 교수, 전문가와 인터뷰를 나누었고, MBC 해직 기자 이용마의『세상은 바꿀 수 있습니다』, 문유석 판사의『개인주의자 선언』, 전 프로야구 선수 이승엽의『나. 36. 이승엽』, 음악평론가 임진모의『팝, 경제를 노래하다』, 시사평론가 정관용의『나는 당신의 말할 권리를 지지한다』 등에 추천사를 썼다. 이를 보면 손석희의 독서의 양과 폭, 방향을 어느 정도 알 수 있다.

그렇다면 다독가인 손석희에게 가장 큰 영향을 준 책은 무엇일까. 유명인에게 큰 영향을 미친 책을 소개하는 연재 기사 〈스타를 움직인 이 한 권의 책〉을 쓰기 위해 손석희에게 영향을 많이 받은 책이나 사람들에게 추천하고 싶은 책이 무엇이냐고 물었다. 돌아온 대답은 "없다"였다. 의외였다.

"영향을 준 책, 그렇게 딱 집어서 얘기할 수 있는 게 별로 없어요. 솔직히 말하면 막 영향을 받는 스타일이 아니에요. 그래서 괴로운 질문이 뭐냐면 존경하는 인물, 인상 깊게 읽은 책, 가장 기억에 남는 영화가 뭐냐는 것이죠. 나 이런 거 별로 없어요."[32]

손석희는 책과 영화를 자주 보며 음악을 좋아하지만, 큰 영향을 받지 않는다고 했다. 하지만 그가 손에서 책을 놓지 않고 영화와 음악에 지속적으로 관심을 기울인 것이 최고 방송 진행자와 뉴스 앵커로 부상하는 데 토양이 되어준 것은 분명하다. 그렇지 않다면 어떻게 손석희가 선곡한 〈뉴스룸〉의 엔딩곡이 화제가 되고 그가 작성해 전하는 '앵커브리핑'이 수많은 사람에게 감동을 주겠는가.

손석희의 버팀목,
가족

대중은 스타 본인뿐만 아니라 그의 가족에도 관심이 많다. 스타의 남편과 아내, 자녀, 부모, 심지어 조부모와 손자 손녀가 출연하는 TV 프로그램이 홍수를 이루는 것도 스타 가족에 대한 대중의 높은 관심을 반영한다. 그만큼 대중의 눈길을 끄는 것이 스타의 가족이다.

인기 스타 손석희도 마찬가지다. 더욱이 아내가 MBC 유명 아나운서로 활동했고 매형은 스타 예능 PD 출신 교수여서 대중과 미디어는 손석희 가족에 관심이 매우 많다. 여기에 일부 극우 인터넷 사이트와 보수 인사, 안티 세력이 손석희 아들의 병역과 취업 문제 등 가족 관련 루머를 유포하는 것도 대중의 관심을 증폭시키는 원인으로 작용한다.

하지만 손석희는 언론 인터뷰는 물론이고 사적인 자리에서조차 가족 이야기를 좀처럼 꺼내지 않는다. 일부 여성지나 연예 매체에서 손석희 가족에 대해 보도한 내용 중에도 사실이 아닌 것이 많다. 또한 일부 극우 단체가 언론과 인터넷을 통해 유통하는 손석희 가족에 대한 악의적 정보는 대부분 조작된 것이다.

가족은 오늘의 손석희를 있게 한 가장 큰 원동력이자 버팀목이다. 손석희의 JTBC 사무실에는 부모님 사진이 놓여 있다. "아버지는 오래전에 돌아가셨다. 아버지는 육사 출신 군인이셨고 한국전쟁 때 무공훈장을 두 개나 받으셨는데 그 훈장을 얼마 전에야 찾았다. 이래 봬도 나는 국가유공자 가족이다"[33]라고 말하는 손석희에게 아버지는 어떤 존재일까.

아버지는 10남매의 막내로 태어나 조실부모하고 청년이 되어 가정 형편 때문에 다니던 대학을 그만두었다. 그 뒤 육군사관학교 7기생[34]으로 졸업해 10여 년 군 생활을 했다. 5·16 쿠데타가 있기 몇 달 전 군복을 벗었다. 전역 후 양수기 판매 사업을 시작했지만 홍수로 망하는 등 아버지의 사업은 부침이 심했다.

어린 시절 아버지는 물 수水 변에 갈 거去가 있는 '법法'이라는 단어를 설명하면서 물이 흐르는 이치대로 양심이 편한 쪽으로 행동하면 그것이 법과 같다고 가르치셨고 손석희는 이 말을 새기며 살았다. 손석희가 기억하는 아버지는 워낙 순박한 어른으로 사업할 때 남들에게 속는 일이 많았지만 누구보다도 열심히 사신 분이었다. 아버지는 1986년 환갑도 채 맞지 못하고 세상을 떠났다. 손석희는 아버지 병환의 고통이 애절하여 울기도 했고 아버지의 고단했던 삶을 생각하며 울기도 했다고 회상했다.[35]

손석희 역시 다른 자식들처럼 어머니를 애틋해한다. "전깃불이 나가버린 날, 촛불을 켜고 밥상 앞에 둘러앉았을 때 나는 어머니의 얼굴을 보았다. 나 역시 세상에 쫓긴다는 핑계로 한동안을 마주 보지 않았던 어머니의 얼굴. 나는 그 얼굴에 차곡차곡 접혀 쌓여 있는 어머니의 간단치 않았던 삶의 주름살을 촛불 앞에서 비로소 보고 있었다. 그리고 그 촛불이 만들어낸 깊은 그늘 속, 내 어머니의 수심들 가운데는 나에게서 비롯된 것도 상당수 있을 것이란 생각에 더 이상 어머니의 얼굴을 바라볼 수가 없었다." 그의 저서 『풀종다리의 노래』 서문에 실린 어머니에 대한 단상이다.

6·25 전쟁 직후 철도청에 근무한 적이 있는 어머니는 아버지가 환갑도 안 돼 세상을 떠난 후 집안의 버팀목이 되어 세 자녀를 홀로 책임졌다. 초등학교 시절 학생들의 반찬을 먹으면서 차별하는 담임 선생의 이야기를 듣고 분개하면서도 아들을 생각해 좋은 반찬을 싸주고, 아이의 도벽을 눈치채고 회초리를 들다 부둥켜안고 우셨던 어머니다. 공정방송을 요구하다 서울 영등포구치소에 구속된 아들을 보고 의연하게 대처한 강단 있는 어머니이기도 하다.

《경향신문》 1987년 9월 16일 10면 단신란에는 '손석희 군(MBC 사회부 기자·박정균 여사 장남) 신현숙 양(MBC 아나운서·신경재 씨 차녀)=19

일 하오 1시 대방동 공군회관'이라는 손석희·신현숙 커플의 결혼 소식이 실렸다.

신현숙은 고려대 신문방송학과를 졸업하고 손석희와 함께 1984년 MBC에 입사해 〈청소년음악회〉, 〈대학가요제〉 등을 진행했고, 1986년부터 1988년까지 유아 프로그램 〈뽀뽀뽀〉의 4대 뽀미 언니로 활동하면서 인기를 얻었다.

손석희는 여섯 살 아래 아내와의 만남과 연애 과정에 대해 "나는 그때 오밤중에 방송되는 뉴스를 맡고 있었던지라 아내는 퇴근할 무렵에도 한 사람 건너 옆자리에 웅크리고 앉아 있는 미래의 남편이 (그땐 전혀 상상도 못 했겠지만) 퍽이나 측은했을 것이다. 그리고 서로의 등잔 밑을 확인한 것은 날도 차가운 4년 전(1985년) 이맘때, 그것도 남들 잘 쉬고 있는 휴일 근무 때였으니, 하필이면 둘더러 나와서 근무하라고 한 회사도 할 말이 없게 됐다"[36]라며 휴일 근무 중 눈이 맞아 사귀게 돼 사내 연애를 한 후 결혼에 골인했다고 고백했다. 신현숙은 결혼 후 출산과 육아 등의 이유로 1990년 MBC를 퇴사했다.

손석희는 "아내는 내게 몇 번인가 고통의 눈물을 보인 적도 있다. 그리고 그때마다 내가 상상했던 것 이상으로 강인해졌다는 것을 나는 기억한다. 눈물의 반동성이라고나 할까. 내가 파업으로 구속됐을 때였다. 아내는 처음으로 두꺼운 유리창을 사이에 두고 수의를 입고 있는 나를 마주 보고 섰을 때 눈물을 흘렸다. 그러나 그것은 첫날뿐이었다. 그다음 날부터 내 대신 열심히 집회장을 쫓아다녔다.

내가 노조 집행부에 들어가 어려운 상황에 부딪혀 있을 때도 아내는 매번 적당한 걱정만을 표시했을 뿐 내가 선택해야 했던 일들에 진심으로 반대한 적은 없다"[37]라고 아내의 일면을 설명했다.

또한 손석희는 신현숙이 가난한 월급쟁이의 아내로 살면서 강단 있게 생활한다고 칭찬했다. 호락호락한 분이 아닌 시어머니와 함께 살며 마음고생하는 눈치였지만 전혀 내색하지 않았다. 옷 한 벌로 한 계절을 나며 옷 사는 데 돈 쓰는 것은 최대의 낭비라고 생각하는 남편에게 매일 옷을 갈아입히고 좋은 옷을 입히고 싶어 갈등하면서도 부담을 주지 않은 아내다.

손석희는 "우리가 짧은 세월 동안 함께 살면서 겪어야 했던 대소사에서도 아내는 정서적 건강함으로 흔들리지 않는 모습을 보여주었다. 나는 아내가 앞으로도 그런 건강함을 잃지 않으리라 믿는다"[38]라며 아내에 대해 무한 신뢰를 보냈다.

손석희·신현숙 부부 사이에는 네 살 터울의 1988년생 손구용, 1992년생 손구민 형제가 있다. 1992년 MBC 노조 파업 때 배 속에 있었던 둘째 아이에게 '민주'라는 이름을 지어주고 싶었는데 집안 어른들의 반대로 첫 자는 돌림자인 구할 구求 자를 쓰고 그 뒤에 백성 민民 자를 붙여 구민으로 호적에 올렸다. 집에서는 '민주'라고 불리는 차남 손구민은 2017년 12월 《서울경제》 취재기자로 합격해 아버지와 함께 언론인의 길을 걷고 있다.[39] 장남 손구용은 영화 관련 일을 하고 있다.

일밖에 모르는 빵점(?) 아빠, 빵점 남편일 것 같다는 지적에 손석희는 "낙제점도 아니고 빵점이라니, 박하다. 내가 얼마나 이 일에 몰두해야 하는지를 잘 알기 때문에 이해해준다. 늘 고맙다. 사람들 앞에 나서서 하는 일이라 칭찬도 받지만 욕먹을 때도 있고 터무니없는 얘기를 들을 때도 있다. 나나 가족들이나 팔자려니 하고 넘어간다"[40]라고 했다.

손석희와 신현숙 부부, 구용·구민 두 아들, 가족 전체가 함께 방송에 출연한 적이 딱 한 번 있다. 1995년 〈뽀뽀뽀〉 4,000회 특집 방송이다. 이때 온 가족이 나온 것을 제외하고는 대중매체에 모습을 드러낸 적은 없다.

손석희는 한 살 위의 누나와 두 살 아래 남동생이 있다. 누나는 손영민 강릉원주대 교수다. 손영민 교수가 대중매체에 간혹 언급되는 것은 손석희 때문이 아니다. 바로 손영민 교수의 남편 주철환 아주대 교수 때문이다. 주철환 교수는 손석희보다 1년 먼저인 1983년 MBC에 입사해 〈퀴즈 아카데미〉, 〈우정의 무대〉, 〈대학가요제〉, 〈토요일 토요일은 즐거워〉를 연출하며 스타 예능 PD로 이름을 날렸고, 이화여대 교수, OBS 사장, JTBC 대PD로 활동했다. 아주대 교수직으로 자리를 옮긴 후 휴직하고 서울문화재단 대표이사로 2년간 재임하다 다시 학교로 돌아갔다. 주철환 교수는 JTBC가 손석희를 영입하는 데 적지 않은 영향을 미치기도 했다.

주철환 교수는 아내인 손영민 교수에 대해 "아내는 나와 같은 고려대 1974학번이다. 나는 국문과, 아내는 교육학과였다. 예쁘면서 범접하기 어려운 아우라가 있던 사람으로 대학 때는 혼자 흠모했다. 그러다 운명적으로 그녀의 동생인 손석희가 MBC에 1년 후배로 입사해 만나게 됐다. 손석희를 핑계로 뻔질나게 손석희 집을 드나들었다. 그녀가 나를 돌처럼 봤지만, 장모님을 공략해 결국 결혼했다"[41] 라고 말했다.

이처럼 손석희는 어려운 상황에서도 자신을 믿고 지지해주는 가족이 있기에 시청자의 관심과 신뢰를 한 몸에 받는 방송인으로 부상할 수 있었다.

손석희를 향한 공격과
안티 세력의 실체

무려 72.1퍼센트다.《시사저널》의 2018년 언론인 영향력 조사에서 1위를 차지한 손석희 지목률이다. 2위 김어준《딴지일보》총수는 6.4퍼센트다. 2005년부터 14년 연속 1위다. 신뢰도 또한 압도적 1위다.《시사IN》의 2018년 언론인 신뢰도 조사에서 응답자의 35.5퍼센트가 손석희를 꼽았다. 3퍼센트로 2위를 차지한 김어준《딴지일보》총수와의 비교를 불허한다. 신뢰도 역시 2007년부터 12년 연속 1위다.

《한국대학신문》의 2017년 대학생 언론인 선호도 조사에서도 대학생의 95.2퍼센트가 좋아하는 언론인으로 손석희를 꼽았다. 3.2퍼센트로 2위에 오른 유시민 작가와 엄청난 차이가 난다. 온라인정보 제공업체 엠제이피플이 2017년 방송 분야 취업 준비생 903명을 대

상으로 한 설문조사에서는 방송 분야 취업 준비생 36퍼센트가 좋아
하는 방송인으로 손석희를 지목했다. 16퍼센트의 지지를 받아 2위
에 오른 스타 예능 연출자, 나영석 tvN PD를 압도했다.[42] 손석희는
회원 3만 명 이상의 팬클럽과 열성적인 오빠 부대도 있다. 언론인으
로는 유례가 없을 정도다. "그냥 아니고, 어마어마한 팬입니다"라고
말한 가수 싸이를 비롯해 윤여정, 서태지, 정우성, 한석규 등 많은
연예인 스타들이 손석희의 팬임을 고백한다.

　　이런 손석희를 향해 무차별 공격과 비난을 가하는 이들과 조직
적인 안티 세력이 있다. 일부 극우 인사와 보수 단체의 협박과 공격
이 어찌나 심각한지, 표창원 더불어민주당 의원은 이를 '테러'로 규
정했다.[43]

　　서울 광화문광장에서 촛불집회가 열려 박근혜 퇴진을 요구하고
손석희와 JTBC에 뜨거운 지지를 보내던 2016년 12월 24일, 청계광
장에는 '죄명 조작 보도 내란 선동'이란 글귀가 쓰인 푸른 수의 차림
의 손석희 대형 합성 사진이 등장했다. 그 앞에서 대통령 탄핵을 반
대하는 박근혜 지지자들이 "손석희를 감옥으로"라는 구호를 외쳤다.

　　변희재《미디어워치》고문 등은 2017년 2월 12일 서울 종로구
평창동에 있는 손석희의 집 인근에서 '태블릿 PC 조작보도 및 호화
저택 구입의혹 진상규명' 기자회견을 열었다. 또한 엄마부대 주옥순
대표를 비롯한 100여 명의 극우 단체 회원들은 2017년 2월 18일 손
석희의 집 근처에서 "대한민국에서 날조 방송이란 방송은 다 하는

손석희를 우리 국민들이 더는 참을 수가 없어서 집까지 쳐들어왔다"
라고 고함을 지르며 소란을 피웠다.[44]

변희재와 인터넷 매체 《미디어워치》는 『손석희의 저주』[45]를 통
해 '조작의 달인' 손석희의 태블릿 PC 조작 음모로 대한민국이 무너
졌고 좌파 매체가 만든 손석희 신화가 대한민국에 저주를 불러왔다
는 극언도 서슴지 않았다.

일부 극우 성향 인사와 단체, 언론, 인터넷 커뮤니티는 서울 종
로구 평창동 주택 구입부터 아들의 군 복무까지, 손석희와 그의 가
족을 향해 악의적 의혹을 제기하고 가짜뉴스를 유통하는 데 혈안이
돼 있다. 집회와 농성, 기자회견, 고소, 고발, 출판물 등을 통해 전
방위적으로 손석희에게 비난과 공격을 가한다.

급기야 서울중앙지검 형사 1부는 2018년 6월 15일 합리적 근거
없이 손석희를 비방할 목적으로 악의적 허위 사실을 지속해서 유포
하고, JTBC 사옥과 집 앞, 아내가 다니는 성당 앞까지 찾아가 시위
를 한 점 등을 들어 변희재 《미디어워치》 고문을 정보통신망 이용촉
진 및 정보보호 등에 관한 법률 위반, 출판물에 의한 명예훼손 혐의
등으로 구속기소했다.[46]

손석희는 1984년 MBC에 입사한 이후 〈1분 뉴스〉부터 〈뉴스
데스크〉까지 다양한 뉴스 프로그램의 앵커와 〈장학퀴즈〉, 〈선택!
토요일이 좋다〉 등 여러 교양 프로그램의 MC를 맡아 반듯한 진행
과 정확한 언어 구사, 준수한 용모 등으로 시청자의 인기를 끌어왔

다. MBC 노조원으로 1988년 8월 노동쟁의 중 가슴에 '공정방송 쟁취' 리본을 달고 〈뉴스데스크〉 주말 앵커로 나섰을 때도, 노조 간부로 1992년 10월 파업 중 구속됐을 때도 많은 시청자와 국민은 그에게 박수를 보냈다. 심지어 구치소 재소자들도 MBC 파업을 지지하고 교도관들 역시 노조원 소식을 몰래 전해주는 등[47] 손석희에게 남다른 애정을 드러냈다. 이뿐만 아니라 언론도 지속해서 손석희에 대한 찬사를 쏟아냈다.

입사 이후 1999년까지 대부분의 시청자가 좋아한 손석희에게 비난과 공격을 일삼는 안티 세력은 없었다. 파업 주도 혐의로 구속됐을 때도 비난보다는 공정방송과 방송 민주화를 위한 실천이라고 보고 지지와 성원을 보내는 사람이 압도적으로 많았다.

하지만 2000년대 들어 손석희가 〈미디어 비평〉과 〈시선집중〉, 〈100분 토론〉 등 찬반이 극명하게 엇갈리는 이슈나 갈등이 큰 현안을 다루고 진보·보수 각 진영의 정치인과 전문가가 출연하는 프로그램을 맡은 뒤부터 손석희를 비난하는 사람들이 생겨났다. 정파와 진영에 영향받지 않는 중립적 진행, 집요하고 예리한 인터뷰 스타일, 권력과 자본에 비판적 칼날을 거침없이 들이대는 치열한 자세를 견지했지만 그럼에도 손석희를 공격하는 안티 세력이 늘어났다.

사람들은 찬반이 분명한 사안에서 미디어가 자신과 반대되는 입장을 옹호한다고 인식하는데, 이를 적대적 매체지각hostile media perception[48]이라고 한다. 이처럼 TV나 라디오 프로그램에서 갈등이 첨

예한 현안을 다룰 때 찬반 세력은 손석희가 서로 다른 진영에 유리한 진행을 한다고 주장하며 무차별 공격을 가했다. 대본에 없어도 국민이 알고 싶어 하는 내용을 끝까지 집요하게 물어보는 인터뷰 스타일에 불만을 가진 사람들은 손석희를 편파적 진행자로 매도했다. 더 나아가 일부 정치인과 지지자는 손석희에게 비난을 퍼부으며 부정적인 정보와 인신공격을 확대 재생산했다. 특히 일부 보수 진영과 극우 단체는 2000년 이전까지 전혀 문제 삼지 않았던 손석희의 노조 활동과 구속을 들춰내 '종북 좌파 진행자'로 낙인찍으며 비난을 증폭시켰다.

2004년 4월 9일 〈시선집중〉에 출연한 박근혜 한나라당 대표는 집요하게 질문하는 손석희에게 엉뚱한 대답을 하다 결국 "저하고 싸움하시자는 거예요"라며 발끈하기까지 했다. 방송 직후 한나라당 전여옥 대변인은 "손석희 씨가 사전 질문지에 없는 질문을 하는 등 (박 대표에 대한) 인격 모독적이고 악의적 인터뷰를 했다"라고 맹비난했다.[49] 〈100분 토론〉에 출연한 적 있는 변희재는 "〈100분 토론〉의 편파성을 이야기할 때 손석희 씨의 문제를 거론하지 않을 수 없다. (…) 손석희 씨는 비단 필자뿐만 아니라, 상습적으로 보수 측 패널의 발언에 대해 끊임없이 비판하는 역할을 하고 있다"[50]라고 힐난했다.

손석희를 종북 좌파로 규정하며 악의적인 왜곡 주장을 일삼는 안티 세력이 본격적으로 등장한 것은 바로 2008년 이명박 대통령이 취임하면서부터다.

이명박 정부의 국가정보원은 2009년 〈시선집중〉을 좌파 논리에 경도된 편파 보도로 정부 흠집 내기와 민심 호도를 일삼는 프로그램으로 규정한 뒤 관제데모나 일부 보수 단체, 댓글 부대를 동원해 부정적 여론 확산에 주력하며 진행자 손석희를 무차별 공격했다.[51] 국정원과 보수 단체, 댓글 부대, 극우 언론이 〈100분 토론〉과 〈시선집중〉의 손석희 퇴출을 위한 여론 조작에 본격적으로 나서면서 안티 세력이 조직적으로 만들어졌다. 부패한 정권이 손석희를 언론계에서 퇴출시키기 위해 안티 세력을 의도적으로 조직화한 것이다.

2013년 들어선 박근혜 정부도 손석희를 지속적으로 탄압하자 테러 수준의 협박과 혐오를 일삼는 극우 인사와 안티 세력까지 출현했다. 박근혜 대통령과 청와대, 국정원 등은 세월호 참사 등을 계속 보도하고 정권의 문제를 지속해서 비판하는 JTBC와 손석희를 조직적으로 탄압했다. 이 과정에서 박근혜 대통령 지지자와 극우 성향의 단체 및 언론, 인터넷 커뮤니티가 손석희를 겨냥한 항의 시위, 관제데모, 여론 조작의 선봉에 나섰다.

2016년 10월 24일 박근혜 국정농단 사건의 진실을 규명하고 촛불혁명의 도화선이 된 최순실 태블릿 PC 보도 이후 박근혜 지지자 및 손석희 안티 세력은 일제히 JTBC의 태블릿 PC 조작 주장을 펼쳤다. 손석희를 조작 주범으로 몰아 항의 시위에 나서는 한편 고소와 고발을 일삼았다. 또한 손석희가 2003년에 아방궁 같은 평창동 130평 저택을 출처가 불분명한 자금 30억 원으로 구입했다며 근거 없는 의혹을 제기했고 입에 담을 수 없을 정도로 자극적인 사실무근의 사생활 정보까지 유통했다.

손석희는 극우 인사와 박근혜 지지자, 안티 세력의 조직적 음해와 공격에 대해 2017년 2월 16일 JTBC 사원들에게 보낸 이메일을 통해 "바깥 일부 세력들의 정치적 의도는 설명하지 않아도 모두가 아는 사실이니 이런 메일을 드릴 필요는 없을 수 있으나, 그렇다 하더라도 저들의 가짜 정보에 의한 공격이 너무 집요해서 주변 사람들로부터 질문을 받는 경우도 많다고 들었다"라며 "주변의 의구심이 아무리 깊더라도 당당하게 대응하시면 된다. 그래도 안 믿으면 몇 가지 가짜뉴스의 예만 들어주어도 정상적인 경우라면 이해를 할 것이다. 제 개인이나 가족에 대한 공격도 마찬가지다. 저들이 주장하는 것 중에 어느 것 하나 맞는 것이 없다"라고 단호하게 반박하며 흔들림 없는 모습을 보였다.

손석희를 향한 공격은 박근혜 대통령 탄핵과 문재인 정권 등장 이후에도 보수 집회나 극우 인터넷 커뮤니티, SNS 등에서 지속되고 있다. 2019년 1월 24일 한 프리랜서 기자의 손석희 폭행 주장이 보도된 직후에도 일부 극우 인사와 단체, 언론 매체가 유튜브와 SNS 등을 통해 사실무근의 불륜설 제기부터 허위 사실을 근거로 한 무차별적 고소, 고발까지 상상을 초월할 정도의 공격을 가했다. 이처럼 손석희를 향한 안티 세력의 공세는 갈수록 거세지고 있다. 김민웅 경희대 미래문명원 교수, 시사평론가 김어준 등 일부 전문가는

〈뉴스룸〉뿐만 아니라 JTBC에서 손석희를 퇴출시키려는 안티 세력의 배후에 일부 정치 집단과 언론 그리고 재벌을 비롯한 기업 세력이 존재한다고 주장한다.

하지만 인위적으로 조직된 안티 세력과 박근혜 등 일부 정치인 지지자들의 집요한 공격은 손석희를 지지하는 많은 시민의 응원으로 힘을 쓰지 못하고 있다. 그리고 손석희는 극우 단체의 겁박에도 아랑곳하지 않고 시청자의 응원 속에 권력과 자본에 대한 비판을 멈추지 않고 있다.

정치인 손석희의
가능성

정동영, 박영선, 한선교, 노웅래, 신경민, 박광온, 김성수, 민경욱, 민병두, 서형수, 김종민, 강효상…. 이들의 공통점은 무엇일까. 바로 아나운서와 앵커, 기자 출신인 20대 국회의원이라는 점이다.

제헌국회부터 20대 국회까지 국회의원 가운데 앵커를 비롯한 방송인과 신문사 기자 등 언론인 출신은 모두 377명으로, 제헌국회 당시 20.5퍼센트를 시작으로 대체로 15퍼센트 전후를 유지하다 16대 20.1퍼센트를 기점으로 감소세에 접어들었다. 19대와 20대 국회는 26명으로 8.7퍼센트에 머물렀지만, 여전히 미국 등 외국보다 높은 수준이다.[52] 언론인 출신 정치인이 늘어나고 또 일상화되면서 '폴리널리스트(정치 politics와 언론인 journalist의 합성어)'라는 용어까지 등장했다.

정관계 진출 언론인이 증가하는 가운데 이들이 정관계에 진출하는 방식도 변화했다. 과거에는 정권의 필요나 언론 통제를 위해 정치권력이 언론인을 정관계에 충원했다면, 이제는 언론인 스스로 정관계 진출을 위해 정치권력에 다가서고 있다.[53]

현직 언론인이 청와대에 들어가는 등 최소한의 언론 윤리마저 지키지 않고 정관계에 진출하는 사례도 적지 않다. 2014년 2월 4일 까지 KBS 메인 뉴스 〈뉴스 9〉을 진행하던 앵커 민경욱은 '뉴스 프로그램 진행자는 공영방송 이미지의 사적 활용을 막기 위해 해당 직무가 끝난 후 6개월 이내에는 정치 활동을 하지 않는다'라고 규정한 KBS의 윤리 강령을 깡그리 무시한 채 다음 날 청와대 대변인으로 자리를 옮겨 비판을 자초했다. 또한 2015년 10월 25일 〈100분 토론〉을 진행하던 정연국 MBC 시사제작국장 역시 청와대 대변인으로 직행해 논란을 불러일으켰다. 이 같은 현직 언론인의 정관계행을 놓고 불공정 보도와 곡필曲筆의 대가로 받는 전리품이라는 비판의 목소리가 고조되고 있다.

2019년 1월 윤도한 MBC 논설위원이 청와대의 국민소통수석으로, 여현호 《한겨레》 기자가 국정홍보비서관으로 간 것에 대해서도 질타가 이어졌다. 현직에 있는 동안 공정한 감시자로서 언론인의 역할을 다했다 할지라도 하루아침에 권부로 자리를 옮기면 그동안의 언론 활동까지 공정성을 의심받고 언론인에 대한 불신이 더욱 깊어진다는 이유에서다.

폴리널리스트는 부정적인 이미지가 강하다. 정관계 진출을 염

두에 둔 언론인은 진실을 추적하고 권력과 자본을 감시하는 정론 저 널리즘을 제대로 펼칠 수 없기에 언론의 신뢰와 공정성을 추락시키 기 때문이다. 또한 전문가들은 폴리널리스트가 스스로 자신의 전문 적 정체성을 망치고 한국 언론의 정파성을 강화하며 언론인의 기회 주의를 조장한다고 비판한다. 언론인의 정관계 진출이 언론 통제의 수단으로 활용된다는 점을 꼬집는 언론인과 전문가도 많다.[54]

반면 언론인은 취재 과정에서 습득한 감시와 비판의 자세, 현 안을 심도 있게 분석하는 능력, 공익성을 추구하는 태도 등 정치에 필요한 자질을 많이 갖추고 있어 정치 발전을 위해 정계에 더 많이 진출해야 한다는 주장을 펼치며 언론인의 정관계 진출을 옹호하는 전문가나 언론인도 있다.[55]

손석희는 선거 때마다 정치권의 영입 대상 1순위로 거론되는 언론인이다. 많지 않지만 일부 시청자와 청취자, 시민도 손석희의 정계 진출을 희망한다.

"손석희가 탐이 난다고 정치권에 데려오면 안 돼. 이런 사람은 방송을 지키고 방송을 통해 이 사회에 기여할 수 있도록 정치권이 흔들어서는 안 돼"라고 말하는 권영길 전 민주노동당 대표[56]처럼 손 석희의 정계 영입을 반대하는 정치권 인사도 있지만, 대다수 정당 등 정치권에서는 바르고 깨끗한 이미지를 가진 최고 실력의 방송 스 타이자 대중성과 신뢰도, 영향력 1위 언론인 손석희가 정당의 이미 지 제고와 관심도 상승에 큰 역할을 할 수 있다고 판단해 오랫동안 영입 노력을 기울였다. 일부 시민과 청취자, 시청자는 정직하고 공정하게 언론 활동을 한 손석희가 정계에 나가 깨끗한 정치를 펼쳐 정치 문화를 한 단계 발전시키기를 바라는 간절한 마음에서 정계 진출을 권하기도 한다.

손석희의 정치권 영입 움직임은 2000년 16대 총선 직전부터 본격화했다. "신당이 방송을 통해 친숙해진 인물들에 들이는 공은 각별하다. 신당 측은 대선 때 후보 TV 토론 사회를 맡아 주가를 높였던 정범구 씨와 함께 MBC 앵커인 손석희 씨 등을 강동, 마포 지역에 대입해보고 있다"[57], "서울 강동갑에는 손석희 MBC 아나운서의 영입이 거론된다"[58]와 같은 언론 보도에서 드러나듯 2000년 16대 총선을 앞두고 여당과 야당 모두 손석희 영입에 많은 공을 들였다. 언론에서는 하루가 멀다고 손석희 정계 진출 관련 기사를 쏟아냈다. 정계 진출설이 무성했던 2000년 1월에 만난 손석희는 "정당의 영입 제의는 받았지만, 정치할 생각이 전혀 없다"라며 정치 입문에 대한 입장을 명확히 했다.

2000년 총선 이후에도 지방자치단체장 선거, 국회의원 선거, 대통령 선거 때마다 빠짐없이 정치권의 손석희 영입에 관한 소문이 나돌고 이에 대해 언론 보도가 쏟아지는 일이 반복됐다.

이때마다 손석희는 정치할 생각이 없다는 의사를 확고하게 밝혔다. 2004년 17대 총선을 앞두고 또 한 번 정계 입문 소문이 나돌고 언론 보도가 잇따르자 손석희는 2003년 11월 3일 〈시선집중〉 방송을 통해 "일부에서 제가 정계 진출을 한다는 보도가 있지만, 저는 정계 진출할 생각이 없습니다"라고 말하기도 했다. 또한 정계 진출 여부를 묻는 언론과의 인터뷰에서도 정치하지 않는다는 기존 입장을 되풀이했다.

"2000년 총선 때가 제일 심했어요. 양쪽(여당과 야당)에서 다 그랬으니까요. 그건 그 사람들의 마케팅 전술이었겠지요. 하지만 제 체질엔 전혀 안 맞아요. 정치권으로 가는 걸 일종의 '업그레이드'로 생각하는 우리 세태도 문제인 것 같습니다. 어떤 분들은 '이젠 큰일 해야지'라는 식으로 얘기하시더군요. 그게 바로 아직 민주주의가 안 되고 있다는 방증이지요. 청취자, 시청자들이 혹시라도 오해할까 봐, 방송에서도 얘기했어요. '저는 (정치) 안 합니다'라고요. 그리고 '이 말을 절대 뒤집지 않을 것'이라고 자물쇠까지 채웠죠."[59]

선거 때가 아닌 2006년에도 손석희의 정계 진출 루머가 나돌았다. 2006년 2월, 22년간 근무했던 MBC를 사직하면서 손석희의 정계 진출설이 증폭된 것이다. 손석희는 MBC를 사직하며 가진 기자 간담회에서 "회사를 그만두는 것은 성신여대에서 강의하기로 했기 때문이다. 정치권에서 제의가 와도 안 간다. 과거에도 없었고 앞으로도 정치 진출은 없을 것이다. '0.001퍼센트 가능성도 없느냐'라고 질문하신다면 아주 과거에 0.000001퍼센트 정도 생각했을지 모르지만, 그 생각도 길게 한 적이 없다"라는 말로 정치할 의사가 전혀 없음을 또 한 번 밝혔다.

서울시장 보궐선거를 50일 앞둔 2011년 9월 5일 〈시선집중〉에 출연한 홍준표 한나라당 대표가 "서울시장 보궐선거에 출마할 생각이 없느냐. 정말 생각이 있다면 한나라당에서 모시겠다"라고 말하자 손석희가 "다 나가면 소는 누가 키우겠습니까"라는 재치 있는 대답으로 받아치며 서울시장 선거에 나설 의사가 없음을 표명해 화제가 되기도 했다.

2014년 6·4 지방선거를 앞둔 2014년 1월 새누리당 의원인 김성태 서울시당 위원장이 한 식당에서 손석희를 만난 사실이 알려지면서 언론들이 앞다퉈 손석희의 서울시장 출마설을 보도했다. 손석희는 정계 진출 의사가 전혀 없다는 입장을 되풀이했다.

2017년 4월 25일 《중앙일보》와 JTBC, 한국정치학회의 공동 주최로 열린 19대 대통령 선거 후보 초청 토론회에서 더불어민주당 문재인 후보가 "(내각을) 대한민국 드림팀으로 구성하고 싶다. 국민 추천제를 하고 싶다. 손석희 사장께서도 국민 추천을 높게 받으면 사양하지 않았으면 좋겠다"라고 말하자마자 손석희는 "(추천) 이전에 사양하겠다"라면서 정치에 참여할 뜻이 없다고 했다.

심지어 언론계 은퇴 후 정계 진출에 대한 질문까지 나오자 손석희는 "정계 진출 얘기를 어디서 듣고 있는지 모르겠다. 나는 최근 들어서는 들은 바 없다. 이젠 그런 소문에 대답할 필요조차 못 느낀다"[60]라고 대응했다.

손석희는 정계 영입 제의를 받고 "심판이 어떻게 선수가 될 수

있느냐"라며 정치인의 길을 거절한 미국의 전설적인 앵커 월터 크
롱카이트와 "나는 관중이지 선수가 아니다"라며 정치 입문을 고사
한 일본의 스타 방송인 다하라 소이치로田原總一朗를 언급하며 얼굴이
좀 알려졌다고 정치를 하는 것을 이해하기 어렵다[61]고 했다. 그리고
정계 진출을 하지 않는 이유로 프로그램을 많이 하면서 정치인을 가
까이 지켜본 결과 자신은 정치권과 맞지 않고 정치인 체질이 아니며
인적 네트워크를 관리하거나 인간관계를 잘하지 못한다는 점을 꼽
았다. 무엇보다 정치가 방송보다 더 큰일이라고 생각하지 않고 자기
자리에서 최선을 다하는 게 가장 큰일이라고 여기기 때문에 정계 진
출을 전혀 고려하지 않는다고 강조했다.

"나는 정치에 뜻이 없고 나랑 잘 맞지 않는다고 생각한다. 직업
을 통해 사회적 봉사까지 할 수 있으면 운 좋은 인생이라고 생각하
는데 나는 이미 그렇게 살고 있다. 좀 더 큰일을 해야 한다? 정치가
좀 더 큰일이라고 생각하지 않는다. 당연한 얘기지만 자기 자리에서
최선을 다하는 게 가장 큰일이 아닌가."[62]

손석희는 언론인의 정계 진출을 선택의 문제라고 봤다. "선택
의 문제는 대상이 등가성이 있을 때 성립되는 것이다. 나는 안 나
가는 쪽으로 선택을 한 것이고, 나간 쪽을 선택한 분들은 자신의
선택에 책임지고 노력해 그쪽에서 발전하면 된다. 다만 선택의 주
체들이 적절한 명분을 갖고 자신을 바라보는 이들을 설득할 수 있어
야 한다."[63]

강준만 전북대 교수는 손석희가 정계 진출을 하지 않고 방송에 최선을 다하며 정론 저널리즘을 위해 노력하는 것을 대단히 높게 평가한다. 강준만 교수는 "성공한 저널리스트, 성공한 학자, 성공한 외교관, 성공한 엔터테이너 등에게서 정치 입문을 기대하는 정치 지상주의 풍토를 박살 내지 않는 한 한국 정치의 미래는 없다"라면서 "폴리널리스트의 길을 단호히 배격하고 정치권의 구애를 뿌리친 건 물론 끊임없이 방송 저널리즘의 미래를 고민하는 롤 모델 저널리스트를 부각하는 일이 필요하다. 그런 롤 모델 인물이 바로 손석희다"[64]라고 강조한다.

　　손석희가 "죽을 때까지 정치하지 않겠다"라고 확언[65]하며 20년 가까이 정치권의 영입 제의를 단호하게 거부하고 은퇴 후에도 정치할 생각이 전혀 없다고 단언했기에 우리는 '정치인 손석희'를 결코 볼 수 없을 것이다. 하지만 그 대신 사람들에게 선한 영향력을 행사해 좀 더 인간답게 살 수 있는 사회를 만드는 방송인, 힘없는 사람을 두려워하고 권력과 자본을 가진 사람이 두려워하는 언론인 손석희는 계속 볼 수 있을 것이다.

사람들이 말하는
손석희의 실상

"고교생이 된 내 아이가 '어머니, 제가 어떤 인물이 되었으면 좋겠습니까?' 하고 자주 묻곤 하는데 저는 주저 없이 '손석희 씨 같은 인물이 되었으면 좋겠다'라고 대답할 만큼 손석희 씨를 좋아합니다." 출근하면서 매일 손석희 방송을 듣는다는 어머니 청취자다.[66]

이 어머니는 왜 자기 아들이 손석희처럼 되기를 간절히 바랄 정도로 손석희를 좋아하는 것일까. 사람을 파악하는 방법 중 하나는 다른 사람이 어떻게 평가하고 말하는가를 살펴보는 것이다. 동료와 선후배, 가족과 친지, 친구, 전문가의 손석희에 대한 언표言表와 평가는 그의 실상과 본질을 엿볼 수 있는 중요한 단서다.

MBC와 JTBC 등 언론 현장에서 함께 일한 동료와 선후배들은 손석희를 어떻게 말하고 평가할까. 〈시선집중〉을 기획하고 연출했으며 1992년 노조 파업 당시 손석희와 함께 구속되기도 한 정찬형 전 MBC 라디오본부장(YTN 대표)과 아나운서 선배 성경환 전 MBC 국장(한국정책방송원장)부터 JTBC 〈뉴스룸〉의 공동 앵커인 안나경까지 여러 동료와 선후배는 손석희가 뉴스와 방송 활동, 경력을 자신의 성공과 출세에 이용하지 않으며 감히 넘을 수 없는 산처럼 뛰어난 실력을 갖췄고 인턴, 의상팀 스태프까지 다정하게 이름을 불러주는 따뜻한 심성을 가진 방송인이라고 말한다. 그리고 하나같이 그와 함께 일한 것이 자랑이라고 강조한다.

"다른 상당수의 기자 앵커들이 뉴스를 어떤 이유에서건 바꿔 먹기 했다. 톤 다운하거나 마사지를 해준다거나, 이렇게 해놓고 거래를 한다. 청와대로 들어가고 국회의원에 출마했다. 손석희는 그걸 철저히 안 하는 쪽으로 했다. 일정하게 스스로를 규정해온 걸 지켜나가는 과정이기도 했다. 손석희는 사람을 안 만나는 걸 즐거워했다. 로비당할 일도 없었다." 정찬형 전 MBC 라디오본부장·YTN 대표 – 『손석희 저널리즘』 중에서

"나도 아나운서로서 시사 프로그램의 일인자가 되고 싶었다. 그런데 곰곰이 생각해보니 내 앞에 감히 넘을 수 없는 산이 버티고 있었다. 그게 손석희였다. 그는 들어올 때부터 특출했다. 천부적인 방송인이었다. 남들보다 몇 배는 성실했다. 그리고 책임감과 완벽성

까지. 내 역량이 그와 어느 정도 비슷해야 질투를 하지. 나는 손석희를 존경했다. 손석희에게 연예 프로그램을 시켰어도 잘했을 거다. 그중에서 그의 적성에 가장 맞는 옷이 저널리스트였다. 그러나 손석희가 MBC에 있을 때는 〈100분 토론〉과 〈시선집중〉 진행의 기회만 주어졌을 뿐 〈뉴스데스크〉 메인 앵커 기회는 없었다. MBC에서 그런 기회를 줬다면 지금 JTBC에서 하는 걸 그대로 했을 거다. 자신에게 권한이 주어지니 생각했던 꿈을 실현하고 있다. 나는 방송 진행자보다는 '역량 있는 관리자'에 대한 꿈을 키웠다. 부장 때 국장 연습을 했다. 내 역할은 최고의 후배들을 양성하는 거였다. 손석희 덕에 스스로 그렇게 규정했다." 성경환 전 MBC 아나운서국장·한국정책방송원장 – 《미디어오늘》 2017년 4월 23일 인터뷰

"너무 곧아 부러지지 않는 게 이상할 정도로 그 이상 바르게 사는 분은 본 적이 없다. 손석희 선배의 뉴스 실력은 누구나 인정하지만, 특히 그를 인정하는 사람이 있다. 누군가 내게 '파트너에게 인정받는 사람이 진짜 실력자'라고 말해준 적이 있는데 손석희 선배가 바로 그런 사람이다. 워낙 여자 후배들에게 냉정하게 대하니 좋은 말을 듣기 쉽지 않지만, 뉴스 진행 실력 하나는 함께 일했던 여자 앵커 누구나 인정했다. 지금도 그의 방송을 듣거나 볼 때면 짜증이 난다. 어떻게 하면 저렇게 잘할 수 있지." 김주하 전 MBC 앵커·MBN 앵커 – 『안녕하세요 김주하입니다』 중에서

"손 국장님은 잠을 안 자는 분 같았다. 그분의 자료 조사는 놀랍다. 대한민국의 모든 신문을 다 읽으신다. 심지어 인터넷의 뜬소문들도 다 알고 계신다. 가장 무서워하면서도 존경하는 분이다. 나는 손석희 아나운서를 맘대로 멘토로 삼았다." 최윤영 전 MBC 아나운서·방송인 – 《경향신문》 2011년 5월 26일 공개 강좌

"내 인생 몇 안 되는 자랑거리 중 하나는, 국장 시절인 그(손석희)의 손으로 아나운서가 돼 방송에 발을 들여놓았다는 것이다. 언제나 모든 이들과 소통할 수 있는 유머와 젊음을 잃지 않고, 항상 새로운 도전을 멈추지 않는 이를 곁에 두고 볼 수 있는 것만큼 행운이 있을까." 오상진 전 MBC 아나운서·방송인 – 인스타그램 2014년 9월 16일

"입사해서 늘 마음속에 품고 매일 생각하는 두 단어가 있어요. 진실과 진심. 이 두 단어는 손석희 사장님을 옆에서 보면서 느껴지고 생각나는 단어이기도 해요. 손 사장님의 진실을 대하는 진심을 닮고 싶어요. 함께 일하는 모든 사람의 이름을 기억하고, 불러주시는 점도 본받고 싶어요. 인턴부터 의상팀 등 함께 일하는 모든 분의 이름을 다 기억하고 다정하게 불러주세요. 모든 사람을 진심으로 대한다는 느낌이 들어요." 안나경 JTBC 〈뉴스룸〉 앵커 – 《일간스포츠》 2015년 3월 11일 인터뷰

"한마디로 탈권위의 상징이라고 할 수 있다. 옆에서 바라보니 더 멋진 분이더라. 절대 목에 힘주고 일하지 않고, 농담하는 걸 싫어하실까 봐 아무 말도 안 하면 '너답지 않게 왜 그래' 하며 먼저 분위기를 풀어주신다. '최순실 게이트'가 터지고 나서 '사장님 덕분에 세상이 따뜻해지고 있어요. 감사합니다'라고 문자 드렸더니 '조금 닭살스럽지만 고맙다'는 답장을 보내주셨다. 그 문자를 평생 간직할 생각이다." 장성규 JTBC 아나운서 - 《여성중앙》 2017년 4월 호 인터뷰

매형 주철환 교수, 대학 동창인 디자이너 장광효 등 사적 영역을 공유하며 함께 생활한 가족과 친구, 친지들은 손석희가 따뜻한 카리스마와 범접할 수 있는 아우라가 있고 들꽃 같은 심성을 가진 사람이라고 입을 모은다.

"손석희는 따뜻한 카리스마를 가졌고 범접할 수 있는 아우라를 가진 사람이다. 방송에선 한 치의 오차도 없을 것 같은 예리함을 보이지만, 실생활에선 따뜻하고 실수도 하는 오차가 있는 사람이다."
주철환 전 서울문화재단대표·아주대 교수 - 2016년 1월 15일 인터뷰

"(손)석희는 사람들이 보았을 때 굉장히 까칠하고 비판적으로 보는 것 같은데 안 그래요. 실제 따뜻하고 굉장히 여성스럽고 좋은 친구예요. 들꽃 같은 친구입니다. 내면의 멋이 있는 친구이기도 하

지요."디자이너 장광효 – 여수 MBC 〈브라보 멋진 인생〉 2015년 9월 29일 인터뷰

손석희를 JTBC 사장으로 영입해 많은 사람을 놀라게 했던 홍석현 전 중앙그룹 회장은 손석희가 최고의 인재이자 철저하게 자기 관리를 잘하기 때문에 누구에게나 당당한 사람이라고 좋은 평가를 아끼지 않는다.

"최고의 인재는 어떤 어려움이 닥쳐도 바른 생각과 바른 행동을 할 수 있는 사람입니다. 손 사장이라면 어느 쪽에도 치우치지 않는 공정한 보도에 가장 적합한 인물이라는 판단이 들었습니다. 손석희 사장에게 영입 제의를 두 번 거절당했지만, 왠지 포기하고 싶지 않았습니다. 바람이 제법 차갑던 어느 날 자연스레 그를 만날 수 있었습니다. 먼발치에서 보던 대로 깨끗하고 순수한 사람이었습니다."
홍석현 전 중앙그룹 회장 –『우리가 있기에 내가 있습니다』중에서

"제가 주미대사를 그만둘 때 손석희 씨가 집사람에게 아침 프로그램 출연을 집요하게 부탁했다고 합니다. 집사람은 집요한 프로페셔널리즘을 발휘하면서도 예의를 잃지 않았다는 인상을 받았다고 했습니다. 손석희 사장의 장점은 자기 관리가 철저합니다. 그렇기에 하고 싶은 말을 당당하게 누구에게나 합니다. 프로 근성이 있습니다."홍석현 – 유튜브 영상 2017년 4월 16일

미디어와 커뮤니케이션 관련 학과 교수 등 전문가들은 손석희가 진영 논리에 갇히지 않고 진실 추구를 위해 노력하는 진정한 방송인이며 '손석희 저널리즘'으로 한국 언론 판도를 바꾸고 있다고 평가한다.

"많은 방송인은 프로그램이 자기를 위해 존재하기를 바라지만, 손석희 교수는 자신이 프로그램과 방송을 위해 존재하려 하는 진정한 방송인이다." 김주환 연세대 언론홍보영상학부 교수 - 〈100분 토론〉 2009년 11월 19일 인터뷰

"진영 논리에 미쳐 돌아가는 한국 사회에서 어느 한쪽에 치우치지 않으면서 '모든 진실을, 오직 진실을' 다루는 건 쉬운 일이 아니다. 손석희가 그런 일을 완벽하게 해왔다고 결코 말할 순 없겠지만, 그가 끊임없이 그 방향으로 가려고 애써온 건 분명하다. 한국 저널리즘, 더 나아가 한국 사회를 위해 '손석희 저널리즘'의 발전과 확산을 기대한다." 강준만 전북대 신문방송학과 교수 - 『손석희 현상』 중에서

"손석희 아나운서를 두 마디로 표현하자면 '절제'와 '균형'이라는 말로 표현할 수 있을 것 같다. 그리고 그것은 말처럼 쉬운 것은 아니다. 수많은 유혹과 욕망이 넘실거리는 세상에서 자신을 잃지 않고, 절제한다는 것은 쉬운 게 아니다. 그리고 수많은 선택과 주위의

기대, 강요 속에서 균형을 잡는다는 것 역시 쉬운 것이 아니다. 그러나 그는 그 두 가지를 절묘하게 조화시킬 수 있는 사람이다. 그것이 그를 신뢰받는 방송인으로 만든 게 아닌가 싶다."지승호 작가 - 『마주치다 눈뜨다』 중에서

"언론 민주화를 위해 신념으로 걸어온 동지들이 있다. 전부 다 생각나고 훌륭하다. 그러나 그중에서, JTBC 사장으로 있는 손석희 조합원을 가장 인상적인 후배로 꼽고 싶다. 민주노총위원장 시절 내가 진보 진영 대통령 후보로 나가야 한다는 논의 끝에 1997년 국민승리21(민주노동당의 전신)이란 정치 조직체가 탄생했다. 나는 당시 언론에서 한 줄도 언급되지 않는 대선 후보였다. 고민 끝에 손석희 MBC 조합원을 대변인으로 떠올렸다. 당시 손석희 씨는 미국 미네소타에서 공부 중이었다. 개인 돈으로 비행기 표를 마련해 사람을 보냈으나 데려오지 못했다. 이후 손석희는 한국 역사를 발전시키는 데 가장 중심적인 길을 걸어왔다. 내가 그 길을 가로막을 뻔했구나 싶어, 돌이켜 보면 (대변인직을) 거절해서 정말 다행이었다. 사람들에게 손석희를 잘 봐라, 손석희에게 배우라고 늘 얘기했다. 손석희는 어떤 정당에서든 영입 1번이었다. 김대중 대통령의 영입 1번도 손석희였다. 손석희가 대단한 건 그 모든 유혹을 과감하게 뿌리친 것이다. 대통령 앞에서 거절할 수 없으니 아예 대통령이 부르는 곳을 가지 않았다. 그 결과 독보적인 언론인이 됐다. 끊임없이 공부하고 내

공을 쌓으며 MBC 조합원 시절에도 연대 활동을 굉장히 열심히 했다. 박근혜 정권이 청와대에서 감옥으로 가기까지 손석희가 어떤 역할을 했는가는 다 알려진 사실이다. 나는 그야말로 역사적인 인물을 사장시킬 뻔했다." 권영길 언론노조 초대위원장 · 전 국회의원 – 《미디어오늘》 2018년 11월 28일 인터뷰

일거수일투족이 관심의 대상이며 대중의 열렬한 사랑을 받는 연예계 스타들조차 손석희를 좋아하고 만나고 싶어 한다. 손석희를 만나면 설레고 어쩔 줄 몰라 한다. 수많은 스타가 JTBC〈뉴스룸〉 등 방송에 출연해 손석희에 대한 감정을 드러냈다.

"저는 어릴 때 봬서 사적으로 '아저씨'라고 불렀어요. 손석희 교수님 처음 뵀을 때 사인 부탁드렸습니다. 제가 정말 좋아해요. 그분은 해맑은 미소, 정말 청결한 미소 등 변한 게 하나도 없으세요." 배우 김혜수 – 〈100분 토론〉 2009년 11월 19일 인터뷰

"밤새도록 이야기하고 싶어요. 원래 손석희 님 팬이기도 하고 예전부터 너무 좋아했어요. JTBC 뉴스를 보고 희망도 얻고 위로도 받습니다." 가수 서태지 – 〈뉴스룸〉 2014년 10월 2일 인터뷰

"난 정말 JTBC 뉴스 팬이다. 그리고 손석희 씨 팬이다. 그냥

하는 말이 아니다. 어떤 사람이 '그 남자(손석희) 왜 좋아하냐'라고 따지기도 했다. 손석희 씨를 보자마자 얼굴 빨개지고 당황했다. 오랜만에 한 경험이었다." 배우 윤여정 – 〈뉴스룸〉 2015년 3월 26일 인터뷰

"손석희 선생님은 깍쟁이세요. 허튼소리 하면 금방 막 뭐라고 하시고. 선생님 앞에서 지어서 하거나 근사하게 하면 그럴수록 손해라는 걸 알았어요. 솔직하게 하는 게 좋다는 걸 알았어요." 배우 김혜자 – 〈뉴스룸〉 2015년 11월 12일 인터뷰

"천사 같은 조카가 아파트에서 떨어져 죽었어요. 손석희 아나운서 있지요. 그 사람이 같은 아파트 살았는데요. 전혀 알지 못한 사람이었는데 출근하던 손석희 아나운서가 시체 같은 애를 태워서 성모병원에 데려다줬어요. 그래서 손석희 씨를 잊지 못해요. 언젠가 보면 그 고마움을 꼭 표현하려고 해요." 탤런트 허진 – TV조선 〈인생다큐 마이웨이〉 2017년 5월 25일 인터뷰

가슴을 움직인
손석희의 말과 글

손석희는 뉴스를 제작하고 전달하는 사람이다. 또한 그는 뉴스가 되는 사람이다. 손석희의 행보가 기사가 되고 그가 방송에서 한 말은 뉴스가 된다. 언론 매체 등에 기고한 글과 대학 등에서 한 강연은 인용引用의 재료가 돼 다시 보도된다. 이렇게 손석희의 말과 글은 화제가 되어 대중의 눈과 귀를 사로잡고 또한 논란도 된다. 감동을 주거나 카타르시스를 선사하기도 한다. 비판과 비난이 잇따르기도 한다. 유행어가 돼 사람들의 입에 오르내린다.

"뉴스가 인문학이 되고 뉴스를 관통하는 것이 인본주의"라는 게 손석희의 지론이다. 이런 손석희가 JTBC 〈뉴스룸〉의 '앵커브리핑'과 MBC 〈시선집중〉에서 작성하고 전달한 촌철살인 멘트는 많은 사람의 뇌리에 강하게 각인됐다. 손석희의 말에 감동한 배우 윤여정이 그에게 문자를 보내 감사를 표할 정도로 많은 사람에게 정서적 파문을 일으키는 코너가 바로 '앵커브리핑'이다. 또한 13년간 진행하며 2013년 5월 10일 방송을 끝으로 하차한 〈시선집중〉과 8년간 사회를 봤던 〈100분 토론〉에서의 강렬한 발언은 여전히 화제가 되고 이야깃거리가 된다.

대학 강연이나 수상 소감 역시 대중의 관심을 불러일으킨다. 특유의 직설과 방송에선 좀처럼 접할 수 없는 유머를 구사하는 강연 및 수상 소감은 유튜브나 인터넷에 유통되며 눈길을 끈다. 월간 《말》, 《문화일보》 등 언론 매체에 기고한 글과 1993년 출간한 저서 『풀종다리의 노래』에서 기술한 내용은 신경림 시인이 엮은 산문선집 『뭉클』[67]을 비롯한 여러 출판물과 언론 매체에 자주 거론되고 사람들에게 회자한다.

앵커브리핑

"'누군가를 기쁘게 하면 내 자신이 기뻐지고 누군가를 괴롭히면 내 자신이 괴로워진다. 그것이 바로 마음의 메아리이다.' 법정 스님이 남긴 말입니다. 아파트 경비원이 굴뚝에 올라가 시위를 해야 하고 심지어는 몸에 불을 붙이는 사회. 우리가 나누는 마음의 메아리는 언제부터 이렇게 황폐해진 것일까요." 2014년 10월 22일

"이명박 전 대통령의 회고록, 지금 나온 그의 회고록은 자기방어를 위한 변명에 지나지 않는다는 지적이 하루 만에 나왔습니다. (…) '자서전은 수치스러운 점을 밝힐 때만이 신뢰를 얻을 수 있다. 자신을 스스로 칭찬하는 사람은 십중팔구 거짓말을 하고 있다.' 『동물농장』의 작가 조지 오웰George Orwell의 말입니다. 진솔한 회고록을 낼 수 없는, 어쩌면 내서도 안 되는. 파이프를 그려놓고 '이것은 파이프가 아니다'라고 써놓은 르네 마그리트René Magritte는 이미지, 즉 허상에 속지 말라는 것을 작품을 통해 말하고 있습니다." 2015년 1월 29일

"젊은 층은 여기저기서 통증을 호소하고 있는데 그저 아프니까 청춘이라고 위로하면 되는 걸까요? '미안하지만 나는 이제 희망을 노래하련다.' 기형도 시인의 시 한 구절입니다. 어린 시절 가난이 상처였던 시인은 '미안하지만'이라는 단서를 붙이며 희망을 노래하고 싶다고 말했습니다. 그리고 지금 시대 역시 희망을 말하기 위해서는 여전히 '미안하다'라는 말을 앞에 붙여야 할 것 같습니다. 이틀 뒤면 이 젊은 시인이 세상을 떠난 지 꼭 26주기가 됩니다. 살아 있었다 해도 그는 자신의 시대에 그랬던 것처럼 자신의 다음 세대에게도 늘 미안해했을 것 같습니다." 2015년 3월 5일

"'아르바이트 끝나고 새벽에 들어오는 아이의 추운 발소리를 듣는 애비는 잠결에 귀로 운다(김주대 〈부녀〉).' 나의 부모님만큼은 흙수

저라는 말을 몰랐으면 좋겠다고 소망했던 그 청년. 그러나 이미 그 말을 들어버린 부모님은, 그리고 함께 그 말을 들어버린 이 땅의 힘없는 부모들은 모두가 잠이 든 깊은 밤 그저 귀로 울고 있을지도 모르겠습니다." 2016년 9월 22일

"최고 권력자는 고개를 숙였다지만 그 사과를 바라보며 느껴야 했던 또 다른 갈증과 상실감. 많은 언론들은 어제와 다른 말들을 쏟아내기 시작하지만, 그 갈증과 상실감을 과연 채워줄 수 있을까. 무엇이 맞고 무엇이 그렇지 않은 것인가. 그 혼돈의 시간 속에서 우리가 의지하고 마음 둘 곳은 과연 어디인가. 그렇게 가슴 왼편이 휑하니 뚫려버린 것만 같은. '상실의 시대', 아니 '순실의 시대'." 2016년 10월 26일

"시민의 아픔과는 다른 시간과 공간 안에서 국가와 국민을 이야기했던 사람들. 2014년 4월 16일. 그날부터 시작된 나비의 날갯짓은 너무나도 커다랗고 선명해서 우리는 이미 그 결과를 짐작하고 있었던 것은 아닐까. 총 234표. 탄핵안은 가결됐습니다. 그러나 그 결과와 상관없이 우리의 마음은 무겁습니다. 그것이 압도적인 결과라 해도 우리의 자괴감을 치유해줄 수는 없습니다. 길고 긴 겨울은 이제 시작됐고, 또다시 봄이 오기 전에 해야 할 일들은 남아 있습니다. 인양해야 할 그 모든 진실들. 바로잡아야 할 그 모든 비정상들. 몸과 마음을 다치고 세상을 떠난 그 사람 김관홍 민간 잠수사가 남

긴 그 말을 이 시간에 다시 꺼내봅니다. '뒷일을 부탁합니다.' 아직 그 뒷일은 너무나도 많이 남아 있습니다." 2016년 12월 9일

"대관절 국가의 책임은 어디까지인가. 세월호 특조위 청문회장에서 한 생존 화물트럭 기사가 간절하게 되뇌었다는 이 한마디를 다시 한 번 전해드리는 것으로 마무리를 대신합니다. '한 놈만 미안하다고 해라⋯ 한 놈만⋯.'" 2017년 2월 2일

"그러나 그것이 차라리 아무 말이었으면. 사실은 나름의 주도면밀한 정치적 계산에 의한 것이라면 우리의 정치는 또 얼마만큼 가야 할 길이 먼 것인가. 그래서 광장의 시기를 지나와 또 다른 정치적 변화기를 맞고 있는 우리 자신에게 아직도 미셸 오바마Michelle Obama의 명언은 유효한 것 같습니다. 'When they go low, we go high!' '그들은 저급하게 가도, 우리는 품위 있게 가자!'" 2017년 6월 21일

"1945년 8월의 히로시마와 나가사키. 원폭의 그 순간. 정지해버린 그 시계들. 일본은 그 비극의 시간을 영원히 보존함으로써 자신들이야말로 전쟁의 피해자임을 이야기합니다. 그러나 정작 가해의 시간은 지워버리고자 하는 순간 그들은 피해자로서의 지위도 잃게 된다는 사실을 정말 모르는 것일까. 비극의 시간에 멈춰버린 그 시계가 보존되어 있는 히로시마 평화기념관 방명록에는 누구를 향

한 것인지 모를 이런 문구가 남겨져 있었으니. '기억하자, 항의하자, 그리고 살아나가자.'" 2017년 7월 31일

"삶과 죽음의 경계는 그렇게 찰나인 것이어서 허망하기도 하고 또한 두렵기도 한 것. 그리고 오늘 한 사람의 배우가 세상을 떠났습니다. 그는 마침 얼마 전에는 저널리즘을 다룬 드라마에 출연해서 그 나름의 철학이 있는 연기를 보여주어서 비록 그것이 드라마이고 또 연기였다고는 해도 저희 같은 사람들에게는 일종의 연대감도 생겼던 터. 그의 안타까운 죽음을 놓고 겨우 몇 번째 순서에 얼마큼 보도할 것인가를 고민해야 하는 착잡한 오늘. 그의 가슴이 따뜻하리라는 것은 우리 모두가 알 수 있는 오늘." 2017년 10월 30일

"다른 듯, 닮은… 1995년의 (전두환의) 골목 성명과 2017년의 (이명박의) 공항 성명. 그들이 걱정한 것은 나라의 안위였을까, 그들의 안위였을까." 2017년 11월 13일

"'88만 원 세대'라는 단어가 등장한 지 딱 10년 만에 숫자의 방향은 위가 아닌 아래를 향하게 되었고 스스로를 편돌이, 편순이라 칭하며 일회용으로 삶을 때워가는 현실 속 '편의점 인간'은 점차 늘어나고 있는 것이죠. 세상이 겪고 있는 세대 간의 격차는 우리가 상상하는 것보다 훨씬 더 벌어져 있는지도 모르겠습니다. '비닐봉지

를 흔들며 귀가할 때 나는 궁핍한 자취생도, 적적한 독거녀도 무엇도 아닌 평범한 소비자이자 서울시민이 된다.' 80년대에 태어난 젊은 작가의 말처럼 오늘도 누군가는 궁핍과 외로움을 메우려 편의점에 갈 것입니다. 그리고 환한 통유리 너머 비치는 우리가 함께 메워내야 할 세상이 만들어낸 고단한 풍경들." 2017년 12월 28일

"쓰리잡을 하며 돈을 모으는 한편 매일 한 장씩 천 원짜리 복권을 구입했던 시청자. 그의 영수증을 바라보던 김생민 씨는 결국 판단을 유보했습니다. 성실히 모은다 한들, 쉽사리 모아지지 않는 청년의 현실. 물려받은 돈 대신 일확천금이라도 꿈꾸어보고 싶은 기대를 그가 모르지 않았기 때문입니다." 2018년 1월 15일

"이름과 얼굴을 세상에 내놓지 않을 것이라면 차라리 인터뷰를 하지 않겠다고 고집했던 그의 절실함은 어디서 온 것일까. 적어도 이런 세상의 척박함에 저항하기 위한 것은 아니었을까. '진보를 분열시키기 위한 음해와 공작이다.' '유독 좌파 진영에서만 나오고 있다.' 심지어는 이런 기가 막힌 말도 오늘 나왔다고 하죠. '안희정 사건, 임종석 실장이 기획했다던데…'(홍준표 자유한국당 대표). 제 입으로는 옮기지는 않겠습니다. 자신을 짓눌러온 부조리에 대항하기 위해 온몸을 던진 한 인간에 대한 예의는 대체 어디에 있는 것일까. 그러나 수많은 사람들이 촛불로 바꾸어놓은 새로운 정치란… 소망이

란… 그런 음모론이나 정치적 셈법에 뿌리를 두지 않았다는 것. 세상은 피해자들을 보듬는 대신 지방선거의 표를 계산하고, 피해자의 인격을 폄훼하는 잔인함을 보여주고 있지만, 그가 작은 목소리로 외친 것은 바로 인간의 존엄성이었습니다." 2018년 3월 7일

"적어도 우리는 단식 중인 세월호 가족들 앞에서 피자를 시켜 놓고 폭식하는 행위에 투쟁이라는 이름을 붙였던 야만의 시대를 건너왔고, 국가가 거의 모든 책임을 방기한 것으로 보이는 참사에 그저 그것도 하나의 '교통사고'일 뿐이라고 외치는 잔인한 세월을 지나온 사람들이기에… 누군가 잊으라 해도 잊지 않을 것입니다." 2018년 4월 16일

"살아간다는 것은 쉽지 않은 일. 그렇게 지금 이 순간도, 혼자 참으며, 견디며 가족의 뜨거운 밥을 위해 노동하는 사람들. 누가 그들에게 비겁하다 말할 수 있을까." 2018년 4월 17일

"기억해보면 저 역시 처음 언론계에 발을 들여놨을 때 다소 엉뚱한 포부를 품었더랬습니다. 그것은 바로 통일된 나라 최초의 '평양지국장'이었습니다. 그런데 얼마 전에 전해진 소식들에 따르면 최근 실제로 남측의 언론사들이 평양지국 설치를 위해 적극 협의에 나서고 있다고 하니 마냥 허무맹랑해 보였던 젊은이의 그 꿈 역시 반

드시 제가 아니더라도 언젠가 현실화될 수 있을까… 과학과 무기가 초래한 불행이 아닌 마음과 마음이 모여 만들어낼 기분 좋은 미래. 그렇게 우리가 소망하는 내일을 담은….” 2018년 6월 7일

　　“아름다운 말 선플대상, 청소년육성 의정대상, 건강한 가정과 교육 지킴이상, 청소년 희망대상, 대한민국 소비자 만족대상, 국민 권익 증진상, 대한민국 국회의원 소통대상… 별별 들어보지도 못한 이름이 붙은 상들은 넘치고 넘치고 더 넘쳐서 무려 12관왕을 달성한 의원도 있었고 상 자체가 의원과 인맥 쌓기용이라는 의심을 받는가 하면 그마저도 못 탈까 봐 노심초사하는 보좌진까지 있다 하니… 그 수많은 상들은 과연 그들이 흘린 땀에 대한 정당한 보상이었을까. ‘배우의 유일한 일은 우리와 다른 사람의 삶에 들어가서 그게 어떤 느낌인지를 느끼게 해주는 것이다.’ 감동을 주었던 배우의 그 수상 소감은 단지 배우에게만 해당되는 일은 물론 아니었습니다. 정치를 향해서, 언론을 향해서 특권과 책임을 동시에 가진 사람들을 향해서 던진 묵직한 한마디… ‘배우라는 것만으로 엄청난 특권이며… 우리 는 공감의 연기에 따른 특권과 책임을 서로 일깨워주어야 한다… 너 의 아픈 마음을 예술로 만들어라(메릴 스트립Meryl Streep).’ 따지고 보면 정치인도 배우와 같아서 인기로 먹고살고, 때로는 연기도 하는 존재 이니 이 문장에서 ‘배우’를 ‘정치인’으로 바꿔 읽어도 된다 하면 우리 배우들의 자존심이 상할까….” 2018년 12월 27일

〈시선집중〉

"(프랑스 여배우 브리지트 바르도가) 동물 애호가라기보다는 인종차별 주의자라는 결론을 얻게 됩니다." 한국인의 개고기 식용 문화를 비난한 프랑스 여 배우 브리지트 바르도가 인터뷰 도중 전화를 끊은 후. 2001년

"궁금한 게 있으면 신문 보고 알아보라고요. 이런 인터뷰 태도 갖고는 곤란하지 않을까 생각합니다. 그러려면 나오지 말아야죠." 반 기문 대통령 외교보좌관의 방미 계획을 사전에 보고받았는지 물었을 때 윤영관 당시 외교통상부 장관이 "신문 보도를 참조하라"라고 답한 것에 대해. 2003년

"전 지도층이라는 말을 쓰지 않습니다. 민주사회에 지도층은 없 으니까요." '뉴스브리핑'을 진행하는 기자가 지도층이라는 용어를 사용한 것에 대해. 2005년

"아소 장관은 '창씨개명은 조선인이 희망했다'라는 망언을 한 바 있습니다. 도대체 우리들은 언제까지 이런 자의 헛소리를 들어야 하 는 걸까요? 여기서 자彑는 놈 자입니다." 일본 아소 다로麻生太郞 총무성 장관의 망언에 대해. 2005년

"그 말씀은 다른 인터뷰에서 들었고요." 한나라당 혁신 방안에 대해 묻자 이명박 전 서울시장이 원론적인 대답만 반복한 것에 대해. 2006년

"다 나가면 소는 누가 키우겠습니까?" 보궐선거에 출마하지 않느냐는 홍준표 한나라당 대표의 말에 대해. 2011년

〈100분 토론〉

"알면서 왜 하셨습니까." 한나라당 장광근 의원이 2004년 3월 국회의 노무현 대통령 탄핵안 가결을 놓고 총선을 앞두고 지지 세력을 결집하기 위한 노 대통령의 정략이라고 주장한 것에 대해. 2004년 3월 11일

"한국은 독도를 힘으로 지배한 것이 아니라 역사와 법으로 지배해왔다." 일본《산케이신문》구로다 가쓰히로黑田勝弘 지국장이 한국이 50년 동안 독도를 힘으로 지배해왔다고 말한 것에 대해. 2005년 3월 17일

강연과 수상 소감

"기자나 언론인이 되고 싶다면 문제의식을 늘 연마해두는 게 좋을 것 같습니다. 문제의식이 있어야 문제가 발견되고, 문제를 발견해야 문제 제기를 할 수 있고, 문제를 제기해야 문제가 해결됩니다. 저널리스트는 그래야 합니다." 2015년 3월 12일 서강대 특강

"송건호 선생 시절로부터 물려받은 용기, 즉 정치권력으로부터 저널리즘을 지켜야 하는 용기뿐만 아니라, 왜곡된 시장 논리로부터 본래적 의미의 저널리즘을 지키는 데에도 용기가 필요한 처지다. 저희로서는 용기가 필요할 때 용기를 부리고 싶었고, 그렇게 함으로써 극단을 도구로 한 이익의 추구로부터 벗어나고 싶었다. 상을 어떻게 지켜나갈 것인가에 대한 부담감도 커진다. 앞으로 (이 상의) 책임은 저와 JTBC 식구들이 나눠서 지겠다." 2014년 송건호 언론상 수상 소감

"세월호로 상을 받는다는 것은 착잡한 일이다. 대부분 시간이 지나면 잊게 되고, 잊자고 하는 사람이 워낙 많았기 때문에 멈춰선 안 되지 않을까 해서 오래 보도하게 됐다. 밝혀지지 않은 진실을 드러나게 하는 데 도움 됐을지 모르지만, 먼 훗날 일조했다고 한다면 그보다 기쁜 일은 없을 것 같다." 2016년 'YWCA가 뽑은 좋은 TV 프로그램상' 대상 수상 소감

"이 상의 33퍼센트는 저의 제작진께 드리겠습니다. 또 33퍼센트는 저와 인터뷰하느라 고생했던 인터뷰이들에게, 33퍼센트는 청취자들에게 보내겠습니다. 그리고 나머지 1퍼센트는 저와 가족들이 가져가겠습니다." 2006년 '한국방송 프로듀서상' 진행자상 수상 소감

언론 매체 기고와 저서

"햇빛과도 같은 삶을 살고 싶었다. 그런 밝음으로, 또한 감내할수 있는 우울함으로…. 그것이 나의 어릴 적 소망이었다. 중간쯤에와 되돌아보니 나의 삶이 내가 소망했던 것과는 이만치나 동떨어져있는 것이라 해도 나는 내 바람을 바꾸지 않을 것이다. 이제 겨우 세상에 눈을 뜬 내게 한 번쯤의 '관대함'은 가능하지 않을까. 삶이라는것이 늘 밝은 것도, 견뎌낼 만큼의 고통만을 가져다주는 것도 아니라면, 나는 내 절반의 삶을 용서할 수 있을 것이다." 『풀종다리의 노래』,「햇빛에 대한 기억」 중에서

"사람들이 내게 방송을 희망하는 후배들에게 들려줄 수 있는말이 무어냐고 물어올 때 그리고 당신은 도대체 어떻게 해서 방송을택하게 됐느냐고 물어올 때, 꼭 대답을 해야 한다면 이렇게 얘기하겠다. 무조건적인 열정만 갖지 말고 날카로운 문제의식을 가질 것이며 또한 그 문제의식에 상처받지 않을 만큼 방송 자체에 애정을 가져야 한다고. 그리고 그것은 어느 날 갑자기 생겨나는 것이 아니라청년 시절을 통해 많은 연습이 필요한 것 같더라고." 『세상은 꿈꾸는 자의것이다』,「내 마음의 언덕길」 중에서

"무릇 모든 생명의 죽음에는 얼마간, 또는 그 이상의 의외성이

있다. 삶과 죽음을 갈라놓는 것은 촌음의 시각일 터이므로 그러한 의외성은 기본적으로 존재하는 데다가 특히나 도저히 죽음과는 상관없어 보이던 사람일 경우는 더욱 그러하다. (…) 2월의 마지막 날 밤에 갑작스런 그녀(고故 김태희 아나운서)의 부음을 들었을 때 나는 쉽게 상가로 발길이 옮겨지지 않았다. 그리고 그 죽음이 실감되지 않는 것은 지금도 마찬가지다. 그리하여 또다시 '모든 죽음에는 의외성이 있다'라는 전혀 비논리적인 말을 꺼내게 되는 것이고, 그리하여 또다시 허무주의에 한쪽 발을 담그게 되는 것이다. 게다가 우리가 허무주의에 빠지지 않기에는 그녀의 가슴이 너무 따뜻했다."《문화일보》 2004년 3월 5일 〈손석희의 세상 읽기—가슴 따뜻했던 그녀〉 중에서

앞으로
남은 꿈

'세상은 꿈꾸는 자의 것이다.' 손석희가 큐레이터 노애령, 여성학자 오숙희, 대학교수 김승환 등 14명과 함께 쓴 책 제목이다. 방송인으로서 치열한 삶을 살고 있는 손석희는 앞으로 어떤 꿈을 꾸며 어떤 세상을 자기의 것으로 만들어갈까.

어렸을 때 천문학자가 꿈이었지만 수학을 못해 바로 포기했다[68]는 손석희는 20대를 수놓았던 허무함과 무기력에서 벗어나려는 간절한 바람으로 방송사를 택했다. 그리고 MBC 아나운서로 입사한 뒤 방송인이라면 누구나 한 번쯤 꿈꿨을 뉴스 프로그램의 최고 앵커와 시사교양 프로그램의 스타 MC로 자리 잡았다. 그것도 국민의 신뢰를 받고 시민에게 큰 영향력을 미치는 언론인으로 인정받으면서 말이다.

손석희는 22년간 근무하며 방송인으로서 확고한 입지를 다진 MBC를 2006년 사직한 뒤 성신여대 교수로 자리를 옮겨 대학 강단에서 학생들을 가르쳤다. 동시에 라디오 시사 저널리즘을 개척하며 오피니언 리더 역할을 한 〈시선집중〉과 시청자의 토론 프로그램 접근성을 높이고 공론의 장 역할을 한 〈100분 토론〉을 진행했다. 그가 평소 가장 바라던 '반인반수'(반은 방송인 반은 교수) 생활을 실현하며 살았다.

손석희는 방송 못지않게 강의에 큰 의미를 두었고 학생들과 생활하는 것을 좋아했다. 그리고 그는 부장이나 국장, 사장 등 관리직을 맡기보다는 MC나 앵커로 방송 현장에서 일하고자 했다. MBC 아나운서로 재직하면서 2000년부터 2005년까지 성균관대학교와 연세대학교 겸임교수로 활동했던 것을 합치면 13년간 방송과 강의를 병행했다.

그러다 종편 JTBC 보도부문 사장이라는 전혀 예상치도 못한 의외의 선택을 해 많은 사람에게 충격을 준 손석희는 비판과 비난을 넘어 비아냥과 조롱까지 받았다. 하지만 손석희는 아랑곳하지 않고 JTBC 〈뉴스 9〉과 〈뉴스룸〉을 통해 언론인으로서 평생 추구했던 꿈, 특정 진영과 정파에 매몰되지 않고 건강한 시민사회의 편에 선 언론과 인본주의와 민주주의에 뿌리를 둔 저널리즘을 실천하며 대한민국 정치·경제·사회의 지형을 긍정적으로 변화시켜나갔다.

또한 선택과 집중을 통한 '한발 더 들어가는 심층적인 뉴스'와 하나의 의제를 장기간 보도하며 진실을 드러내는 '어젠다 키핑' 등으로 무장해 기존의 뉴스 판도에 신선한 변화를 몰고 왔을 뿐만 아니라 뉴스 프로그램의 독창적 진화를 이끌었다. 실현하기 힘들다는, 더 나아가 아예 불가능하다는 비관적 주장이 난무했지만, 손석희는 JTBC 뉴스를 통해 언론인으로서 그리고 방송 저널리스트로서의 꿈을 현실화하고 있다.

미디어가 디지털 중심으로 재편되고 언론사 간 생존 경쟁이 치열해지고 있는 상황에서 손석희의 향후 행보에 시민과 언론계의 시선이 집중되고 있다. 또한 손석희의 지상파 방송사 사장 영입설이 계속 나도는 데서 알 수 있듯 손석희에 대한 언론계의 수요도 엄청나다. 그러나 정작 손석희 본인은 현재 하고 있는 방송 일을 잘하고 싶다고 한다. 늘 그런 것처럼 '지금 여기서here & now' 하고 있는 방송 일에 최선을 다하는 것이 간절한 바람이자 유일한 꿈이다.

방송인으로서 손석희에게 남은 꿈은 무엇일까. 그 답은 2013년 3월 9일 〈시선집중〉에 출연한 피아니스트 손열음이 어떤 피아니스트로 남게 되길 원하느냐는 손석희의 질문에 "마지막에 제일 잘했던 연주자요"라고 한 대답에서 찾을 수 있다. 손석희 역시 방송인으로서 남은 꿈은 프로그램 마지막 진행에서 제일 잘하는 것이다. "저는 방송을 마칠 때 그 마지막 방송을 무척 잘하고 싶은 욕심이 있습니다. 그게 방송인으로 남은 바람이지요."

그렇다면 손석희의 앞으로의 꿈은 무엇일까. 방송 일 못지않게 애정을 가진 대학으로 돌아가고 싶다고 했다. "미래 계획 같은 것은 원래 잘 세우지 않는다. 다만 기회가 되면 어디가 되든 다시 학교로 돌아갈 생각은 있다. 우선 받아줄 학교가 있어야 이런 얘기도 가능하다. 다시 가게 되면 현업에서 했던 일을 정리해보고 싶다. 저널리즘학이나 매스컴학이 상당 부분 기존 현업에서 벌어지는 현상을 토대로 하는 작업인데, 정리하다 보면 내 나름의 가설이 나올 수도 있을 것 같다."[69]

많은 언론학 교수와 저널리즘 전공자, 언론인들도 손석희가 JTBC 근무를 마치고 대학으로 다시 돌아가 방송 현장에서의 경험과 시도, 성과를 정리해 한국 언론계 발전에 기여하기를 바란다. 또한 그가 방송 현장에서 보여준 열정과 노력, 도전을 학생들에게 전수해 올바른 저널리즘을 실천하는 실력 있는 언론인을 보다 많이 양성하기를 기대한다. 일부에서는 대학과 함께 대학원 수준의 저널리즘 스쿨을 설립해 현역 언론인 재교육 등을 하며 언론인의 자질 향상에 일조해주기를 원한다.

손석희는 궁극적인 꿈과 삶의 목표, 지향점에 대해 "특별하게 거창한 건 없습니다. 일할 만큼 하다가 끝나면 그냥 사라지고 싶습니다. 여기서 제가 떠날 때의 소망은, 여기 있는 구성원들이 '아, 그래도 손석희랑 일할 때가 나름대로 저널리스트로서 마음껏 일할 수 있을 때였다'라고 얘기해주고 후배들이 '그래도 손석희와 일할 때가 좋았다'라고 말하는 것을 듣는다면 그게 제일 행복할 것 같아요"[70]라고 말했다.

　손석희의 남은 소망과 꿈은 이미 이뤄졌다. 손석희가 국장으로 재직할 때 아나운서가 된 것을 인생의 가장 큰 자랑거리라고 생각하고, 자신을 키운 것은 손석희이라는 악몽이라고 거침없이 말하며, 언론인으로서 가장 존경하며 닮고 싶은 롤 모델이 손석희라고 강조하는 선후배와 동료, 언론계 지망생이 이미 많기 때문이다.

책을 마치며

왜 손석희여야 하는가?

"팩트부터 체크해야지. 선동하려고 여기 앉아 있는 거 아니다. 경찰 확인 없는 반쪽 특종 빨아주느니 내 의심을 믿겠다." "진실 앞에 물러서지 않겠다." "거짓은 팩트를 이길 수 없다." "기자는 축구 선수하고 같다. 입이 아니라 발로 먹고사는 직업이지. 그러니까 아부 같은 건 필요 없다." "사실보다는 진실을 이야기한다. 아름다운 말보다는 정확한 말을 한다. 항상 낮은 자리에서 말한다."

이쯤 되면 바로 떠오르는 사람이 있다. 손석희다. 그런데 이 문구들은 2017년 9월 방송된 故 김주혁·천우희 주연의 tvN 드라마 〈아르곤〉의 대사다. 가짜뉴스가 범람하고 권력과 자본이 진실을 감추는 세상에서 오직 팩트를 통해 진실을 밝히려는 언론인들의 치열한 삶을 그린 드라마다.

〈아르곤〉에서 김주혁이 연기한 김백진 앵커를 보면서 많은 시청자가 JTBC 〈뉴스룸〉의 앵커 손석희를 조건반사적으로 떠올렸다. 권력과 자본에 대한 끈질긴 감시와 비판, 진실을 추적하는 저널리즘을 온몸으로 실천한 드라마 속 김백진 앵커와 현실 속 손석희 앵커의 모습이 겹쳐졌기 때문이다.

동시에 많은 시청자와 국민이 정치권력과 자본권력의 무시무시한 외압과 부정한 정권과 결탁한 방송사 경영진의 추악한 내압에 맞서 진실을 추적하는 〈아르곤〉 속 저널리스트와, 권력의 시녀로 전락해 진실을 외면하고 여론을 호도하며 자본가의 입맛에 맞는 뉴스만을 내보내는 현실 속 언론인을 비교하며 냉소를 보냈다.

한국 국민의 언론 신뢰도는 세계 최하위다. 영국 로이터 저널리즘연구소가 2017년 6월 발표한 보고서 「디지털 뉴스 리포트 2017」에 따르면 한국, 미국, 영국, 프랑스 등 총 36개국 7만 1,805명(한국 2,002명)을 대상으로 언론 뉴스 신뢰도를 조사한 결과, 뉴스를 신뢰한다는 응답 비율 순위에서 핀란드가 62퍼센트로 1위를 차지했고, 한국은 23퍼센트로 그리스와 함께 조사 대상 36개국 중 최하위를 기록했다. 검열 제도가 있어 언론 자유가 취약한 말레이시아(29퍼센트)와 정부와 언론이 심각한 갈등을 겪고 있는 슬로바키아(27퍼센트)보다도 뉴스 신뢰도가 낮다. 한국 국민이 언론을 얼마나 불신하는지를 단적으로 보여주는 자료다.

304명(사망자 299명, 시신 미수습자 5명)이 목숨을 잃은 2014년 4월

16일의 세월호 대참사 때 '전원 구조' 등 도저히 보도해서는 안 될 오보를 수없이 많이 낸 것도 부족해 유가족의 통곡과 눈물은 외면한 채 정권에 아부하는 '박비어천가'를 불렀던 것이 우리 언론이다. 박근혜 정권이 국민이 위임한 권력을 사유화해 민주주의를 유린하고 반헌법·반인권적 작태를 일삼아 국민에게서 "이게 나라냐"라는 분노의 절규가 터져 나오는데도 침묵하고 혹세무민한 것이 이 땅의 언론이었다.

"제 아들 XXX이 삼성에 지원했습니다. 사장님의 하해와 같은 배려를 간절히 앙망하옵니다.""삼성의 협찬·광고 지원액이 줄어들었습니다. 8월 협찬액을 지난해(7억 원)보다 1억 원 늘려주세요. 잘 좀 말씀드려주십시오. 앞으로 (삼성에) 좋은 기사, 좋은 지면으로 보답하겠습니다.""별고 없으신지요? 염치 불고하고 사외이사 한자리 부탁드립니다. 부족합니다만 기회 주시면 열심히 하겠습니다."

전·현직 언론인들이 장충기 삼성그룹 미래전략실 차장(사장)에게 보낸 문자메시지다. 2017년 8월 일부 언론에 공개된 이 문자들은 자본권력에 굴종한 언론인의 추잡한 민낯 그 자체다.

언론은 침몰했고 기자는 '기레기'가 됐다. 권력과 자본의 폭증하는 영향력과 언론사의 치열한 생존 경쟁으로 정론 저널리즘은 설 자리가 좁아지고 있다. 공영방송의 공론의 장 역할은 실종되고 종편의 여론 다양성 훼손과 미디어 생태계 파괴는 심각하다. 신문의 상업주의는 도를 넘어서고 있다. 우리에게 더 많은 손석희가 절실하게 필요한 이유다.

　　많은 국민은, 후배 기자에게 "너 나 때문에 기자가 됐다고 했지. 네가 기억하는 내 마지막이 기자다운 모습이었으면 좋겠다"라는 말을 남기며 방송사를 떠나는 〈아르곤〉 속 김백진 앵커의 모습이 드라마에만 나오는 것이 아닌 현실의 모습이기를 바란다. 더 나아가 "저희는 특정인이나 특정 집단을 위해 존재하지 않는다. 시대가 바뀌어도 모두가 동의하는 교과서 그대로의 저널리즘은 옳은 것이며 그런 저널리즘은 특정인이나 특정 집단을 위해 존재하거나 복무하지 않는다"라고 당당하게 말한, 모두가 불가능하다고 말했지만 건강한 시민사회 편에 선 저널리즘을 지향하며 방송 현장을 누비고 있는 현실 속 손석희가 더 많아지기를 간절히 기원한다. 이것이 왜 손석희여야 하느냐는 질문에 대한 답이다.

주

1부

1) 정진석 저, 『인물한국언론사』, 나남출판, 1995년, 34쪽.

2) 강상현 외 저, 한국언론정보학회 편, 『현대사회와 매스커뮤니케이션』, 한울아카데미, 2011년, 296~320쪽.

3) 미첼 스티븐스 저, 김익현 역, 『비욘드 뉴스, 지혜의 저널리즘』, 커뮤니케이션북스, 2015년, 241쪽.

4) 전규찬, 〈전규찬 칼럼: 2018년 한국 방송사 사장들 열전(熱戰)〉, 《미디어스》, 2018년 1월 9일.

5) 김위근 외 저, 『언론사의 디지털 혁신과 조직 문화』, 한국언론진흥재단, 2016년, 2~3쪽.

6) 손석희가 2017년 12월 7일 JTBC 직원에게 보낸 사내 이메일.

7) 조윤호 저, 『나쁜 뉴스의 나라』, 한빛비즈, 2016년, 226쪽.

8) 손석희가 2018년 6월 7일 방송된 '앵커브리핑'에서 방송사에 입사했을 때 '평양지 국장'의 포부를 품었다고 언급.

9) 정철운, 〈중앙일보 간부들의 '손석희 흔들기'〉, 《미디어오늘》, 2017년 12월 22일.

10) 조윤호, 〈JTBC, 홍석현의 것에서 시민의 것으로〉, 《문화과학》, 93호(2018년), 151~152쪽.

11) 이진우, 〈손석희 "JTBC 뉴스는 누구에게도 흔들리지 않는다"〉, 《한국기자협회 보》, 2018년 1월 30일.

12) 안수찬 외 저, 『저널리즘의 지형』, 이채, 2016년, 420쪽.

13) 〈우리에게는 더 많은 손석희가 필요하다〉, 《미디어오늘》, 2017년 3월 28일.

14) 정철운 저, 『손석희 저널리즘』, 메디치, 2017년, 250쪽.

15) 이영광, 〈"9시 뉴스는 손석희 뉴스지만 JTBC는 홍석현 방송"〉, 《오마이뉴스》, 2013년 11월 28일.

16) 박성제 저, 『권력과 언론』, 창비, 2017년, 136쪽.

17) 조해수, 〈손석희, "삼성 통해 간섭할 수 있다는 생각 자체가 난센스"〉, 《시사저 널》, 1459호, 36~37쪽.

18) 2015년 5월 30일 성공회대학교에서 개최된 언론정보학회 학술대회의 손석희 기 조연설.

19) 강준만 저, 『손석희 현상』, 인물과사상사, 2017년, 243쪽.

20) 박성호 기자가 2017년 12월 21일 MBC 뉴스 앵커 기자 간담회에서 한 말.

21) 박구용, 〈세상읽기-안합니다, 손석희님〉, 《한겨레》, 2017년 7월 18일.

22) 김규항, 〈김규항의 혁명은 안단테로-매트릭스〉, 《경향신문》, 2016년 11월 1일.

23) 홍석현 저, 『우리가 있기에 내가 있습니다』, 쌤앤파커스, 2016년, 180~181쪽.

24) 빌 코바치·톰 로젠스틸 저, 이재경 역, 『저널리즘의 기본 원칙』, 한국언론진흥재
단, 2014년, 87쪽.

25) 김해식 저, 『한국언론의 사회학』, 나남, 1994년, 154~157쪽.

26) 이진우, 〈손석희 "JTBC 뉴스는 누구에게도 흔들리지 않는다"〉, 《한국기자협회
보》, 2018년 1월 30일.

27) 로버트 골드버그 저, 박성범 역, 『보도 뉴스의 마술사, 앵커맨』, 고려원, 1992년.

28) 이진동 저, 『이렇게 시작되었다: 박근혜-최순실, 스캔들에서 게이트까지』, 개마
고원, 2018년.

29) 정용인, 〈태블릿PC 1년, 아직도 밝혀지지 않은 것들〉, 《주간경향》, 1248호,
12~16쪽.

30) 김헌식, 〈정치권력과 언론과의 전쟁〉, 《방송기자》, 35호, 21쪽.

31) 알리샤 C. 셰퍼드 저, 차미례 역, 『권력과 싸우는 기자들』, 프레시안북, 2009년.

32) 영화감독 봉준호가 2017년 6월 15일 JTBC 〈뉴스룸〉의 '문화초대석'에 출연해 손
석희 앵커에게 한 질문.

33) 김의겸, 〈최순실게이트-탄핵-정권교체 '숨은 의인' 입열다〉, 《한겨레》, 2017년
5월 10일.

34) 〈마지막 적폐, 언론 개혁 없이 새로운 세상은 없다〉, 《미디어오늘》, 2018년 3월
28일.

35) 정철운, 〈박근혜, 삼성 이재용에게 "손석희 갈아치우라" 외압〉, 《미디어오늘》,

2017년 4월 18일.

36) 강아영 외, 〈팩트에 진보·보수가 어디 있나… 가만히 있으면 언론도 공범자〉, 《한국기자협회보》, 2017년 10월 24일.

37) 임지영, 〈손석희, "최순실 특종 우연이 아니다"〉, 《시사IN》, 525호, 30~34쪽.

38) 홍은희, 〈한국 재난보도의 과제: 세월호 침몰사건 보도를 중심으로〉, 《관훈저널》, 131호, 26~36쪽.

39) 〈세월호 '전원 구조' 오보, 취재원 밝혀야 한다〉, 《미디어오늘》, 2018년 4월 18일.

40) 김경환, 〈세월호 침몰 사고로 본 재난보도의 문제점〉, 《신문과방송》, 2014년 5월호, 6~9쪽.

41) 마티 스테펀스 외 저, 유승관 역, 『재난 보도 메뉴얼』, 커뮤니케이션북스, 2018년, 278쪽.

42) 손미나 외, 〈손석희, "뉴스는 새장 속에 갇혀 있으면 안 된다"〉, 《허핑턴포스트코리아》, 2015년 3월 3일.

43) 한여울, 〈퍼스널리티: 손석희라는 리더〉, 《IZE》, 2014년 4월 25일.

44) 2015년 5월 30일 성공회대학교에서 개최된 언론정보학회 학술대회의 손석희 기조연설.

45) 이규대, 〈누가 한국을 움직이는가—언론 매체/JTBC의 진격, KBS·MBC의 추락〉, 《시사저널》, 1298호, 42~44쪽.

46) 김민하, 〈손석희라는 대안의 의미〉, 《실천문학》, 115호, 357~363쪽.

47) 강준만 저, 『한국 대중매체사』, 인물과사상사, 2007년, 478쪽.

48) Kimberly Meltzer, TV News Anchors and Journalistic Tradition, Peter Lang

Publishing, Inc., 2010.

49) 박성호, 〈선택과 집중으로 한 걸음 더−손석희 JTBC보도부문 사장〉, 《방송기자》, 15호, 22~25쪽.

50) 전혜원, 〈"오늘도 저널리즘의 본령을 고민한다"〉, 《시사IN》, 470호, 26~29쪽.

51) 이재경, 〈한국TV 뉴스 양식과 취재시스템: 그 특성과 한계〉, 한국언론학회 심포지엄, 2004년, 29~48쪽.

52) 이재경 저, 『한국형 저널리즘 모델』, 이화여자대학교출판문화원, 2013년, 187~189쪽.

53) 임경빈 저, 『뉴스가 위로가 되는 이상한 시대입니다』, 부키, 2017년, 20쪽.

54) 편집부 저, 『TV저널리즘과 뉴스가치: 한국, 영국, 미국 TV뉴스의 내용분석』, 한국언론진흥재단, 1999년.

55) 임지영, 〈손석희가 '라이브'를 고집하는 이유〉, 《시사IN》, 576호.

56) 루시 큉 저, 나윤희 · 한운희 역, 『디지털 뉴스의 혁신』, 커뮤니케이션북스, 2015년, 9쪽.

57) 손미나 외, 〈손석희, "뉴스는 새장 속에 갇혀 있으면 안 된다"〉, 《허핑턴포스트코리아》, 2015년 3월 3일.

58) 강형철, 〈미디어 전망대−'손석희 뉴스'에 비춰본 공영방송 저널리즘〉, 《한겨레》, 2013년 10월 10일.

59) 로이 피터 클라크 외 저, 임영호 역, 『디지털 시대의 저널리즘 윤리』, 한국언론진흥재단, 2015년, 117쪽.

60) JTBC 뉴스룸 팩트체크 제작팀 저, 『팩트체크』, 중앙북스, 2015년, 13쪽.

61) 《탬파베이타임스》의 '폴리티팩트'를 만든 빌 어데어 미국 듀크대 교수가 2018년

7월 18일 서울 프레스센터에서 열린 '2018 팩트체크 컨퍼런스'의 기조연설에서 언급.

62) 전혜원, 〈"오늘도 저널리즘의 본령을 고민한다"〉, 《시사IN》, 470호, 26~29쪽.

63) 이진우, 〈손석희 "JTBC 뉴스는 누구에게도 흔들리지 않는다"〉, 《한국기자협회

보》, 2018년 1월 30일.

64) 전규찬, 〈손석희와 서지현, 그리고 무명 구성작가〉, 《PD저널》, 2018년 1월 31일.

65) 조해수, 〈[2018 누가 한국을 움직이는가⑦] 손석희 "미투운동 선도, 가장 기억에

남아"〉, 《시사저널》, 1509호.

66) 정철운, 〈손석희의 마법? JTBC '뉴스룸' 10주 연속 시청률 1위 배경은〉, 《미디어

오늘》, 2017년 1월 5일.

67) 한국언론진흥재단 연구팀 저, 『한국의 뉴스 미디어 2012』, 한국언론진흥재단,

2012년, 60쪽.

68) 이진우, 〈손석희 "JTBC 뉴스는 누구에게도 흔들리지 않는다"〉, 《한국기자협회

보》, 2018년 1월 30일.

69) 이정훈 외, 「한국 언론인의 직업 정체성: 샐러리맨화의 역사적 과정을 중심으로」,

《한국언론학보》, 50(6), 2006년, 59~88쪽.

70) 박용규 저, 『한국의 언론인, 정체성을 묻다』, 논형, 2015년, 5~6쪽.

71) 김삼웅 저, 『리영희 평전』, 책보세, 2010년, 443쪽 재인용.

72) 리영희 저, 『우상과 이성』, 한길사, 1977년.

73) 강준만 저, 『한국 대중매체사』, 인물과사상사, 2007년, 595쪽.

74) 이진순, 〈김중배, "'사람이란 누구인가' 질문 다시 던져야 할 때다"〉, 《한겨레》,

2015년 1월 11일.

75) 박성호, 〈손석희, 뉴스를 말하다〉, 《방송기자》, 10호, 22~29쪽.

76) 조해수, 〈[2018 누가 한국을 움직이는가⑦] 손석희 "미투운동 선도, 가장 기억에 남아"〉, 《시사저널》, 1509호.

77) 김주하 저, 『안녕하세요 김주하입니다』, 랜덤하우스코리아, 2007년, 109~111쪽.

78) 홍성일, 〈JTBC 뉴스와 방송 저널리즘 패러다임의 변화〉, 《문화과학》, 93호, 126~127쪽.

79) 손미나 외, 〈손석희, "뉴스는 새장 속에 갇혀 있으면 안 된다"〉, 《허핑턴포스트코리아》, 2015년 3월 3일.

80) 오선민, 〈워싱턴포스트 편집인 마틴 배런의 '디지털 시대의 저널리즘'〉, 《신문과 방송》, 2016년 1월 호, 98~100쪽.

81) JTBC 이상엽 기자가 2017년 10월 30일 진행된 '목포신항 LIVE, 7개월의 기록' 에서 한 말.

82) 이기형, 〈'종편 저널리즘'의 위상과 함의〉, 《문화과학》, 78호, 104~128쪽.

83) 임지영, 〈막말에 역술가 출연까지… 종편을 말려줘〉, 《시사IN》, 274호, 60~61쪽.

84) 하수영, 〈'고개 숙이는 앵커' 손석희, 그의 '사과'가 갖는 의미〉, 《PD저널》, 2017년 6월 22일.

85) 이승한, 〈손석희가 칩을 잃기 시작했다〉, 《한겨레》, 2015년 4월 17일.

86) 최원형, 〈언론연대, "JTBC, 공익성·신뢰성 모두 놓쳤다" 성명〉, 《한겨레》, 2015년 4월 19일.

87) 강준만 저, 『손석희 현상』, 인물과사상사, 2017년, 252~258쪽.

88) 박상현, 〈경찰에 정유라를 신고한 JTBC 기자 어떻게 볼 것인가〉, 《미디어오늘》, 2017년 1월 3일.

89) 서상원, 〈[반론]JTBC 기자의 정유라씨 신고는 비난받을 수 없다〉, 《미디어오늘》, 2017년 1월 4일.

90) 김헌식, 〈미국 방송에서 특종은?〉, 《방송기자》, 27호, 22~23쪽.

91) 전규찬, 〈JTBC '단독' 집착, 고질병 못 고치나〉, 《PD저널》, 2018년 1월 24일.

92) 안수찬 외 저, 『저널리즘의 지형』, 이채, 2016년, 192~194쪽.

93) 이정환 외, 〈JTBC는 다르다고? 삼성미디어제국 전진기지일 뿐〉, 《미디어오늘》, 2014년 11월 1일.

94) 천관율, 〈[시사IN 인터뷰]손석희 "삼성 문제 다룰 것"〉, 《시사IN》, 296호, 20~22쪽.

95) 손미나 외, 〈손석희, "뉴스는 새장 속에 갇혀 있으면 안 된다"〉, 《허핑턴포스트코리아》, 2015년 3월 3일.

96) 정철운 저, 『손석희 저널리즘』, 메디치, 2017년, 118~119쪽.

97) 조해수, 〈손석희, "삼성 통해 간섭할 수 있다는 생각 자체가 난센스"〉, 《시사저널》, 1459호, 36~37쪽.

98) 손석희, 〈[앵커브리핑]루쉰이 그렇게 말했으니까…〉, JTBC, 2016년 7월 25일.

99) 정진석 저, 『인물한국언론사』, 나남출판, 1995년, 499쪽.

100) 신호철, 〈"계속 방송만 하고 싶다"〉, 《시사저널》, 835호, 54~56쪽.

101) 조해수, 〈[2018 누가 한국을 움직이는가⑥] 손석희, 14년째 언론인 1위〉, 《시사저널》, 1509호.

102) 김은남, 〈언론인 손석희 '싱긋' KBS 뉴스9 '빙긋'〉, 《시사IN》, 1호, 50~53쪽.

103) 임지영, 〈손석희가 '라이브'를 고집하는 이유〉 《시사IN》, 576호.

104) 손석희, 〈[손석희의 세상읽기]언론의 '경비견' 역할〉, 《문화일보》, 2003년 7월 3일.

105) David H. Weaver, The American Journalist, Bloomington : Indiana University Press, 1986, pp112~117.

106) 배국남 저, 『여의도에는 낮에도 별이 뜬다』, 백년글사랑, 2002년, 380~382쪽.

107) 강대인, 「미국의 TV 뉴스 보도 프로그램에 관한 연구」, 『TV뉴스보도』, 한국언론연구원, 1990년, 142~143쪽.

108) 이재경 저, 『방송뉴스 취재와 보도』, 나무와숲, 1998년.

109) 이승현 저, 『기자와 앵커의 조건』, 커뮤니케이션북스, 2017년, 145쪽.

110) 박성제 저, 『권력과 언론』, 창비, 2017년, 133쪽.

2부

1) 오한숙희, 〈손석희, 부드럽지만 강한 남자의 '사랑법'〉, 《참여사회》, 10호, 50~54쪽.

2) 강태진 외 저, 『세상은 꿈꾸는 자의 것이다』, 현암사, 1996년, 191~208쪽.

3) 주철환 저, 『주철환의 사자성어』, 춘명, 2008년, 47쪽.

4) 김상, 〈"의욕은 앞서지만 어려움 많아요"〉, 《동아일보》, 1985년 3월 26일.

5) 강태진 외 저, 『세상은 꿈꾸는 자의 것이다』, 현암사, 1996년, 191~208쪽.

6) 이나리, 〈대한민국을 움직이는 '입', 손석희〉, 《신동아》, 556호.

7) 손석희 저, 『풀종다리의 노래』, 역사비평사, 1993년, 153~157쪽.

8) 손석희 저, 『풀종다리의 노래』, 역사비평사, 1993년, 117쪽.

9) 최지은, 〈손석희 "나는 황야의 외로운 늑대"〉, 《텐아시아》, 2010년 10월 20일.

10) 노정팔 저, 『한국방송과 50년』, 나남출판, 1995년.

11) 한국방송공사 저, 『한국방송사』, 한국방송공사, 1977년.

12) 강다솜 외, 〈거침없는, 참 거침없는 손석희 jtbc 보도 및 시사교양 담당 사장〉,

《아나운서 저널》, 39호, 4~9쪽.

13) 이나리, 〈대한민국을 움직이는 '입', 손석희〉, 《신동아》, 556호.

14) 지승호 저, 『마주치다 눈뜨다』, 그린비, 2004년, 338~376쪽.

15) 김성호 저, 『한국 아나운서 통사』, 나남출판, 2013년.

16) KBS, MBC 등 방송사들은 전두환 정권에 충성 경쟁을 하면서 기사 가치와 상관

없이 톱뉴스를 항상 전두환 관련 뉴스로 내보냈다. 메인 뉴스 시작을 알리는 '뚜뚜

뚜' 하는 9시 신호음이 나간 뒤 '오늘 전두환 대통령은…'으로 시작하는 뉴스를 내

보내 시청자들은 이 뉴스를 '땡전 뉴스' 혹은 '뚜뚜전 뉴스'로 지칭하며 언론의 전

두환 찬양을 조롱했다. 땡전 뉴스는 심한 경우 총 뉴스 시간 45분 가운데 30분을

차지하는 경우도 있었고 방송사끼리 누가 오래 대통령 동정을 다루느냐를 놓고

경쟁을 벌이는 웃지 못할 일들도 벌어졌다. 강현두 외 저, 『우리 방송 100년』, 현

암사, 2001년, 298~299쪽.

17) 손석희, 〈나이 쉰 살에 나는 무엇을 보여줄까〉, 《말》, 125호, 152쪽.

18) 손석희 저, 『풀종다리의 노래』, 역사비평사, 1993년, 164~168쪽.

19) 손석희, 〈나이 쉰 살에 나는 무엇을 보여줄까〉, 《말》, 125호, 152쪽.

20) 방정배, 〈언론노조운동, 어디까지 왔나〉, 《저널리즘 비평》, 2호, 70~75쪽.

21) 손석희 저, 『풀종다리의 노래』, 역사비평사, 1993년, 175~187쪽.

22) 양성희, 〈공정방송의 간판스타 손석희 아나운서〉, 《말》, 78호, 229쪽.

23) 손석희 저, 『풀종다리의 노래』, 역사비평사, 1993년, 196~201쪽.

24) 손석희 저, 『풀종다리의 노래』, 역사비평사, 1993년, 91쪽.

25) 양성희, 〈공정방송의 간판스타 손석희 아나운서〉, 《말》, 78호, 230쪽.

26) 이나리, 〈대한민국을 움직이는 '입', 손석희〉, 《신동아》, 556호.

27) 손석희, 〈내 인생의 결단의 순간: 지각 인생〉, 《월간중앙》, 2002년 4월 호.

28) 손석희, 〈내 인생의 결단의 순간: 지각 인생〉, 《월간중앙》, 2002년 4월 호.

29) 류희림, 〈외국의 재교육 실태〉, 《관훈저널》, 101호, 181쪽.

30) 편집부 저, 『한국의 언론인 2013』, 한국언론진흥재단, 2013년.

31) 박성호, 〈손석희, 뉴스를 말하다〉, 《방송기자》, 10호, 22~29쪽.

32) 방송기자 편집위원회, 〈2016년 한국의 방송기자는 누구인가〉, 《방송기자》, 29호,
6~9쪽.

33) 강진아, 〈2013 수습기자 공채, 여전히 남성시대〉, 《한국기자협회보》, 2013년 12월
25일.

34) 정철운 외, 〈KBS, 조선일보 주요보직 간부 9명 모두 서울대〉, 《미디어오늘》,
2014년 3월 21일.

35) 홍성철, 「지상파 방송 3사의 뉴스 앵커에 대한 인구사회학적 분석」, 방송문화진흥
회, 2017년 4월.

36) 지승호 저, 『마주치다 눈뜨다』, 그린비, 2004년, 338~376쪽.

37) 강다솜 외, 〈거침없는, 참 거침없는 손석희 jtbc 보도 및 시사교양 담당 사장〉,

《아나운서 저널》, 39호, 4~9쪽.

38) 양승혜, 〈사람과 생각/인터뷰: 손석희 성신여대 문화정보학부 교수〉, 《신문과방
송》, 2006년 4월 호, 96~99쪽.

3부

1) 김현경, 「라디오 시사프로그램의 비교분석: KBS, MBC, SBS 라디오 시사프로그
램을 중심으로」, 「서강대학교 언론대학원 석사학위 논문」, 2003년, 9쪽.

2) 편집부 저, 「라디오 시사 프로그램 연구」, 한국언론진흥재단, 2003년.

3) 전여민, 「라디오 시사 프로그램의 질적 요건에 관한 연구」, 「연세대 언론홍보대학
원 석사학위논문」, 2018년, 46쪽.

4) 홍성일, 〈오피니언 리더로서의 '시선집중'〉, MBC PD협회/문화연대 제7회 문화콘
텐츠포럼, 2006년 5월 18일.

5) 정호재, 〈17대 대선 미디어의 승자는 라디오?〉, 《주간동아》, 617호, 54~56쪽.

6) 김경애, 〈승률 높은 벤처 창업형 진행자, 손석희〉, 《MBC가이드》, 2001년 5월 호,
50쪽.

7) 홍성일, 〈오피니언 리더로서의 '시선집중'〉, MBC PD협회/문화연대 제7회 문화콘
텐츠포럼, 2006년 5월 18일.

8) 정혜신 저, 「사람 VS 사람」, 개마고원, 2005년, 264쪽.

9) 김승월 저, 「라디오 레시피 23」, 커뮤니케이션북스, 2011년.

10) 진희정 저, 「손석희 스타일」, 토네이도, 2009년, 17쪽.

11) 이두원, 〈토론자의 디베이트 능력과 수행 평가 모델 연구〉, 《커뮤니케이션학연구》, 16권(3호).

12) 오미영 저, 『토론 VS TV토론』, 역락, 2004년.

13) 허경호 외, 〈TV토론 프로그램에 나타난 논증의 특성 분석〉, 《프로그램/텍스트》, 제1호, 177~208쪽.

14) 신동진, 『TV 시사토론 프로그램 시청이 방청객의 정치행태에 미치는 영향 연구: MBC 〈100분 토론〉을 중심으로』, 『경희대학원 박사학위 논문』, 2014년, 27쪽.

15) 송선영, 〈'100분 토론' 자리매김, 손석희 역할 컸다〉, 《미디어스》, 2009년 11월 19일.

16) 김소민, 〈뜨거운 100분 비결은 차이를 드러내는 것〉, 《한겨레》, 2008년 6월 30일.

17) 고종석, 〈[고종석 칼럼]30,000분 토론을 축하하며〉, 《한국일보》, 2006년 9월 13일.

18) 부경복 저, 『손석희가 말하는 법』, 푸른숲, 2013년.

19) 변희재, 〈내가 체험한 MBC의 '100분 토론'〉, 《월간조선》, 343호, 279~287쪽.

20) 배국남, 〈우리는 왜 손석희를 그리워할까〉, 《엔터미디어》, 2011년 12월 7일.

21) 김진철, 〈방송토론 아직 '목마르다'〉, 《한겨레》, 2004년 3월 1일.

22) 손석희, 〈손석희의 세상읽기-중립 저널리즘=제너럴리즘?〉, 《문화일보》, 2003년 5월 15일.

23) 정관용 저, 『나는 당신의 말할 권리를 지지한다』, 위즈덤하우스, 2009년.

24) 신호철, 〈"계속 방송만 하고 싶다"〉, 《시사저널》, 835호, 54~56쪽.

25) 조해수, 〈손석희, "삼성 통해 간섭할 수 있다는 생각 자체가 난센스"〉, 《시사저널》, 1459호, 34~37쪽.

26) 손석희, 〈공영방송의 '사나운 운명'〉, 《문화일보》, 2003년 6월 26일.

27) 강다솜 외, 〈거침없는, 참 거침없는 손석희 jtbc 보도 및 시사교양 담당 사장〉, 《아나운서 저널》, 39호, 4~9쪽.

28) 홍성일, 〈JTBC 뉴스와 방송 저널리즘 패러다임의 변화〉, 《문화과학》, 93호, 125쪽.

4부

1) 곽인숙, 〈MBC 인기앵커 손석희, 대학강단에서도 인기〉, 《노컷뉴스》, 2004년 8월 25일.

2) 배민욱, 〈'인지도·지원율 상승 일석이조'…대학가 스타교수 대세〉, 《뉴시스》, 2011년 2월 20일.

3) 양승혜, 〈사람과 생각/인터뷰: 손석희 성신여대 문화정보학부 교수〉, 《신문과방송》, 2006년 4월 호, 96~99쪽.

4) 양승혜, 〈사람과 생각/인터뷰: 손석희 성신여대 문화정보학부 교수〉, 《신문과방송》, 2006년 4월 호, 96~99쪽.

5) 박상주, 〈진실을 헤집는 까칠한 도발〉, 《신문과방송》, 2008년 5월 호, 16~20쪽.

6) 정철운 저, 『손석희 저널리즘』, 메디치, 2017년, 73~74쪽.

7) 유슬기, 〈손석희 마지막 수업〉, 《여성조선》, 2013년 5월 호.

8) 박소영, 〈손석희, JTBC로 간다〉, 《한국일보》, 2013년 5월 9일.

9) 이슬기, 〈"'무책임' 손석희, 학생들 팽개치고 도망가나"〉, 《데일리안》, 2013년 5월 10일.

10) 서영지 외, 〈"손석희 민심호도" "김재원 친박편파"… 정부비판에 쌍심지〉, 《한겨레》, 2017년 9월 21일.

11) 박주연, 〈김제동 없으니 웃을 일 '없고' 손석희 없으면 좋을 일 '없고'〉, 《주간경향》, 847호.

12) 하수영, 〈MBC 라디오 PD 40인, 사측 '부당 방송개입' 폭로〉, 《PD저널》, 2017년 8월 28일.

13) 안수찬 외 저, 『저널리즘의 지형』, 이채, 2016년, 180쪽.

14) 곽상아, 〈"호랑이굴 들어간 손석희, 결국 잡아먹힐 것"〉, 《미디어스》, 2013년 5월 10일.

15) 전규찬, 〈이주의 트윗, 손석희의 종편행: 배신을 가리켜 배신이라 말하는 내가 옹졸한가〉, 《한겨레21》, 962호.

16) 곽상아, 〈"호랑이굴 들어간 손석희, 결국 잡아먹힐 것"〉, 《미디어스》, 2013년 5월 10일.

17) 이영광, 〈"손석희 비판하지 않는 언론인, 삼성 전화 기다리나"〉, 《오마이뉴스》, 2013년 5월 25일.

18) 박구용, 〈[사유와 성찰]변절의 흑백논리〉, 《경향신문》, 2013년 5월 31일.

19) 김완, 〈이주의 트윗, 손석희의 종편행: 욕하지 말자 너무도 많은 것이 이미 무너졌다〉, 《한겨레21》, 962호.

20) 박세열, 〈종편 택한 손석희? 손석희 삼킨 종편!〉, 《프레시안》, 2013년 5월 10일.

21) 이희정, 〈[이희정의 사람, 이야기]MBC 마이크 놓고 JTBC 보도부문 사장 된 손석희〉, 《한국일보》, 2013년 5월 24일.

22) 최성진, 〈손석희 "언젠가 토사구팽 당할 거라고 하는데…"〉, 《한겨레》, 2013년 10월 4일.

23) 천관율, 〈[시사IN 인터뷰]손석희 "삼성 문제 다룰 것"〉, 《시사IN》, 296호, 20~22쪽.

24) 홍석현 저, 『우리가 있기에 내가 있습니다』, 쌤앤파커스, 2016년, 180~181쪽.

25) 홍석현 전 중앙그룹 회장이 2018년 11월 21일 방송된 CBS 라디오 〈시사자키 정관용입니다〉에 출연해 한 말.

5부

1) 배국남 저, 『스타란 무엇인가』, 논형, 2016년, 35~36쪽.

2) 에드가 모랭 저, 이상률 역, 『스타』, 문예출판사, 1992년, 119쪽.

3) 손석희 저, 『풀종다리의 노래』, 역사비평사, 1993년, 87쪽.

4) 김승섭 저, 『아픔이 길이 되려면』, 동아시아, 2017년, 22쪽.

5) 강준만 저, 『한국 대중매체사』, 인물과사상사, 2007년, 509쪽.

6) 손석희 저, 『풀종다리의 노래』, 역사비평사, 1993년, 39~45쪽.

7) 이희훈, 〈환갑 앞둔 손석희, "나는 자격있는가? 늘 묻는다"〉, 《오마이뉴스》, 2015년 3월 12일.

8) 손석희 저, 『풀종다리의 노래』, 역사비평사, 1993년, 14쪽.

9) 강태진 외 저, 『세상은 꿈꾸는 자의 것이다』, 현암사, 1996년, 191~208쪽.

10) 정철운 저, 『손석희 저널리즘』, 메디치, 2017년, 55~56쪽.

11) 김구용, 〈[서경덕이 만난 사람]공연기획자 송승환〉, 《조선일보》, 2012년 8월 29일.

12) 장광효가 2013년 7월 11일 MBC 퀸 채널의 프로그램 〈토크콘서트 퀸〉에 출연해 언급.

13) 성영주, 〈여전할 수 있다는 것〉, 《여성중앙》, 2017년 4월 호.

14) 임진모, 〈손석희 인터뷰〉, 《IZM》, 2008년 7월 8일.

15) 임진모, 〈손석희 인터뷰〉, 《IZM》, 2008년 7월 8일.

16) 장광효가 2013년 7월 11일 MBC 퀸 채널의 프로그램 〈토크콘서트 퀸〉에 출연해 언급.

17) 김민, 〈JTBC '뉴스 9'의 '세월호' 보도〉, 《신문과방송》, 2014년 8월 호, 65~68쪽.

18) 손석희 저, 『풀종다리의 노래』, 역사비평사, 1993년, 75쪽.

19) 강다솜 외, 〈거침없는, 참 거침없는 손석희 jtbc 보도 및 시사교양 담당 사장〉, 《아나운서 저널》, 39호, 4~9쪽.

20) 진희정 저, 『손석희 스타일』, 토네이도, 2009년, 172쪽.

21) 최훈길, 〈손석희, "내가 한것은 질문밖에 없다"〉, 《오마이뉴스》, 2006년 10월 25일.

22) 정혜신 저, 『사람 VS 사람』, 개마고원, 2005년, 277쪽.

23) 손석희 저, 『풀종다리의 노래』, 역사비평사, 1993년, 54쪽.

24) 강다솜 외, 〈거침없는, 참 거침없는 손석희 jtbc 보도 및 시사교양 담당 사장〉, 《아나운서 저널》, 39호, 4~9쪽.

25) 손석희, 〈'MBC스페셜'의 반란〉, 《문화일보》, 2001년 3월 6일.

26) 정혜신 저, 『사람 VS 사람』, 개마고원, 2005년, 264~278쪽.

27) 손미나 외, 〈손석희, "뉴스는 새장 속에 갇혀 있으면 안 된다"〉, 《허핑턴포스트코

리아》, 2015년 3월 3일.

28) 임진모, 〈손석희 인터뷰〉, 《IZM》, 2008년 7월 8일.

29) 권진원이 2009년 11월 19일 방송된 〈100분 토론〉 특별 영상 인터뷰에 출연해서 언급.

30) 손석희 외 저, 『내 인생의 영화』, 씨네21북스, 2005년.

31) 손석희 외 저, 『내 인생의 영화』, 씨네21북스, 2005년.

32) 임진모, 〈손석희 인터뷰〉, 《IZM》, 2008년 7월 8일.

33) 양성희, 〈요즘 뉴스들 통조림 같아 우린 직접 끓여 대접에 담죠〉, 《중앙일보》, 2014년 1월 29일.

34) 박정희 전 대통령은 조선경비사관학교(육군사관학교 전신) 2기, 김종필 전 총리는 육사 8기, 전두환·노태우 전 대통령은 육사 11기.

35) 손석희 저, 『풀종다리의 노래』, 역사비평사, 1993년, 46~52쪽.

36) 손석희, 〈등잔 밑을 확인하라〉, 《샘터》, 20권 11호, 81쪽.

37) 손석희 저, 『풀종다리의 노래』, 역사비평사, 1993년, 74쪽.

38) 손석희 저, 『풀종다리의 노래』, 역사비평사, 1993년, 71~77쪽.

39) 유원정, 〈손석희 JTBC 사장 아들, 경제지서 기자생활 시작〉, 《노컷뉴스》, 2017년 12월 20일.

40) 양성희, 〈요즘 뉴스들 통조림 같아 우린 직접 끓여 대접에 담죠〉, 《중앙일보》, 2014년 1월 29일.

41) 김효원, 〈주철환, "내 인생 최고의 캐스팅은 손석희"〉, 《스포츠서울》, 2016년 10월 31일.

42) 한영준, 〈예비 언론인이 선호하는 언론인 1위는?〉, 《파이낸셜뉴스》, 2017년 12월 14일.

43) 표창원 의원이 2017년 3월 2일 방송된 CBS 라디오 〈김현정의 뉴스쇼〉에 출연해 박영수 특검, 이정미 헌재소장대행, 손석희 사장에 대한 우익 세력의 협박은 테러방지법에 규정한 테러 개념에 부합한다고 주장.

44) 신은정, 〈토요일 손석희 사장 평창동 집 앞에서 생긴 일〉, 《국민일보》, 2017년 2월 19일.

45) 변희재 외 저, 『손석희의 저주』, 미디어실크, 2017년.

46) 심언기, 〈검찰, '최순실 태블릿 PC 조작설 유포' 변희재 구속기소〉, 《뉴스1》, 2018년 6월 18일.

47) 손석희 저, 『풀종다리의 노래』, 역사비평사, 1993년, 213쪽.

48) 강현두 외 저, 『뉴미디어와 정보사회』, 나남, 2009년, 63쪽.

49) 정철운 저, 『손석희 저널리즘』, 메디치, 2017년, 61~62쪽.

50) 변희재, 〈자의적인 패널 선정, 해당 분야 전문가는 토론에서 배제〉, 《월간조선》, 2008년 10월 호, 279~287쪽.

51) 김완 외, 〈MB 국정원 '블랙리스트 연예인' 광고주까지 압박했다〉, 《한겨레》, 2017년 9월 29일.

52) 김세은, 「한국 '폴리널리스트'의 특성과 변화」, 《한국언론학보》, 61(3), 2017년, 22쪽.

53) 박용규 저, 『한국의 언론인, 정체성을 묻다』, 논형, 2015년, 354쪽.

54) 김주언 저, 『한국의 언론통제』, 리북, 2009년, 218쪽.

55) 홍지만, 〈언론인 정계 진출 단점보다 장점 더 많다〉, 《관훈저널》, 132호, 86~92쪽.

56) 양문석, 〈권영길, 그는 '마지막 남은 희망'이었다〉, 《대자보》, 2004년 3월 6일.

57) 고태성, 〈신당 386·방송스타 저인망 영입〉, 《한국일보》, 1999년 12월 25일.

58) 양권모, 〈16대 총선 앞으로 4개월〉, 《경향신문》, 1999년 12월 13일.

59) 문학수, 〈손석희 교수, "공격적 질문은 더 많은 정보 전달 위한 수단"〉, 《경향신문》, 2007년 1월 8일.

60) 조해수, 〈손석희, "삼성 통해 간섭할 수 있다는 생각 자체가 난센스"〉, 《시사저널》, 1459호, 34~37쪽.

61) 박상주, 〈진실을 헤집는 까칠한 도발〉, 《신문과방송》, 2008년 5월 호, 16~20쪽.

62) 양성희, 〈정치와 방송은 '관계' 없어야〉, 《문화일보》, 2003년 11월 6일.

63) 양승혜, 〈사람과 생각/인터뷰: 손석희 성신여대 문화정보학부 교수〉, 《신문과방송》, 2006년 4월 호, 96~99쪽.

64) 강준만 저, 『손석희 현상』, 인물과사상사, 2017년, 288~292쪽.

65) 손석희가 2013년 11월 18일 방송된 CBS 라디오 〈시사자키 정관용입니다〉에 출연해 한 말.

66) 정혜신 저, 『사람 VS 사람』, 개마고원, 2005년, 264 ~278쪽.

67) 신경림 시인이 엮은 산문선집 『뭉클』에는 『풀종다리의 노래』에 수록된 수필 중 '내가 지켜온 가장 오랜 기억은 햇빛에 대한 것이다'라는 문장으로 시작되는 「햇빛에 대한 기억」이 수록됐다. 신경림 편, 『뭉클』, 책읽는섬, 2017년.

68) 2010년 5월 5일 어린이날 방송된 〈시선집중〉에서 어려서부터 방송 뉴스 하는 일에 관심이 있었고 꿈이었냐는 한 어린이의 질문에 방송 뉴스 진행은 아니었고 천

문학자가 꿈이었다고 대답.

69) 이진우, 〈손석희 "JTBC 뉴스는 누구에게도 흔들리지 않는다"〉, 《한국기자협회보》, 2018년 1월 30일.

70) 강다솜 외, 〈거침없는, 참 거침없는 손석희 jtbc 보도 및 시사교양 담당 사장〉, 《아나운서 저널》, 39호, 4~9쪽. 손석희가 2013년 11월 18일 방송된 CBS 라디오 〈시사자키 정관용입니다〉에 출연해 한 말.

왜 손석희인가

우리 시대 저널리스트를 위하여

ⓒ 배국남, 2019, Printed in Seoul, Korea

초판 1쇄 찍은날 2019년 2월 25일
초판 1쇄 펴낸날 2019년 3월 6일
지은이 배국남
펴낸이 한성봉
편집 안상준·하명성·이동현·조유나·박민지·최창문·김학제
디자인 전혜진·김현중
마케팅 이한주·박신용·강은혜
기획홍보 박연준
경영지원 국지연·지성실
펴낸곳 도서출판 동아시아
등록 1998년 3월 5일 제1998-000243호
주소 서울시 중구 소파로 131 [남산동 3가 34-5]
페이스북 www.facebook.com/dongasiabooks
전자우편 dongasiabook@naver.com
블로그 blog.naver.com/dongasiabook
인스타그램 www.instagram.com/dongasiabook
전화 02) 757-9724, 5
팩스 02) 757-9726

ISBN 978-89-6262-269-0   03300

이 도서의 국립중앙도서관 출판예정도서목록(CIP)은
서지정보유통지원시스템 홈페이지(http://seoji.nl.go.kr)와
국가자료공동목록시스템(http://www.nl.go.kr/kolisnet)에서
이용하실 수 있습니다. (CIP제어번호: CIP2019006524)

※ 잘못된 책은 구입하신 서점에서 바꿔드립니다.

만든 사람들
책임편집 김하현
크로스교열 안상준
디자인 김현중